教育部人文社会科学研究项目（20YJC790

外部冲击下中国主要
金融市场稳定性研究：
基于复杂网络模型的视角

王怡 张仟 著

中国金融出版社

责任编辑：石　坚
责任校对：刘　明
责任印制：丁淮宾

图书在版编目（CIP）数据

外部冲击下中国主要金融市场稳定性研究：基于复杂网络模型的视角／王怡，张仟著 . --北京：中国金融出版社，2025.8. --ISBN 978-7-5220-2844-6

Ⅰ.F832.5

中国国家版本馆 CIP 数据核字第 2025T5H868 号

外部冲击下中国主要金融市场稳定性研究：基于复杂网络模型的视角
WAIBU CHONGJI XIA ZHONGGUO ZHUYAO JINRONG SHICHANG WENDINGXING YANJIU：
JIYU FUZA WANGLUO MOXING DE SHIJIAO

出版 发行	中国金融出版社
社址	北京市丰台区益泽路 2 号
市场开发部	（010）66024766，63805472，63439533（传真）
网上书店	www.cfph.cn
	（010）66024766，63372837（传真）
读者服务部	（010）66070833，62568380
邮编	100071
经销	新华书店
印刷	涿州市般润文化传播有限公司
尺寸	169 毫米×239 毫米
印张	14.75
字数	264 千
版次	2025 年 8 月第 1 版
印次	2025 年 8 月第 1 次印刷
定价	88.00 元

ISBN 978-7-5220-2844-6
如出现印装错误本社负责调换　联系电话（010）63263947

前言 PREFACE

当今世界正经历百年未有之大变局，全球金融体系的脆弱性与我国金融稳定的战略性在复杂环境中深度交织。全球地缘政治冲突持续发酵、能源粮食安全结构性失衡、发达经济体加息外溢效应不断放大，加剧国际金融市场震荡。随着我国汇率市场化改革、资本账户开放和利率市场化改革的稳步推进，我国经济金融发展面临新的困难和挑战，我国汇市、股市和债市之间的联动效应日益显著，其风险传染效应使得维护金融稳定面临前所未有的挑战。在此背景下，习近平总书记在党的二十大报告中高屋建瓴指出："深化金融体制改革，建设现代中央银行制度，加强和完善现代金融监管，强化金融稳定保障体系，依法将各类金融活动全部纳入监管，守住不发生系统性风险底线"，为新时代金融安全工作提供根本遵循。

金融稳定性作为国家经济安全的基石，其核心在于防范风险传染引发的系统性危机。2023年10月底，中央金融工作会议也指出"以全面加强监管、防范化解风险为重点，坚持稳中求进工作总基调，统筹发展和安全，牢牢守住不发生系统性金融风险的底线"。2024年7月召开的党的二十届三中全会指出："要统筹好发展和安全"，"要有效应对外部风险挑战"。2024年12月，中央经济工作会议提出"双管齐下推进适度宽松货币政策与强监管"。中国人民银行发布《中国金融稳定报告（2024）》强调"坚持把防控风险作为金融工作的永恒主题"。2025年2月，北京市金融工作会议提出"以防风险为重中之重，健全防范化解金融风险体制机制，强化风险源头防控，加强重点领域金融风险处置，逐业逐行逐单位强化金融监管，守住不发生系统性金融风险的底线"。2025年3月，中国人民银行行长潘功胜强调"严密防控外部冲击风险，维护中国的金融稳定和国家金融安全"。

基于这样的背景，本书旨在研究不同外部冲击对中国金融市场稳定性的影响，并从金融市场风险传染机制的角度来研究该问题。因此，本书第一章阐述了外部冲击下中国主要金融市场风险传染机制的研究背景和重要意义。为了厘清外部冲击如何跨市场传染风险的问题，本书的第二章对现有的外部冲击和跨市场联动方面相关文献进行了详细整理，第三章则对跨市场联动理论、金融危机理论和基于传播渠道的金融风险传染理论进行了归纳总结，为下文进行实证研究提供了理论依据和文献支持。在第四章中，本书构建了一套包含国内外经济与政策指标、国际金融市场指标、国内外金融政策指标、地缘政治指标、环境与气候指标、科技与创新指标的外部冲击指标体系，并通过主成分分析计算了相应的指数，为后续的实证提供数据准备。本书的第五、第六、第七章分别通过 R 藤 Copula 模型、复杂网络模型和传染病模型进行多维度实证检验，这三章分别从不同类型冲击下不同渠道对不同市场的跨市场风险传染效应、风险传染的路径与效应及风险传染的过程与动态特征对外部冲击的跨市场风险传染进行了实证检验和详细分析。最后，本书第八章得出了全书的研究结论，并提出以下政策建议：一是强化资本流动与信息传播的立体化监管体系；二是构建股市"稳定器"与跨市场联防机制；三是优化金融网络韧性建设的制度设计；四是创新政策干预的数字化工具箱；五是强化法治保障与跨境监管协作。

  本书以中央"统筹发展和安全"为战略指引，系统研究外汇、股票、债券市场间的跨市场风险传染机制。本书通过构建涵盖地缘政治、环境气候、科技创新等多维度的外部冲击指标体系，并运用 R 藤 Copula 模型、复杂网络、传染病模型展开多维度实证，揭示不同冲击下风险传染的动态路径与网络结构。研究旨在为防范系统性金融风险、维护经济安全提供理论支撑，对我国的金融稳定和经济安全以及社会经济未来的持续健康稳定发展具有重大的现实意义和战略意义，对落实党中央"守住不发生系统性风险底线"的战略部署具有重要实践价值。

  本书由武昌首义学院王怡博士与湖北经济学院研究生张仟共同完成，湖北经济学院研究生张舒琪、方亦欣、李岩亭参与了本书的资料收集整理工作。本书不免有错漏之处，还望广大专家学者指正。

王怡
2025 年 3 月 26 日

目录 CONTENT

第一章 绪 论 ······ 1

第一节 研究背景与研究意义 ······ 1
一、研究背景 ······ 1
二、研究意义 ······ 5

第二节 研究内容与创新点 ······ 6
一、研究内容 ······ 6
二、主要创新点 ······ 7

第二章 相关研究综述 ······ 9

第一节 相关概念界定 ······ 9
一、外部冲击的定义 ······ 9
二、金融市场联动的定义 ······ 10
三、金融风险传染的定义 ······ 12

第二节 外部冲击效应概述 ······ 14
一、外部冲击的影响 ······ 14
二、外部冲击的传导渠道 ······ 18

第三节 跨市场联动概述 ······ 21
一、跨市场联动机理 ······ 21
二、跨市场联动效应 ······ 23

第四节 金融风险跨市场传染概述 ······ 28
一、金融风险跨市场传染渠道 ······ 28
二、金融风险跨市场传染效应 ······ 36

第五节 研究述评 ······ 39

第三章　理论基础 ... 41

第一节　跨市场联动理论 ... 41
一、汇市与股市 ... 41
二、汇市与债市 ... 43
三、股市与债市 ... 45

第二节　金融危机理论 ... 47
一、货币危机理论 ... 47
二、银行危机理论 ... 49
三、外债危机理论 ... 51

第三节　基于传播渠道的金融风险传染理论 ... 52
一、资本流动渠道 ... 52
二、情绪传染渠道 ... 54
三、信息传播渠道 ... 57

第四章　外部冲击指标体系的构建 ... 61

第一节　外部冲击的界定 ... 61

第二节　外部冲击指标体系的构建 ... 63
一、指标体系构建的原则 ... 63
二、外部冲击指标的选取 ... 64

第三节　外部冲击指数的计算 ... 71

第四节　其他指标体系构建 ... 76

第五章　基于藤 Copula 模型的金融市场风险传染分析 ... 80

第一节　引言 ... 80

第二节　Copula 模型的基本理论 ... 82
一、GARCH 模型介绍 ... 83
二、Copula 模型的定义 ... 85
三、常用的 Copula 函数 ... 87
四、藤 Copula 函数 ... 89

第三节　实证分析 ... 92
一、数据选取与预处理 ... 92
二、基于总外部冲击 ... 95

  三、基于国内外经济与政策冲击 ……………………………………… 102
  四、基于国际金融市场冲击 …………………………………………… 109
  五、基于国内外金融政策冲击 ………………………………………… 116
  六、基于地缘政治冲击 ………………………………………………… 123
  七、基于环境与气候冲击 ……………………………………………… 130
  八、基于科技创新冲击 ………………………………………………… 137
 第四节 本章小结 ……………………………………………………… 144

第六章 基于复杂网络模型的金融市场风险传染分析 …………… 145
 第一节 复杂网络基本知识 …………………………………………… 145
  一、网络的概念与发展 ………………………………………………… 145
  二、复杂网络的统计特征 ……………………………………………… 146
  三、复杂网络的基本类型 ……………………………………………… 149
 第二节 金融风险的复杂网络构建和拓扑结构分析 ………………… 152
  一、构建外部冲击下不同传染渠道的金融市场风险传染网络 ……… 152
  二、基于风险传染网络的拓扑结构分析 ……………………………… 154
 第三节 本章小结 ……………………………………………………… 159

第七章 基于复杂网络传染病模型的金融市场风险传染分析 ………… 160
 第一节 传染病模型简介 ……………………………………………… 160
 第二节 传染病模型原理 ……………………………………………… 161
  一、SI 模型 ……………………………………………………………… 162
  二、SIS 模型 …………………………………………………………… 163
  三、SIR 模型 …………………………………………………………… 164
  四、SIRS 模型 ………………………………………………………… 165
  五、SEIR 模型 ………………………………………………………… 166
  六、SEIRS 模型 ………………………………………………………… 166
 第三节 金融风险的传染病模型仿真分析 ………………………… 167
  一、SI 模型仿真分析 …………………………………………………… 167
  二、SIS 模型仿真分析 ………………………………………………… 169
  三、SIR 模型仿真分析 ………………………………………………… 173
  四、SIRS 模型仿真分析 ……………………………………………… 178
  五、SEIR 模型仿真分析 ……………………………………………… 184

  六、SEIRS 模型仿真分析 ·· 190
 第四节 本章小结 ·· 197

第八章 结论与政策建议 ·· 198

 第一节 主要结论 ·· 198
 第二节 相关政策建议 ·· 201
  一、强化资本流动与信息传播的立体化监管体系 ················ 201
  二、构建股市"稳定器"与跨市场联防机制 ························ 201
  三、优化金融网络韧性建设的制度设计 ································ 202
  四、创新政策干预的数字化工具箱 ·· 203
  五、强化法治保障与跨境监管协作 ·· 203

参考文献 ·· 205

第一章 绪 论

第一节 研究背景与研究意义

一、研究背景

金融稳定性作为国家经济安全的基石,其核心在于防范风险传染引发的系统性危机。一方面,现代金融体系是一个多层次且影响广泛的复杂网络,呈现"高关联、高杠杆、高波动"的复杂网络特征。随着各金融市场的高度融合,金融风险不再局限于单一市场,而是在不同市场之间快速传递,单个市场的局部风险通过跨市场传染机制,可在数小时内演变为全局性金融动荡。因而,金融市场之间的联动性和传染性可能导致金融风险快速传导扩散并演变成系统性风险。防范和化解金融风险,保障金融稳定与金融安全已上升至国家战略和国家安全的高度。

另一方面,我国经济金融发展面临新的困难和挑战,发展不平衡不充分问题仍然突出。国际方面,外部环境复杂严峻,地缘政治冲突仍在持续,粮食和能源安全问题突出,世界经济和贸易增长动能减弱,全球通胀仍处于高位,发达经济体加息外溢效应继续显现,国际金融市场震荡加剧。国内方面,国内需求相对不足,部分领域存在风险隐患。各种外部冲击形式多样、严重程度不同,给我国经济秩序造成了巨大影响,对我国日益开放的金融体系带来了不可忽视的风险隐患。

因此,2017年底的中央经济工作会议明确指出"打好防范化解重大风险攻坚战,重点是防控金融风险"。党的十九大则强调要"守住不发生系统性金融风险的底线"。2019年2月22日,习近平总书记在中共中央政治局第十三次集体学习时强调"防范化解金融风险特别是防止发生系统性金融风险,是金融工作的根本性任务"。2020年政府工作报告指出"强化金融控股公司和金融科技监管,确保金融创新在审慎监管的前提下进行。完善金融风险处置工作机制,压实各方责任,坚决守住不发生系统性风险的底线"。2021年底的中央经济工作会议提出要"要正确认识和把握防范化解重大风险"。2022年党的二十大指出："深化金融体制改革，建设现代中央银行制度，加强和完善现代金融监管，强化金融稳定保障体系，依法将各类金融活动全部纳入监管，守住不发生系统性风险底线。"2023年10月底的中央金融工作会议也指出"以全面加强监管、防范化解风险为重点，坚持稳中求进工作总基调，统筹发展和安全，牢牢守住不发生系统性金融风险的底线"。2024年7月召开的党的二十届三中全会也指出："要统筹好发展和安全"，"要有效应对外部风险挑战"。

在一国金融市场中，外汇市场是实现国际资本流动的最佳场所，股票市场一直被视作国民经济的"晴雨表"，而债券市场则是金融市场的"稳定器"。这三个市场在整个金融市场中占有举足轻重的地位，是金融市场的核心组成部分。史上多次金融危机表明，外汇市场、股票市场和债券市场的联动效应明显，金融风险的传染范围与破坏性十分巨大。一方面，一国汇率的大幅变动往往会引起外国投资者从股票市场和（或）债券市场撤资，造成汇率急剧下跌，货币严重贬值，并引发多国外汇市场、股票市场、债券市场及其他金融市场混乱。另一方面，由股票市场或债券市场大幅波动引发的金融危机，直接或间接地引发外汇市场震荡，导致货币持续贬值，造成金融风险在多个市场间传递。

随着我国汇率市场化改革、资本账户开放和利率市场化改革的稳步推进，我国汇市、股市和债市之间的联动效应日益显著，其风险传染效应使得维护金融稳定面临前所未有的挑战。例如，1993年至1995年，债券市场繁荣发展造成股市持续下跌；随着2008年7月30日以来人民币小幅贬值，股市也出现了明显的下跌；2013年债券市场的光大证券乌龙指事件造成了股市6年来最大的波动，并引发羊群效应，投资者损失惨重；2015年"8·11"汇改，汇率贬值预期与资本非理性流出相互强化。

与此同时，各种外部冲击对我国外汇市场、股票市场和债券市场造成影响的事件频发。对我国这三个主要金融市场产生影响的国际因素很多，如国际大宗商品价格、国际原油价格、地缘政治因素、国际热钱流入、局部战争、新冠疫情等因素，都可能对人民币汇率、股票价格和债券价格的波动产生影响。

例如，2020年突发的新冠疫情打断了自2019年9月以来的人民币汇率升值预期，迅速结束了之前近5个月的人民币升值态势。2020年1月20日，在中央作出防控疫情部署的当天，在岸人民币价格出现急速贬值反转，短短十天内，在岸人民币汇率从6.84试探性下跌，最终收盘于6.981点。2月3日，人民币汇率收盘于7.011，正式打破人民币"7"的压力支撑位，形成预期趋势。3月19日，人民币兑美元价格最高点出现7.1644，最终收盘于7.1547，成为阶段内价格新高点，较 1 月 20 日反转发生最低价格点位累计下调 3200 个基点。新冠疫情不仅对外汇市场带来冲击，对我国股市的冲击也显而易见，在春节休市结束后的第一个交易日，受新冠疫情的影响，上证指数下跌了 7.72%，深证成指下跌了 8.52%。2020 年新冠疫情期间，全球 89% 经济体出现股债汇三市联动下跌，新兴市场资本外流达到 2008 年后峰值，印证了风险传染对金融稳定的颠覆性威胁。

自 2022 年 3 月到 2023 年 7 月，美联储累计加息 11 次，累计上调 525 个基点，而同一时期前后，欧盟共加息 10 次，累计上调 450 个基点。在外部加息紧缩的冲击下，人民币对美元中间价下跌，据国家外汇管理局公布的数据，2023 年人民币与美元的平均汇率为 7.0467，相较于上年的 6.7261，同比贬值了 4.55%，而同期 A 股市场的表现在全球主要股市中垫底。

2024 年 3 月以来，国际金价已开启连日上涨行情，国际金价一路狂飙，带动 A 股黄金板块和贵金属板块持续活跃，涨幅明显。国际金价不仅会对股市造成直接的股价波动，也由于黄金具备保值抗风险特点，在权益市场震荡行情和债市低迷前景下，投资者会倾向作出替代性选择，从而进一步对我国股市和债市带来冲击。

诸如此类的案例不胜枚举。2018 年 12 月 13 日，中国人民银行原行长易纲强调"特别需要注意风险在不同市场之间可能传染，比如债市、汇市和股市之间的传染"。中国人民银行发布的《中国金融稳定报告（2021）》提出，"未来要健全金融风险预防、预警、处置、问责制度体系，维护股市、债市、汇市平稳运行，严密防范外部风险冲击"。2023 年 10 月，中国人民银行行长潘功胜在国务院关于金融工作情况的报告中也指出，"引导稳定金融市场行为和预期，根据市场形势及时采取措施，防范股票市场、债券市场、外汇市场风险传染，保障金融市场稳健运行"。

因此，在当前全球外部冲击频发的大背景下，研究我国外汇市场、股票市场和债券市场间的跨市场风险传染问题，不仅关系到我国的金融稳定和经济安全，更关系到我国社会经济未来的持续健康稳定发展，因而研究该主题具有重大的现实意义和战略意义。

从国际经验来看，金融风险传染对稳定性的破坏具有显著网络效应。研究表明，全球金融网络的关联强度自 2008 年国际金融危机后持续上升，跨境资本流动的协同波动加剧了新兴市场金融体系的脆弱性。尤其在美联储加息周期中，我国面临"利差收窄—汇率承压—资产重定价"的三重压力。2023 年人民币兑美元汇率贬值 4.55%，A 股跌幅居全球主要市场前列，凸显外部冲击通过资本流动渠道对金融稳定的穿透力。这些现象印证了党的二十大报告强调的"金融稳定保障体系"建设的战略必要性。

我国金融体系的风险传染机制呈现三大结构性特征：其一，市场基础设施的深度互联使风险传染物理通道加速成形。截至2024年，跨境资本流动占GDP比重突破18%，外资持有境内债券超过5万亿元，沪深港通累计交易额破百万亿元，形成"汇率—利率—资产价格"的闭环传染链条。其二，数字金融创新重塑风险传染的时间维度。在程序化交易占比超30%（含高频策略）的市场中，2015年"光大乌龙指"事件，2分钟内跨市场指数波动超6%，风险传染周期从传统"小时级"压缩至"秒级"。其三，情绪传导的非理性特征加剧稳定性维护难度。2024年5月国际金价波动时，赤峰黄金5月21日单日暴涨5.62%，显示市场情绪已成为风险跨市场传染的"放大器"。

政策层面的演进深刻体现了风险传染防控与金融稳定的内在逻辑。2017年宏观审慎评估体系（MPA）的建立，本质上是通过逆周期资本缓冲阻断"信用风险—流动性风险—市场风险"的传染链条。2023年中央金融工作会议提出的"五维监管"（机构监管、行为监管、功能监管、穿透监管、持续监管），正是针对数字货币、跨境支付等新型传染渠道构建的防御体系。中国人民银行构建的"预期引导—流动性精准投放—外汇市场干预"三重响应机制，在2022—2024年美联储加息周期中显著降低了资本流动波动性，使我国跨境资本流动稳定性位居新兴市场前列。

当前，复杂网络模型为破解风险传染与金融稳定的关系提供了新范式。中南大学任晓航团队构建的DBN-LGCNET模型证明，我国金融系统尾部风险关联度达0.83，证券业在极端风险下是主要的传染源，贡献度显著高于银行业。这种非对称传染特征要求监管从"单一市场管控"转向"网络节点治理"。例如，中国央行采用动态网络模型优化政策工具，2020年定向降准使风险传染概率降低22%。欧洲央行研究证实，基于网络模型的压力测试可更精准识别系统性风险，为"守住不发生系统性风险底线"提供了技术支撑。

因此，在外部冲击常态化背景下，研究风险传染机制对金融稳定的影响具有三重战略价值：理论上，构建符合新兴市场特征的"风险传染—稳定分析"框架，填补传统监管理论对非线性传染的认知盲区；实践上，为穿透式监管提供动态监测工具，通过识别系统重要性节点（如外汇市场）阻断关键传染路径；政策上，助力形成"预期引导—流动性保障—跨境协同"的稳定维护体系，实现发展与安全的动态平衡。这不仅是对中央"统筹发展和安全"战略的响应，更是全球金融治理体系变革中的中国贡献。

二、研究意义

本书就是在此背景下，结合新时代中国经济发展新常态和国际经济环境的不确定性，从中国金融市场的跨市场风险传染问题的视角来研究中国金融稳定性问题。因而，本书后续的内容均着重围绕金融市场风险传染的角度来探讨外部冲击下金融市场风险传染机制，从而为规避风险传染和维护金融市场稳定提供理论依据。本书基于复杂网络的理论方法深入研究了外部冲击下的汇市—股市—债市的动态联动及风险传染问题，旨在解决现有的研究中风险传染渠道不清晰、风险传染路径不确定的问题，创新性地将风险传染的三个重要渠道——资本流动渠道、情绪传染渠道和信息传播渠道纳入统一的跨市场风险传染理论框架，并通过采用多种复杂网络模型进行检验，量化跨市场风险传染的实际传导机制，并基于此提出科学合理的政策建议。

（一）为充分认识外部冲击造成的跨市场联动效应奠定理论基础

国际政治经济环境复杂多变，国际资本的流动、投资者情绪的变化、信息的快速传递等均对我国金融市场造成显著影响，并且随着我国金融市场的不断发展，金融市场间的关联性日益密切，多个金融市场曾表现出大幅波动。由外部冲击引起的投资者恐慌和不平衡的资本流动，将对我国金融市场产生巨大冲击，造成汇率预期以及股市与债市收益率的大幅波动。尤其是在局部冲突、中美贸易摩擦、中国经济下行压力增大等宏观环境下，金融市场间的风险传染将严重影响我国金融安全。因此，分析基于外部冲击的跨市场联动机制与效应，有利于理解外部冲击对金融市场的作用机制，以及金融市场间相互影响的作用机制和时滞效应，为进一步厘清金融市场间风险传染的路径与效应奠定了理论基础。

（二）创新复杂经济环境下的跨市场风险传染的理论基础与分析框架

本书创新性地将资本流动渠道、情绪传染渠道和信息传播渠道纳入统一的分析框架中，拓展了跨市场风险传染相关研究的理论分析框架。另外，本书运用数据采集、构建风险传染指标体系等方法，并运用多种复杂网络模型，分析我国金融市场的风险传染效应，进一步完善了风险传染相关研究的实证分析框架。本书不仅拓展了现有的研究基础，也提出防范金融风险、保障金融安全的政策建议，具有重要的理论价值和现实意义。

（三）为跨市场金融风险管理的政策实践提供决策参考

本书拟从宏观决策与监管的实践需求出发，以国内外汇市场、股票市场和债券市场为主要研究对象，深入探究了外部冲击下跨市场的风险传染机理。本书的研究有效呼应金融监管的实际需求，希冀为完善金融风险监管的宏观决策提供理论支撑和现实依据，为维护金融稳定、保障金融安全提供决策参考。

第二节 研究内容与创新点

一、研究内容

在全球经济一体化和金融市场高度融合的背景下，中国金融市场面临着来自国际和国内的多重外部冲击。这些冲击可能引发汇市、股市和债市之间的风险传染，进而可能引发系统性金融风险。首先，本书在这样的背景下，深入探究了在外部冲击下中国主要金融市场的风险传染机制，科学探讨了我国外汇市场、股票市场和债券市场在受到外部冲击时的风险传染问题。其次，本书通过总结跨市场风险传染的不同渠道，着重探讨了资本流动渠道、情绪传染渠道和信息传播渠道在我国跨市场金融风险传染过程中的作用。再次，本书借鉴了复杂网络模型的基本思想，分别通过 R 藤 Copula 模型、复杂网络模型和传染病模型进行了实证研究。最后，本书在实证研究的基础上得出了结论，并依次提出了相关的政策建议。全文共分为八个章节，具体内容如下。

第一章是绪论。本章首先阐述了外部冲击下中国主要金融市场风险传染机制的研究背景和重要意义。其次罗列了全书的主要研究内容，明确了总体研究框架结构。

第二章是相关研究综述。本章首先对外部冲击、金融市场联动和金融风险传染等相关概念进行了明确界定。其次对外部冲击的影响和外部冲击的传导渠道、跨市场联动机理和跨市场联动效应、金融风险跨市场传染渠道和金融风险跨市场传染效应的相关文献进行了详细的梳理。最后，本章梳理了目前学术界已有研究的内容和不足之处，并对文章的创新之处进行说明。

第三章是理论基础。本章主要对跨市场联动理论、金融危机理论和基于传播渠道的金融风险传染理论进行了归纳总结，为下文的实证研究提供了一定的理论依据。

第四章是外部冲击指标体系的构建。本章可分为两部分：首先，区分了外部冲击与内部冲击、突发事件等概念的区别与联系，明确其定义和分类；其次，从国内外经济与政策、国际金融市场、国内外金融政策、地缘政治因素、环境与气候、科技与创新六个维度构建了外部冲击指标体系，并计算出总外部冲击指数和六个维度的指数；最后，构建了外汇市场、债券市场和股票市场的监测指标体系，以及资本流动渠道、情绪传染渠道和信息传播渠道的指标体系，为后续实证分析做准备。

第五章是基于藤 Copula 模型的金融市场风险传染分析。本章主要探讨金融市场在面临不同外部冲击时，通过资本流动渠道、情绪传染渠道和信息传播渠道的跨市场风险传染问题。首先，在基础理论部分，对相关概念进行界定，介绍了复杂网络模型与藤 Copula 模型的区别与联系。其次，介绍了 Copula 模型的基本理论和常用 Copula 函数，包括椭圆 Copula 函数族和阿基米德 Copula 函数族，以及藤 Copula 模型的定义、结构和常用类型，如 R-Vine、C-Vine 和 D-Vine。最后，在实证分析部分，分别构建了不同外部冲击下，通过资本流动渠道、情绪传染渠道和信息传播渠道，以及汇市、股市和债市的不同藤 Copula 模型，并对每条藤最后得出的条件与非条件系数进行了分析。

第六章是基于复杂网络模型的金融市场风险传染分析。首先，本章介绍了复杂网络的概念、发展、统计特征和基本类型，如规则网络、随机网络、小世界网络和无标度网络。其次，采用相关系数法和阈值法，构建复杂网络，并进行可视化展示。最后，分析网络的平均路径长度、平均聚类系数、度分布、中心性等拓扑特征，并利用 Girvan-Newman 算法进行社区检测。

第七章是基于复杂网络传染病模型的金融市场风险传染分析。首先，在基础分析部分，对相关概念进行界定，介绍了 SI 模型、SIS 模型、SIR 模型、SIRS 模型、SEIR 模型和 SEIRS 模型的原理和假设条件。然后，在实证分析部分，利用 SI 模型、SIS 模型、SIR 模型、SIRS 模型、SEIR 模型和 SEIRS 模型，对金融风险传染进行仿真模拟，分析不同参数对风险传染的影响。

第八章是结论与政策建议。本章对实证部分的主要研究结论进行了归纳总结，通过分析外部冲击下风险传染产生的原因和渠道，分别从外汇政策、货币政策和资本市场政策等角度提出了相关建议，为防范金融风险、维护金融稳定、保障金融安全提供了理论依据。

二、主要创新点

（一）构建外部冲击指标体系，丰富与发展现有的理论研究成果

现有研究表明外部冲击是引发金融市场波动的因素之一，但外部冲击的定义、识别与分类尚未明确，且鲜有文献将其纳入分析模型。因此，本书对外部冲击进行了明确界定，并根据我国金融市场的现实情况和特点，构建出一套多维度的外部冲击指标体系。本书将多维度的外部冲击指数与金融市场指数以及

传染渠道指标纳入共同的分析框架，系统探究了跨市场的风险传染机制与效应，这一部分的研究对外部冲击理论和风险传染理论进行了有效扩展。

(二) 将资本流动、情绪传染和信息传播综合纳入风险传染机制的分析框架

现有文献表明，风险将通过资本流动、情绪传染和信息传播渠道对我国金融市场造成负面影响，因此为避免发生系统性金融风险，需不断考察各金融市场新的波动特征，全面掌握金融市场的变化规律与影响因素。而现有研究多数从资本流动渠道解释跨市场的风险传染现象，并未通过情绪传染和信息传播渠道分析投资者改变其投资行为的发生条件和影响机制。由于其量化困难，多数文献仅进行了定性分析，鲜有文献将其纳入定量分析模型。本书在分析跨市场风险传染渠道时，将情绪传染和信息传播渠道纳入思考，拟通过构建多级压力指标，分析两类渠道的发生条件和作用机制，以更加宽泛的视角理解我国"股市—汇市—债市"间风险传染的传导途径。

(三) 将复杂网络模型思想应用于跨市场风险传染效应的研究中

金融市场间普遍存在多向波动溢出效应，因此大多数研究中的风险传染机制不能直接应用于复杂经济环境，其理论框架需进一步完善。在全球化和信息时代背景下，金融市场的网络空间特性越来越得到凸显，且呈现复杂性的特征。因此，本书通过借鉴复杂网络的基本思想，分别采用了藤Copula模型、复杂网络模型和基于复杂网络理论的传染病模型，将外部冲击指数与金融市场指数以及传染渠道指标纳入共同的实证分析框架，对理论模型进行实证检验，系统探究了跨市场的风险传染机制与效应，并得到稳健的分析结果，为理解系统性金融风险传染提供了理论依据和分析思路。

第二章 相关研究综述

第一节 相关概念界定

一、外部冲击的定义

一般来说,外部冲击既包括经济方面的因素,如贸易冲突、能源危机、粮食危机以及利率和汇率波动,也包括非经济方面事件,如技术革命、自然灾难、恐怖袭击以及政治政策的变化(鞠国华,2009)。这表明外部冲击的来源是多元化的,涵盖了政治、经济、文化、军事、粮食、能源、科技、自然灾害等多个层面。而外部冲击可以通过多种途径传导到国内经济中,这些传导途径涉及国际贸易、金融市场、投资行为、政策调整等多个方面,使得外部冲击的影响具有一定的复杂性和不确定性。

不少学者在对外部冲击的概念进行界定时,与其他名词进行了对比区分。例如,对于外部冲击与内部冲击,后者主要是指经济体内部的因素导致的经济波动,而外部冲击的特点在于其来源是经济体外部的(袁吉伟,2013)。外部冲击与经济韧性也有所区别,经济韧性是指经济体降低进一步发生深度危机的可能性或减轻危机影响的能力,而外部冲击更多关注的是外部因素对经济体的影响(汤铎铎等,2022)。对于外部冲击与突发事件,李宏(2016)指出虽然外部冲击和突发事件都会给微观主体的常规经济活动以及特定区域乃至整个国家的宏观经济运行造成短期冲击和潜在的长期影响,但它们在成因、表现形式和应对策略上存在差异。从成因上看,外部冲击通常源于全球经济波动、贸易政策不确定性、国际金融市场波动等因素;而突发事件,如重大突发公共卫生事件,则更多是由不可预见的自然或人为因素引起的。这些突发事件往往具有紧迫性和不确定性,对经济的影响更为直接和广泛。在表现形式上,外部冲击的影响可能更为持久,因为它们涉及更广泛的经济、金融和政策层面的因素;相比之下,突发事件的影响虽然也可能是长期的,但其特点是突然性和广泛性,能够在短时间内对经济造成巨大冲击。在应对策略上,对于外部冲击,宏观审慎政策被证明在平抑外部波动方面较为有效，这包括限制贷款价值比、加强风险监控与预警等措施；而对于突发事件，如新冠疫情，需要采取更为综合和灵活的措施，包括强化逆周期调节、推动传统产业转型升级、发展新业态新产业等。此外，鞠国华（2009）也从外部冲击成因的角度界定了其概念，他认为外部冲击往往源于经济或非经济方面的因素，如贸易冲突、能源危机、技术革命等。而孙崇和秦启文（2005）则认为突发事件则更多的是由自然因素或人为因素突然引发的，如地震、洪水、恐怖袭击等。在应对策略方面，鞠国华（2009）指出外部冲击要求政府和组织采取主动应变的态度，在外部冲击中寻求平衡与发展。这包括加强国际宏观经济政策协调与合作，共同抵御外部冲击（鞠国华，2010）。而对于突发事件，孙崇勇和秦启文（2005）指出管理与应对必须基于其突发性、复杂性、破坏性等特性，做到未雨绸缪，预先准备。

不同学者对外部冲击所涵盖的范围也进行了分类。例如，贺立龙和吴伟（2022）指出，在内涵上，外部冲击可以是经济政策变动、自然灾害、国际政治冲突等多种形式；在外延上，外部冲击不仅包括个体性冲击，如突发流行疾病、意外事故等，也包括系统性冲击如经济危机、社会冲突等。倪红福和张志达（2023）表明外部冲击包括但不限于政府政策变动、自然灾害、国际政治冲突、科技革命、产业变革、消费升级等因素。例如，中美博弈、疫情冲击、俄乌冲突等都是典型的外部冲击实例。除传统的以经济因素和非经济因素的角度进行分类外，周文（2011）还认为可以从冲击的严重程度和事件的复杂程度两个维度对外部冲击进行区分，这种分类有助于更有效地制定应对策略和方法。此外，外部冲击在特定领域也有不同的表现形式。例如，翟明华等（2017）通过外部应力作用于不同围岩结构，并结合煤岩体的冲击倾向性对围岩的冲击类型进行了分类。

总的来说，外部冲击是一个多维度的概念，涵盖了经济事件与非经济事件的各种可能性，其特点是突发性、难以预测性和可能导致的大幅波动。与其他名词术语相比，外部冲击更侧重于外部因素对经济体的影响，而经济韧性和内部冲击则分别关注经济体抵御冲击的能力和经济体内部因素导致的经济波动。

二、金融市场联动的定义

在现有的文献中，大多数学者认为金融市场联动主要是指价格、收益率、波动率等方面的相互影响。例如，殷剑峰（2006）认为金融市场的联动关系主要是指市场收益率之间是否存在无套利的长期均衡关系，而一旦偏离均衡，各收益率是否能够进行迅速的调整，以及在均衡关系既定的情况下，各收益率之间是否存在短期的因果关系。同时他也指出，市场联动关系从另一个层面来看是指金融资产价格或收益率的波动率之间相互影响的关系，收益率和波动率两个层面的市场联动关系是相辅相成的。刘亚和张曙东（2010）指出，广义的金融市场联动效应是价格及其收益率（变化率）、波动率以及交易量等方面的联动，狭义的金融市场联动效应是价格及其收益率、波动率的联动。徐清海和贺根庆（2014）则认为，金融市场的联动关系是指在不同的金融市场之间存在着显著的关联性，即一个市场的价格或收益率的波动变化会引起另一个市场相关变量的波动变化。Amewu等（2022）认为，金融市场联动是不同的市场相关变量跟随另一个不确定变量的变化而变化，或共同表现出类似的关联性。

此外，也有学者认为，金融市场联动表现为各国货币政策、财政政策等宏观经济政策对他国金融市场的相互影响。例如，游士兵和吴欢喜（2017）认为，经济政策不仅会影响本国金融市场，还会通过汇率、利率等渠道影响其他国家金融市场。中国股市的波动主要源于国内政策的不确定性，相比之下，日本股市则面临着来自中日双边以及全球范围内的多重政策因素的共同影响。中日两国股市之间的相关性变化，深刻反映了双方经济政策不确定性的交织作用，且这种相关性的变化趋势与各自政策不确定性的变动趋势呈现高度的同步性。方先明与王坤英（2019）的实证结果显示，在2007年次级债危机之后，中美之间的利率联动程度进一步提高；美国在2014年停止了定量宽松，这使得中美之间的利率联动更加紧密。在此基础上，我们还发现，在金融开放背景下，如果一个国家按照自身的经济发展状况来调节自己的货币政策，那么它所引起的内部和外部的资金的流动必然会引起外部资金的流入，进而影响到其他地区的金融市场的利率水平，造成各国之间的利率之间存在着联动的特点。张天顶和施展（2022）指出，美联储采取紧缩性货币政策将导致中美两国之间的利率差异缩小，这可能加剧中国的资本外流，并提高实际利率水平与企业融资成本，从而引发资产价格的下降，对中国金融市场产生不利影响。这种影响存在一定的时滞效应。然而，人民币汇率的调整具有一定的缓解作用，人民币贬值可以减轻资本外流的压力，从而降低美联储紧缩性货币政策对中国资产价格的负面影响。Cao（2024）指出，随着全球价值链和产业网络的不断扩大，国家之间的经济相互依存度逐渐增强，日益增长的跨境投资和共同持有的外部资产进一步将全球经济交织成一个复杂的全球网络。因而，当一个国家制定或调整经济政策时，它不仅会根据既定目标影响国内经济，还会通过资本流动、国际贸易、投资者情绪和其他渠道迅速产生跨境效应。

不少学者认为，联动关系是金融市场风险传染的重要根源（徐清海和贺根庆，2014）。陈学彬和曾裕峰（2016）认为，金融市场的联动体现为股票市场与债券市场的极端风险传导效应。他们认为，中国股市与债市在前期并未表现出明显的"尾部风险外溢"现象，且我国债市的"割裂"使得股市与债市之间的"孤岛"现象得以有效地隔绝，而伴随着我国经济体制的逐步完善，股市与债市的"极值"传递机制也逐渐被强化。隋建利等（2022）认为，金融市场的联动性在极端事件中表现得尤为明显，在极端事件期间，国际原油市场与中美金融市场间的联动效应迅速提高，国际原油价格下降导致美国股市下跌，进而引起中国股市下行，因而中美金融市场共同恶化。Abduraimova（2022）指出，全球经济一体化使得全球金融体系的联系变得更加紧密，然而一体化也可能导致更高的传染风险，即使是一个小国家的冲击，也可能蔓延到邻近国家的金融市场，使整个金融系统更加脆弱。何枫等（2021）指出，随着全球经济金融一体化程度不断增强，金融风险也从传统意义上的个体风险，通过金融机构与金融市场之间的复杂关联，转化为全局性的风险，即系统性风险。且金融市场的关联性和互动性是金融危机和金融风险传导的重要根源，历次金融危机的发生大多爆发于某一个金融子市场，进而蔓延至整个金融系统及实体经济，例如，1995年墨西哥金融危机、1997年亚洲金融危机，以及2007年美国次级抵押贷款危机，都是金融危机的典型代表。

金融市场联动是一个复杂而重要的概念，它揭示了金融市场间内在联系和规律的复杂性。在全球化的今天，金融市场联动现象越发显著，各类资产价格、利率、汇率等金融变量往往呈现同步或非同步的变动趋势，反映了各国经济、政治、文化等多元因素的互动。因此，理解和把握金融市场联动现象，对于防范金融风险、促进金融市场健康发展具有重要意义。

三、金融风险传染的定义

"传染"一词起源于流行病学，后被金融学所引用。当前，学术界对金融风险传染的定义存在不同角度的表述。

一部分学者强调了联动效应与传染效应的区别与联系。Forbes和Rigobon（1999）指出，如果两个市场在稳定的时期表现出高度的联动，即使一个市场受到冲击后两个市场呈现高度相关，这不能被定义为传染，而只有当市场间的相互作用在冲击后显著增加时，才能称为传染。Pericoli和Sbracia（2003）也指出，风险传染是指在一个或多个市场发生危机的条件下，各市场间的资产价格和交易量的协同波动效应显著增加。宫晓琳（2012）则认为，金融风险传染是受到冲击后宏观经济、金融层面风险联动的增加。陈倩（2022）认为，金融子市场间的网络关联加强了各子市场间风险的联动性，在优化金融资本配置、实现风险分散的同时，也增加了风险敞口，从而加剧了金融风险的跨市场传染效应。张帅（2022）则指出，当国家与国家之间、地区与地区之间存在联动效应时，就会出现金融风险的交叉传染和反复传染。

另一部分学者则从经济基本面发生改变的角度阐述了金融风险传染。例如，Masson（1999）表示，风险传染是指一个国家爆发的危机使得其他国家或地区的经济基本面发生恶化。Masson（1999）和Forbes和Rigobon（1999）将基本面关联性（如贸易连接、资本流动和融资连接）所引起的风险传播称为"溢出效应"（Spillover Effect）。陈炜等（2023）指出，金融风险传染是由经济基本面的变化而引发的一系列连锁反应。他认为，经济基本面主要包括货币发行量、通货膨胀率、信用风险、政府债务、资本流动、汇率水平、房价指数、经济周期、信贷水平等。而连锁反应复杂且广泛，首先是信用风险蔓延，一家机构违约可能引发多家机构陷入困境；其次是流动性风险加剧，市场资金流动受阻，导致金融机构难以维持正常运营；再次是市场风险上升，市场波动加大，投资者信心受损；最后，操作风险也可能因管理不善或内部问题而扩散。这些连锁反应最终可能冲击实体经济，导致企业资金紧张、投资减少，进而影响就业和经济增长。牟晓云和李黎（2012）则认为，在金融危机期间，信贷规模小，政府负债多，这些基本面因素都有可能加剧金融风险的传染，影响金融市场的稳定性。程棵（2011）认为，金融风险传染与流动性风险、信用风险、汇率上升等经济基本面因素同步，但与经济周期下滑反向变动。党印等（2021）则指出通货膨胀和失业率等经济基本面因素的波动会给市场主体带来信用风险传染和市场风险传染。Zhang等（2020）则发现政府债务、通货膨胀等经济基本面因素与系统性金融传染风险呈正相关关系，而与经常账户和宏观经济表现呈负相关关系。

还有一部分学者从金融危机的角度定义了金融风险传染。张立光（2021）认为，在金融危机的情况下，可将金融风险传染定义为由冲击引发的区域金融风险通过实质性关联或非实质性关联渠道，导致其他区域出现风险的现象。Gkillas等（2019）指出，在金融危机时期风险传染的定义即为金融市场之间相关性的显著增加，导致危机传递到所有其他市场，并发现无论是区域还是全球层面的投资组合，在金融危机期间的联动发生显著变化，显示传染效应。Xu和Gao（2019）分析了次贷危机期间全球股市共生共荣的风险交织累积，他指出金融风险传染是指不同国家、市场间联动效应显著，投资者情绪波动加剧，导致金融市场间金融风险传染越发明显的现象。

因此，世界银行对"金融风险传染"给出了三种定义，分别为广义风险传染、严格和非常严格意义下的风险传染。广义的风险传染是指市场波动引起其他市场波动的行为；严格的风险传染是指金融市场波动向其他市场传递，市场间的相关性超过了基本面的关联性或者正常时期的关联性；非常严格意义下的风险传染是指相对于平稳市场，在危机时期金融市场间波动相关性的增加才称为风险传染。

因此，综合上述定义，作者认为金融市场联动是一个金融市场的波动会引起另一个金融市场的波动，即市场间存在显著的关联性；而金融风险传染则是受到冲击后金融市场间的关联性显著增强，并超过正常时期的关联性而出现溢出效应。

第二节 外部冲击效应概述

一、外部冲击的影响

外部冲击对经济的影响是多个方面的，包括对经济增长的影响、对物价和通货膨胀的影响、对货币政策与宏观经济政策的影响、对金融市场稳定性的影响，以及对国际贸易和企业行为的影响。这些影响不仅体现在宏观层面，也深入到微观经济主体的行为和决策中。因此，理解和分析外部冲击对经济和金融的影响，对于制定有效的经济金融政策、提高经济韧性和稳定性具有重要意义。

（一）对经济增长的影响

从现有研究来看，一部分学者认为外部冲击是一国经济波动的重要因素，另一部分学者认为外部冲击对于一国经济波动影响较小。但是，研究文献较一致地认为，外部冲击对于经济运行的影响不可忽视。

国外学者较早时期就开始对外部冲击对于一国经济增长的影响保持关注。Balassa（1985）基于1973年石油危机背景，研究了外部冲击时期的出口对经济的增长，他将国家政策分为外向型和内向型发展战略，发现外部冲击可通过贸易渠道来影响一个国家的经济增长，若一个国家在冲击初期可以选择采用外向型政策立场，以及依靠出口促进来应对，这对经济增长也会产生有利的影响。Devereux 和 Smith（1994）指出，国际利率、世界技术水平、人力资源等因素的变动可能对一个国家产生负向的外部冲击，如国际利率变动会使资本流动作出相应反应，而由于一些国家资本市场的开放，它们受到国际利率冲击后的经济状况变得更糟。Easterly（2009）以典型发展中国家为例，发现世界利率的上升、工业化国家的增长以及偏向技能的技术变革等外部冲击可能是导致发展中国家发展停滞、在走向"华盛顿共识"的过程中出现障碍的原因。

国内也有不少学者针对外部冲击对中国经济的影响进行了相关的研究。例如，段继红（2010）实证检验了国际石油价格波动对中国经济的冲击效应，得出国际石油价格与中国出口产出呈反向关系的结论。贾俊雪等（2014）认为，美国经济冲击对中国经济波动具有重要影响，外部冲击主要是通过金融市场传导，贸易依赖的增加有利于经济的稳定。李增来等（2011）对美国货币政策如何影响中国经济进行了实证分析，得出美国货币政策对进口和出口都有积极影响，但从长期来看却有负面影响；美国的货币政策给中国的产量带来了长、短期的负面影响。王义中和金雪军（2009）利用有外生变量的结构性向量自回归模型，考察了国际石油价格、全球利率、国际需求等外部冲击对中国宏观经济波动的影响，揭示了外部冲击对中国宏观经济波动的影响。孙工声（2009）认为，外部冲击对中国经济波动具有重要影响，外部冲击是中国经济波动的主要来源。林松（2023）认为，中国经济在经历了几年的高速增长后，其资本积累、人口增长和技术进步等因素对长期经济增长的促进作用越来越弱，其长期潜在经济增长速度已经明显下降，而当前一系列的外部冲击又使宏观经济短期增长率明显低于长期潜在增长率。

（二）对物价与通货膨胀的影响

外部冲击是导致通胀的因素之一，外部冲击通过多种渠道和机制影响通货膨胀和物价波动。纪敏（2009）表示，外部冲击通过需求拉动、成本推动和货币冲击三条渠道对国内价格波动产生影响；这表明资产价格的变动不仅直接影响消费者和生产者的价格水平，还可能通过改变货币供应量或汇率等间接因素影响国内价格。范志勇和向弟海（2006）指出，在汇率和国际市场价格冲击方面，名义汇率和国际市场价格波动对中国国内价格水平有显著影响。王柏杰等（2010）表示，资产价格波动对产出与通货膨胀有显著影响，且与 CPI 之间存在稳定的关系；这说明资产价格的变动能够通过财富效应和投资效应影响宏观经济，包括国内价格水平。汪献华（2013）表示，在流动性冲击与资产价格波动方面，流动性冲击引致资产价格波动，且资产价格波动强化流动性冲击的现象；这表明在特定的经济环境下，资产价格的波动可能加剧流动性冲击的影响，从而对国内价格产生更大的波动。在全球金融周期的影响方面，顾宁和余孟阳（2016）指出，全球金融周期对中国资产价格存在较为敏感的负向反应，国际市场的变化，如国际金融危机，可以通过影响中国的资产价格进而影响国内价格水平。何圣财（2013）则表示，资产价格波动存在内在关联，资产价格波动对开放经济内外均衡的影响研究表明，资产价格波动确实影响了经济增长、物价稳定、充分就业以及国际收支平衡，这进一步证实了资产价格冲击对国内价格波动的重要影响。

经济与政策冲击也是影响国内物价的重要渠道。张慧等（2022）认为，货币供应量直接影响进口商品成本和国内价格水平，当货币供应量过多时，可能导致进口商品价格上升，进而影响国内一般价格水平的波动。张瑞雯（2015）则指出，经济增长与货币政策通过影响消费和投资活动来调节物价水平，经济增长率是影响物价的最主要因素之一。适当的经济增长可以促进消费和投资，从而推动价格上涨。同时，货币政策的调整也是控制通货膨胀的重要手段，通过调整利率、货币供应量等政策工具，可以有效地抑制或刺激经济活动，进而影响物价水平。

（三）对货币政策与宏观经济政策的影响

外部冲击给货币政策和宏观经济政策的制定与实施带来了挑战。金融一体化加速了市场的开放程度和资本的国际流动，增加了政府制定整体经济政策的难度。刘琨和郭其友（2018）表示在上述情况下，货币政策和宏观经济政策需要及时调整以应对冲击，如通过扩张性财政政策和紧缩性货币政策来改善外部净资产，抵消部分由国际冲击带来的不利影响。王立勇和纪尧（2019）指出，美联储加息和中国外需持续走低是当前全球经济面临的典型外部冲击。汤铎铎等（2022）表示，外部冲击还会增加经济的不确定性，导致稳增长和防风险的折中更加偏向防风险。在这种不确定性上升的情况下，政策冗余度的增加和其他经济主体更为保守和谨慎的心态都会降低经济增速。因此，陈彦斌和刘哲希（2022）表示，政府需要通过宏观调控等政策手段缓冲外部冲击，实现对经济短期波动的逆周期调节。此外，庄子罐等（2018）指出，相比于非预期货币政策冲击，含预期货币政策冲击的模型表现得更好，并且预期货币政策冲击对大部分宏观变量的影响更大。因此，在制定货币政策时，考虑预期冲击是非常重要的。与此同时，中国进入外部冲击频发期，刘璐等（2023）表示，这需要根据不同时期外部环境的风险特征合理安排金融业开放进度，并选择相配套的调控政策，在获得开放收益的同时，严防外部风险的跨境传染。范拓源（2023）深入分析了财政与货币措施对经济体系面临不确定冲击时的调节作用，并强调外部经济政策的不确定性在与国内宏观经济政策的动态相互作用中始终占据核心地位。

（四）对金融市场稳定性的影响

不少研究的结论给出了外部冲击对中国金融市场的稳定性有影响的证据。

例如，Caporale 等（2018）指出，以国际金融危机的外部冲击作为主要因素，造成中国金融市场的波动，并导致危机期间中国的信贷供应持续增长。Ni 和 Ruan（2024）表示，外部货币冲击对中国系统性金融风险的影响具有传染效应，对中国金融稳定性的影响具有异质性，其研究表明差异性的货币政策冲击与调控对金融稳定的影响是不同的。例如，欧元区的利率政策给中国的资产价格、外汇市场和政府部门带来了更大的压力。相比之下，日本的利率变化主要影响中国的资产价格，加剧了中国资产价格泡沫的风险。丛颖睿和宗刚（2012）将外汇储备、中美利差、中美通货膨胀率之差、国内货币供应量和国外直接投资作为外部冲击的主要因素，探究其对人民币汇率的影响，结果表明外部冲击对人民币汇率的影响日益显著。Li 和 Zou（2008）的研究表明，宏观经济政策的巨大冲击确实引起了中国资本市场（如债券市场和股票市场）的共同波动。Gabriel（2023）则指出，海外金融风险对中国的影响主要通过资本市场的情绪传染和国际贸易两个渠道，这说明在全球金融市场动荡的背景下，中国金融市场面临的输入性风险抬升，需要加强对外部冲击的监测和防范。

（五）对国际贸易和企业行为的影响

首先，外部冲击显著影响了国际贸易和企业行为。杨开忠和徐晓辰（2022）指出，在全球化背景下，疫情等突发事件对国际贸易和企业行为产生显著影响。高越和李荣林（2019）则表示，外部冲击对出口企业的影响大于仅在国内市场销售产品的企业，影响企业的创新活动。钟腾龙和余淼杰（2020）表明，外部需求冲击对企业出口市场的多元化有显著影响，外部需求的变动促使企业调整其出口市场策略，以减少风险并寻求新的增长机会，指出负向外部需求冲击促进企业由出口转向内销，这表明企业在面对外部冲击时会采取灵活的市场策略来适应变化。

其次，外部冲击对企业的资本市场表现有显著影响。Федорова 等（2022）以疫情冲击下的美股"熔断"事件为例，得出结论：不同出口规模的上市公司在资本市场的反应各不相同。这说明外部冲击不仅影响企业的生产和销售，还可能影响其融资成本和市场信心。Hu 等（2018）采用 GARCH 模型分析指出，美国经济政策不确定性的冲击显著影响了中国 A 股一周后的收益率，中国制造业、信息技术和媒体行业的企业对来自美国经济政策的外部冲击更敏感。

二、外部冲击的传导渠道

（一）贸易渠道和金融渠道

外部冲击可以通过多种传导渠道对一国宏观经济和金融市场产生影响，其中达成较一致意见的传导渠道主要包括贸易渠道和金融渠道。

一部分学者认为，外部冲击通过贸易渠道和金融渠道共同作用于经济体和金融市场。例如，根据贾俊雪和郭庆旺（2006）的研究，在开放经济体系下，国际冲击可以通过国际贸易和金融市场的途径，对国家的宏观经济产生影响。安辉等（2013）指出，在外部流动性冲击下，我国外汇市场、货币市场和资本市场出现一定程度的动荡，加剧了我国经济内外部失衡的局面，流动性冲击主要通过国际贸易、国际直接投资、国际间接投资和国际借贷渠道传导。徐姣丽（2014）的研究表明，外部经济冲击能够通过多种途径，包括贸易、金融以及外商直接投资等渠道，对经济体产生作用；其中，贸易渠道包括供给需求影响渠道、全球供应链渠道等；金融渠道包括资产价格渠道、汇率的金融渠道等。与此同时，Doojav等（2023）表示贸易和金融（资源出口收入、贷款利率和汇率）渠道对于传导冲击至关重要，旺盛的大宗商品需求和全球流动性冲击导致国内贷款利率大幅下降，而积极的大宗商品供应和全球流动性冲击则导致实际汇率升值。此外，刘美秀和苏印蓉（2012）指出，外国通货膨胀冲击会通过贸易渠道与金融渠道对本国进行传递，体现在本国进口中间品的成本变化、价格传导、需求传导、货币贬值以及对金融市场的直接影响等方面。

另一部分学者仅研究了外部冲击通过贸易渠道单方面影响经济体。例如，李沐然和杨媛（2022）发现，新兴市场国家的宏观经济波动会对中国进出口产生显著的冲击。贺灿飞和余昌达（2020）在研究中指出，贸易保护作为一种外部冲击，可以有效地削弱依赖本地的技术知识泄露和外部市场信息泄露的风险。同时，Li和Ma（2023）表示，从全球价值链的角度来看，外部需求冲击（如金融危机和疫情）会导致全球贸易增长的周期性因素和结构性因素发生变化，进而影响到全球贸易的增长。Maravalle（2013）表示，贸易渠道对经济的影响是非线性的。最后，汤铎铎等（2022）表示，在某些情况下，外部冲击也可能促使经济体调整其经济结构和增长模式，从而实现长期的可持续发展，中美贸易摩擦等外部冲击促使中国经济更加注重内需驱动和产业升级便是其中一个例子。

此外，还有学者专门研究了外部冲击的金融渠道传导机制。其中一部分学者着重于研究外部冲击对金融渠道的传导效果。例如，王冠楠和项卫星

(2017）认为，一国遭受外部冲击的渠道从贸易渠道逐渐转变为金融渠道，当外部金融市场与国内市场形成共振时，外部冲击将影响国内资产价格的波动（如股市、债市、汇市和楼市价格）。Popp 和 Zhang（2016）根据美国宏观经济和金融指标研究发现，金融渠道在不确定性冲击的传导中发挥着重要作用，在经济衰退期间和短期内发挥的影响更为显著。谭小芬等（2023）的研究则发现，跨境资本流动能够通过资产价格和汇率这两个金融渠道，增强外部冲击对实体经济的影响。梅冬州和宋佳馨（2020）则发现，金融业开放程度的不同也会影响冲击的传导效果。此外，王博和刘澜飚（2013）指出，外部冲击的金融渠道对经济的影响主要体现在对外部失衡调整、金融危机传导以及宏观经济波动等方面。吴莉昀（2019）进一步发现，随着金融全球化进程的加快，外部冲击的金融传导渠道在外部失衡调整中的作用日益凸显，金融渠道在金融危机传导中扮演着重要角色。同时，刘璐等（2023）表示，金融渠道还可能成为外部冲击影响国内经济的"放大器"，尤其是在以银行为主导的金融系统中。另外一部分学者则着重于研究如何有效应对外部冲击的金融渠道传导。例如，谭小芬等（2023）在研究中表示，针对金融渠道作为外部冲击影响经济体的途径，政策应对措施是缓解冲击影响的重要手段，这包括加强跨境资本流动管理、使用宏观审慎政策进行逆周期调节等。罗融和陆文力（2021）则指出，资本账户开放与宏观审慎管理相结合的政策建议可以有效应对国际金融冲击的传导，对于新兴市场国家而言，理解和适应跨境资本流动的新特征及趋势，制定相应的政策应对措施也是至关重要的。

（二）政策渠道

不少学者发现，外部冲击通过政策渠道对经济体产生影响是一个复杂且多维的过程，涉及经济、金融、贸易等多个方面。可以从货币政策、宏观审慎政策以及其不确定性冲击对宏观和微观经济均会产生的不同影响进行综合分析。

第一，货币政策冲击会通过信贷和利率等渠道对经济产生影响。张朝洋（2018）表示，货币政策的调整，如提高利率或存款准备金率，会直接降低银行的贷款意愿，从而减少经济体系中的信贷供给。这种影响在紧缩性货币政策下尤为明显，因为这些政策旨在减少货币供应量，进而抑制经济增长。同时，饶品贵和姜国华（2013）指出，货币政策通过影响银行对企业的贷款来实现对实体经济的调控，这个过程即为货币政策的信贷传导机制。Udeaja 等（2020）表示，无论短期和长期的利率增长都很重要，而汇率渠道似乎对价格的影响更大。此外，盛松成和龙玉（2019）表示，发达经济体的货币紧缩政策通过汇率、内需和金融市场等渠道对中国产生溢出效应。这些研究揭示了货币政策传导机制的复杂性和多维性。

第二，宏观审慎政策通过一系列工具和框架，旨在维护金融稳定、防范系统性金融风险，可以减少外部冲击对实体经济的影响。周小川（2011）提出，相关政策涉及对银行的资本充足率、流动性、杠杆比例、拨备标准的要求，以及对具有系统重要性的机构施加的特殊要求等多个方面。陈伶俐（2021）表示，宏观审慎政策的有效性体现在其能够降低商业银行的风险承担。李义举和冯乾（2018）也持相同观点，认为宏观审慎政策在控制金融风险方面具有显著效果。王有鑫等（2021）的研究表明，在外部冲击面前，如疫情、国际金融市场的波动、外部产出的波动以及美国的贸易政策不确定性等因素，宏观审慎政策通过限制贷款价值比等方式，能够有效减少这些外部冲击对中国经济的影响，特别是在经济衰退期或平稳期，宏观审慎政策对于平抑外部波动的作用较为明显。Alexander等（2022）表示，存款准备金率在用于稳定宏观经济时对利率政策和外汇干预具有补充作用，为外汇干预作为其货币政策一部分的新兴国家提供了基准。

第三，经济政策不确定性冲击对宏观和微观经济均会产生影响。从宏观经济的角度来看，王爱俭和石振宇（2020）表示，政策不确定性的增加会导致预期渠道的负向需求冲击，进而影响整体经济的表现。与此同时，Ebenezer等（2022）指出，由于近来东非共同体地区受持续政治和经济不确定性的影响，商品（非石油商品）价格的波动会影响汇率，而汇率将通过货币供应和货币政策传导至GDP。刘蕴霆和朱彦頔（2023）表示，经济政策不确定性不仅在宏观层面产生总需求冲击，而且在微观层面也表现出一致的效应。此外，谭小芬和张文婧（2017）发现，经济政策不确定性还会通过实物期权和金融摩擦两种渠道抑制企业投资。从微观经济的角度来看，丁亚楠和王建新（2021）指出，政策不确定性增加了企业的资本成本，减少了市场参与者关于企业信息的产生。这表明，企业在面对政策不确定性时，可能采取风险较小的投资策略，延迟并购交易，保留闲置资源。同时，欧阳艳艳和施养劲（2021）表示，经济政策不确定性还会促使企业提高针对国内经济不确定性的风险规避水平，进而影响其对外直接投资（OFDI）的行为。此外，经济政策不确定性还会影响企业的成本决策，如王菁华和茅宁（2019）提出的成本黏性。因此，理解和评估经济政策不确定性的影响及其传导机制对于制定有效的宏观经济政策具有重要意义。

综上所述，外部经济冲击通过贸易渠道、金融渠道以及政策调节渠道等多个传导渠道影响经济体。这些传导渠道相互作用，共同决定了外部冲击对经济体的具体影响。未来的研究可以进一步探讨这些传导渠道之间的相互关系,以及如何通过政策干预来减轻外部冲击的负面影响。

第三节 跨市场联动概述

一、跨市场联动机理

市场间的联动关系是整个金融体系有效性的表现(殷剑峰,2006)。早期国内外研究者分别研究了汇市与股市、汇市与债市、股市与债市等两个市场间的联动关系,分别提出了不同的理论模型。

针对汇市与股市的联动关系,早期国外研究者先后提出了流量导向模型、资产组合平衡模型和股票导向模型。Dornbusch 和 Fischer(1980)提出流量导向模型,建立了相对价格、预期和资产市场作用下的汇率决定模型,强调了由汇率预期引起的国际名义利率差异以及汇率波动与经常项目之间的关系。Branson 等(1975)提出了资产组合平衡模型,认为当资产持有偏好、国内外的利差、外币预期、国内外通胀等发生变化时,投资者会进行资产组合的调整,从而引起汇率短期的变化。Branson(1983)提出了股票导向模型,认为股价上升吸引外国投资者投资,使国际资本流入、本币需求扩大从而导致本币升值。

针对汇市与债市的联动关系,利率平价理论刻画了利率与汇率之间的动态关系,是研究汇市与债市联动的理论基础。Keynes(1923)提出利率平价理论,认为国际抛补套利中的外汇交易最终决定了均衡汇率,当本国利率高于别国利率,资本将从国外流向国内,本币汇率升值,国内货币供给随即增加,最终促使本国利率下跌,两国的利率差距将缩小,汇率处于市场均衡状态。

针对股市与债市的联动关系,早期有学者采用一般均衡模型进行分析,后来资产替代理论、戈登股利增长模型和现值模型成为股票和债券定价的主要分析框架。Barsky(1989)提出了股票与债券的一般均衡模型,认为较低的劳动生产率与较高的市场风险导致公司盈利水平下降,从而影响真实利率水平,因此股票与债券的价格出现相反走势。资产替代理论认为,股票和债券是相互竞争的两类资产,某一市场出现利好消息,则会吸引资本流入该市场(Fleming 等,1998)。Gordon(1959)提出的股利增长模型认为,利率增加时,股票收益的折现值将下降,股价下降;如果利率下降,则股价将上涨。Campbell 和 Ammer(1993)使用计量经济学方法重新构建了现值模型,并将长期债券和股票的超额收益分解为未来现金流和未来贴现率这两类驱动因素,研究表明大多数股票变动是由于风险溢价和股息的变化,对于债券而言,通胀和风险溢价的相关性随时间而变化;在现值模型中,通货膨胀(实际利率)的变化使债券和股票的收益率向相反(相同)的方向移动,风险溢价和期限溢价的变化通常对债券和股票产生不同的影响。

而在我国跨市场联动效应的文献中,多是综合多种理论模型,并引入中间变量,构建出一套复杂的理论分析框架。例如,王璐和黄登仕(2015)构建了股市与债市的资产收益率方程,并引入共变因子和互变因子作为系统性风险因子,分析表明在分割市场下,我国股市和债市出现显著的联动关系。陈创练等(2017a)构建了国际资本流动方程、引入"汇率因素"的利率决定方程和资本管制条件下的汇率决定方程,并指出利率、汇率和国际资本流动存在时变关系,利率和汇率对国际资本流动影响与风险溢价有关,资本管制和交易成本使我国的非平抛利率曲线呈现时变关系,只有当风险溢价足够大时,本币升值和加息预期才能促使国际资本流入。陈创练等(2017b)基于金融资产投资组合模型、资本资产定价模型和国际资本流动受管制条件下的非平抛利率平价模型,构建了两国跨市场联动的理论框架,分析表明,汇率收益率取决于国内外的债市和股市收益率,本国资产收益率上升将吸引国际资本流入,从而导致外汇供给增加、汇率升值,并且实际汇率升值程度受资本管制程度影响。赵茜(2018)通过引入资本账户开放程度和外汇市场压力,构建不完全替代资产的配置模型,并建立投资者的跨国投资行为方程和短期内资本与金融账户平衡方程,分析得出,汇率市场化改革会影响市场中的汇率预期,从而改变投资者的外汇交易行为。彭红枫等(2018)则是首先利用银行运营成本函数和预算约束,分析利率与债券收益率的互动关系,主要解释了导致本国央行发行债券利率与居民购买本币债券获得利率之间的利差的原因;其次利用不同汇率制度下的汇率决定方程,分析汇率变动情况,解释央行对汇率市场的干预影响利率水平和货币供给;最后综合上述方程得到静态均衡模型,分析表明汇率制度与各资产价格间存在互动关系。张鹏(2019)通过构建开放条件下的经济均衡模型,选择利率作为中介变量,研究汇市和股市的传导机制,结果发现汇率与股市收益率之间的互动关系更符合资产组合余额理论的预测,而且股市收益率对于汇率的影响更具有长期性。McMillan(2020)基于同一资产在投资组合构建和多元化中的重要性,对资产回报及其协方差进行联合建模,研究了同一资产和跨资产的市场相关性。金融一体化的增加,使同一资产的相关性随着时间的推移呈上升趋势,较高的风险通过传染效应导致同资产相关性上升,而由于逃往安全领域,跨资产相关性下降。周颖刚等(2020)则在资产定价模型的基础上加入了条件协偏度和协峰度,更全面地考察了股市和债市之间的跨市场风险对冲效应,结果表明,随着利率市场化的推进,股票市场和债券市场之间互相对冲风险的效应会加强。

二、跨市场联动效应

目前大多数文献分别从相关关系、因果关系、协整关系、时变关系等角度研究了跨金融市场的联动效应问题,并且多是研究外汇市场、股票市场或债券市场其中两个市场之间的联动关系,而研究这三个市场联动关系的文献相对较少。

(一) 相关关系

不少学者采取 Pearson 相关检验、Spearman 秩相关检验、卡方检验、CCC 模型（Constant Conditional Correlation Model）、DCC 模型（Dynamic Conditional Correlation Model）、ADCC 模型（Asymmetric Dynamic Conditional Correlation Model）等计量方法研究了两个市场间的相关关系。

在汇市与股市的研究中,部分学者发现汇市与股市存在显著的正相关关系（Aggarwal, 1981; Solnik, 1987; Smith, 1992; Phylaktis 和 Ravazzolo, 2005; 谢平, 2017; 乔瑞和唐彬, 2024）。另外一部分学者认为,汇市与股市存在显著的负相关性（Soenen 和 Hennigar, 1988; 杨清玲, 2007; Tsai, 2012; 刘慧和张云翼, 2013; 张艾莲和靳雨佳, 2018）,并且有学者发现,当汇率特别高或者特别低时这种负向关系尤其明显（Tsai, 2012）。而 Franck 和 Young（1972）则发现,汇率与股市不存在显著的相关关系。Lin（2012）、Moagǎr-Poladian 等（2019）和骆燕玲（2021）则针对特殊事件窗口期研究其关联性发现,危机期间股市与汇市的关联性显著提高。

在汇市与债市的研究中,Jackman 等（2013）发现,利率变动会对小型开放经济体的外汇市场产生显著的非线性影响,利率与汇率具有显著的相关关系。吴敏（2021）、乔瑞和唐彬（2024）分别通过研究疫情发生时和疫情发生后的经济数据,发现利率与汇率具有强相关性。大多数学者认为,利率与汇率存在正相关性,如潘群星和宦先鹤（2019）以上证综合指数、上证国债指数以及人民币兑美元汇率的收益率为样本,实证得出债市与汇市表现为正相关关系。Menkhoff 等（2012）认为,在套利动机下,投资者的投资行为会使得利率和汇率具有正向相关关系,即低利率国家货币贬值,高利率国家货币升值。Tursoy 和 Mar'i（2020）通过研究土耳其不同时间范围内利率和汇率的关系发现,汇率与利率在长期和短期总体呈正相关。另一部分学者则发现,利率与汇率的相关性可能为正向或负向，如蒋治平（2008）发现，在中国2005年汇率改革前，汇率和利率呈正相关关系，而汇率改革后，两者呈负相关关系，但相关关系波动程度加大。而戴心逸等（2023）则得出，利率平价基差与即期市场汇率的相关性并不显著，但在部分极端区间内呈现一定负相关性。此外，傅冰（2007）认为利率与汇率不存在显著的相关关系。

在股市与债市的研究中，Shiller和Beltratti（1992）、Campbell和Ammer（1993）、Chordia等（2003）发现了这两个市场收益率之间的正相关性。Ilmanen（2003）、Connolly等（2005）、Yang等（2009）、Asgharian等（2015）则发现，股票和债券收益率在不同时间段内显示正负交替的相关性，这种股债相关性的变化主要是由股票市场的过度波动所引起。Barsky（1989）和Steeley（2006）的研究发现，在股市危机期间和金融危机之后，股票和债券收益率之间存在显著的负相关性。而陈其安等（2010）的观点是，只有在不考虑宏观经济环境因素的情况下，利率调整才会对中国股市产生负面影响。岳正坤和张勇（2014）及谢平（2017）也认为，债市与股市存在显著负相关，且债市受股市的影响更强。而马奕虹和蒋小莲（2023）认为，债市与股市相关性较小，且呈现大幅波动和频繁正负转换趋势，短期相关性大于长期相关性。

分析多个市场相关关系的研究较少。陈创练等（2017b）则基于汇改以来的数据得出在"股市—汇市—债市"三市的传导关系链中，股市对其他两市的影响最大，汇率冲击在短期内对股市有正效应，对债市有负效应，且对股市冲击影响较大。周婉玲（2020）发现，汇率冲击在短期内对股市具有正向作用，随后转为负冲击，而汇率对债市短期内均为负冲击，汇率冲击对股市的影响程度相较于债市而言更大；债市易受其他两市的影响，但对汇市和股市的影响甚微。潘德春和曾建新（2022）则发现，汇率与股价、利率与股价之间均存在负向相关关系，且汇率与股价之间的负向相关关系更大。

（二）因果关系

不少学者采用Granger因果关系检验及其扩展的模型研究了汇市、股市或债市之间的因果关系。

在汇市与股市的研究中，一部分学者认为汇率与股价间存在双向因果关系。例如，Bahmani-Oskooee和Sohrabian（1992）发现汇率与股价之间存在短期的双向因果关系。此外，Sevüktekin和Nargelecekenler（2007）、李泽广和高明生（2007）检验出这两者之间存在正向的双向因果关系。然而，另有一部分学者认为汇率与股价之间存在单向因果关系。例如，Hatemi和Irandoust（2002）、巴曙松和严敏（2009）、彭团民（2017）、张蜀林等（2017）、胡月等（2022）均发现存在从股市到汇市的单向因果关系。而刘炜（2018）、樊彦君（2017）、杨博睿（2020）则发现汇市到股市的单向因果关系。Granger 等（2000）则发现在亚洲地区，有些国家的汇率和股价存在单向的因果关系，而有些国家的汇率与股价存在双向的因果关系。从时间的角度来看，Tsagkanos 和 Siriopoulos（2013）得出结论，在美国存在从股票价格到汇率的短期因果关系，而在欧盟则存在从股票价格到汇率的长期因果关系。此外，仍有学者发现汇率与股价之间不存在任何因果关系（Nath 和 Samanta，2003；徐燕燕，2022；Rees，2023）。

在汇市与债市的研究中，Baig 和 Goldfajn（2002）通过对六个新兴市场的汇率和利率进行实证分析发现，汇率与利率无显著的因果关系。易纲和范敏（1997）、王爱俭和张全旺（2003）等国内学者也得出了相同的结论。邹宗森和杨素婷（2020）也发现利率对汇率变动的作用方向虽与利率平价理论相符，但不显著，汇率更多地受其自身变动的影响。而唐文进和马千里（2014）通过分析得出汇市到债市是单向因果关系，人民币汇率对利率有显著的负面影响，而利率对人民币汇率影响不显著。吴敏（2021）则认为汇率与利率不是简单的单向因果关系，而是复杂的双向联动，汇率会影响利率，利率也会影响汇率。李鑫和朱冬青（2022）进一步发现，股票市场和债券市场收益率之间具有双向的 Granger 因果关系。Tursoy 和 Mar'i（2020）研究发现，在短期内，汇率与债券收益率存在一种双向因果关系，它随着时间的推移而发生很大变化，并且在短期内每天都在变化，而从长期来看汇率对债券收益率的影响占主导地位。

在股市与债市的研究中，大多数学者均认为股市与债市之间存在因果关系（Rahman 和 Mustafa，1997；Lim 等，1998；Durré 和 Giot，2007；Dean 等，2010；龚家和张涛，2022）。陈守东和李云浩（2021）通过中美贸易摩擦前后的研究发现，在贸易摩擦期间，债券市场对股票市场呈现单方向风险传导状态，且影响较强。Yan 等（2022）则发现，绿色能源股票在更高的分位数对绿色债券市场的影响越来越大，两者之间存在双向因果关系。然而，易永坚（2016）认为股票市场的价格和流动性对债券市场的价格影响是存在的，但是影响并没有很强烈，无显著因果关系。此外，仍有少部分学者认为债市与股市不存在因果关系（边璐等，2017）。

（三）协整关系

在汇市与股市的研究中，Bahmani-Oskooee 和 Sohrabian（1992）首次使用协整检验来研究汇率与股价之间的关系，发现二者之间不存在长期协整关系。同样，巴曙松和严敏（2009）、彭团民（2017）也发现中国股市与汇市不存在长期均衡关系。而大部分学者认为我国股价和汇率之间存在稳定的协整关系。

张碧琼和李越（2002）发现，人民币市场汇率与沪深A股综合指数以及香港恒生指数之间分别存在协整关系或长期关系。邓燊和杨朝军（2008）得出了相同的结论，但是他们发现二者传导方向和作用机制具有非对称性。周虎群和李育林（2010）及杨楠（2021）同样发现人民币汇率与中国股票价格具有长期均衡关系。孟星（2023）也发现人民币汇率与上证综指存在长期的协整关系，然而从短期来看，汇率与股价可能偏离均衡状态，但是汇率会使股价存在反向调节作用，从而转至均衡状态，即汇率对股价的短期影响是存在的。

在汇市与债市的研究中，Abdalla 和 Murinde（1997）对四个新兴市场国家（印度、韩国、巴基斯坦和菲律宾）的股票价格与汇率之间的长短期关系进行了研究。他们的研究结果显示，在韩国和巴基斯坦，股票价格指数与汇率之间没有协整关系，这意味着这两国的股票价格指数与汇率之间不存在长期的均衡关系。另外，Meese 和 Rogoff（1988）利用美国、日本等发达国家数据，运用E-G两步法对实际汇率和实际利差的相关性进行了实证分析，发现实际汇率和实际利率之间同样不存在协整关系。Nieh 和 Lee（2001）、Koulakiotis 等（2015）同样发现汇率与股票价格只存在短期关系，不存在长期协整关系。而李心丹等（2008）和刘维奇等（2008）发现汇率与股价具有长期的协整关系，即汇率对上证指数具有长期影响。MacDonald 和 Nagayasu（2000）则在一般协整方法的基础上，应用截面数据来研究美国等14个工业化国家的汇率波动情况，表明实际汇率与长期利率、实际汇率与短期利率之间存在显著的协整关系。罗艺婷（2019）在实证分析过程中发现，长期人民币名义有效汇率对基准利率的影响显著，而基准利率对人民币名义有效汇率的影响不显著，说明二者在长期存在单向的传导机制，且二者之间在长期内存在协整关系。金鑫（2020）得出2015年"8·11"汇改后，人民币汇率向利率的短期传导路径变得更为通畅，从长期来看，人民币汇率与利率存在长期的协整关系。

在股市与债市的研究中，李晓蕾（2005）的研究结果表明，中国的股市与债市从长期来看不存在协整关系，而分段检验却发现二者在某些时段存在均衡关系，或表现为正相关，或表现为负相关。方龙等（2016）则发现，股市和债市的收益率之间不仅存在长期协整关系，还存在短期波动调整。陈波等（2021）运用协整检验来探究新冠疫情背景下的市场，发现上证指数、国债指数和企债指数之间存在长期均衡关系。此外，龚家和张涛（2022）通过协整检验表明上证指数、沪深300指数和国债指数之间能保持长期的均衡性。

（四）时变关系

除上述三种跨市场联动效应外，外汇市场、股票市场与债券市场间还存在时变关系。

在汇市与股市的研究中，张兵等（2008）发现人民币汇率变动对上证指数的影响具有一定的时滞效应。李湛和戴益文（2012）通过三个阶段的研究，探讨了中国股票市场和外汇市场之间的长期和短期均衡关系，他们的研究结果表明，外汇市场的短期波动对股票指数的涨幅产生了一定的时间延迟效应。另外，Ajayi 和 Mougouė（1996）对八个发达国家的汇率与股票价格之间的短期和长期关系进行了深入分析，他们的研究发现，股票价格的短期上升会导致本国货币贬值，而长期上升则会导致货币升值；然而，无论是短期还是长期，本国货币的贬值都会对股市产生反向的负面影响，这一效应是显著的。何诚颖等（2013）基于 SVTVP-SVAR 模型实证研究了 2005 年汇改后人民币汇率与我国股票价格之间的时变动态关系，结果表明汇率与股价之间的关系呈现显著的时变性。吴丽华和傅广敏（2014）研究发现，人民币汇率受股票价格的影响表现出时间变化的特点。在 2010 年之前，股票价格的上升对人民币汇率产生了正向作用；而在 2010 年至 2011 年期间，股票价格的上升则对人民币汇率产生了负向影响，且在 2010 年底这种影响达到顶峰。随后，股票价格对人民币汇率的影响逐渐减弱。郝项超和李政（2017）的研究指出，2016 年 1 月在股市暴跌之后汇率的持续贬值对股市的持续暴跌的影响越来越明显，说明汇率风险对股市的影响有一定的时滞性。贾欣悦（2019）则发现，人民币汇率对我国股价指数的影响存在着一定的时变性，在不同经济背景下具有一定的时变特征。

在汇市与债市的研究中，唐文进和马千里（2014）发现人民币汇率与利率具有较强的时变特征，随着人民币汇率弹性的不断扩大，利率波动的幅度也逐渐增加。刘永余和王博（2016）通过分析脉冲响应图发现，由于资本管制和外汇干预的程度不同，汇率对利率的影响在短期内呈现显著的动态时变特性。他们观察到，汇率对利率冲击的反应通常是负面的，也就是说，当利率对汇率产生正向冲击时，汇率水平倾向于下降。袁吉伟（2013）选择国内外汇市场和债券市场作为研究对象，发现外汇市场对债券市场只具有单向的价格溢出和波动溢出效应，且两个市场的关联性呈现显著的时变特征。靳雨佳（2022）则发现，外汇市场与债券市场的动态相关系数图均表现出时变特征。

在股市与债市的研究中，张茂军等（2018）使用美国股票市场和债券市场数据，证实了股票和债券市场之间的相关性随时间变化。袁超等（2008）通过构建 ADCC 模型对股票和债券市场的相关性进行了研究，发现中国股票和债券市场之间的相关性具有显著的时变性和结构性变化特征，这种相关性受到宏观经济变量的影响。郑振龙和陈志英（2011）采用 DCC 模型进一步证实了中国股票市场与债券市场的收益率联动性具有时变特征。许祥云等（2014）从市场情绪的角度出发，运用分位数回归方法验证了中国股票市场和债券市场之间存在联动性，并且这种联动性随时间变化，具体表现为在股票市场的牛市期间呈正相关关系，在熊市期间呈负相关关系，而在市场震荡期间则表现出微弱的相关性。何凌霄（2023）进一步发现，我国股市对债市的波动溢出效应和债市对股市的波动溢出效应均具有显著的时变性特征，且股市对债市的波动溢出效应大于债市对股市的波动溢出效应。

此外，还有研究多个市场间的时变关系的文献。例如，袁晨等（2014）在分析了我国股票、债券及黄金间的动态时变相关性后发现，股票与债券间的相关性具有动态时变特征。赵锡军和姚玥悦（2018）则发现，随着人民币汇率制度改革的推进与深化，债券市场、货币市场和股票市场的价格对人民币汇率的冲击影响均表现出不断增强的时变特征。胡月等（2023）发现在新冠疫情的影响下，从响应程度上看，各金融市场对疫情冲击的响应具有时变性，不同时期的响应程度不同，且股市对疫情冲击的响应程度远大于债市和汇市。潘德春和曾建新（2022）主要研究了汇率、利率对股价在不同提前期和时点上的动态冲击效应，结果表明汇率、利率对股价的影响具有非对称性和时变性特征。

最后，相关文献在计量方法的选取和中间变量的选择方面已取得一定进展，但其研究结果仅明确了跨市场间存在联动效应，并未进一步解释联动效应的引发条件和作用渠道，并且实证分析重点在于两市场间的联动关系，鲜有文献研究三个市场的联动并构建合理数理模型。因此，基于外部冲击的"汇市—股市—债市"跨市场联动效应仍是需重点关注的研究方向，研究深度尚需加强。

第四节　金融风险跨市场传染概述

一、金融风险跨市场传染渠道

不少学者认为资本流动、情绪传染和信息传播是"汇市—股市—债市"跨市场风险传染的主要渠道。如赵雪瑾（2017）认为，金融风险主要通过金融交易、国际贸易、资本流动、投资者情绪和信息的外部性等渠道实现跨市场的风险传染，而其中金融交易、国际贸易渠道依旧依靠的是资本流动。何敏园（2018）则认为，导致金融风险在市场传染的机制和渠道主要有投资者预期渠道、信息传播渠道、金融市场流动性渠道和基本面价值重估渠道。而侯县平（2016）认为，国际风险传染的渠道主要有贸易渠道、金融渠道、共同冲击渠道、羊群效应和政治渠道。综合上述观点，本书主要从资本流动、情绪传染和信息传播这三条主要跨市场金融风险传染渠道来讨论跨市场金融风险传染机理。

（一）资本流动渠道

在金融风险的多条传染路径中，大多数学者认为资本流动是跨市场风险传染的首要渠道，是联系股市、汇市与债市的纽带（Broner等，2011）。早期，Krugman（1979）基于国际收支平衡表提出的资本流动模型是代表之一。该理论认为，对一国政府外汇储备的投机性攻击，可以视为投资者改变投资组合构成、降低本币比重、提高外币比重的过程，当政府的外汇储备无法支持固定汇率制度时，货币开始贬值，资本将流出该国。其他学者进一步研究发现，当短期国际资本流动是以投资组合的形式流入或流出金融市场，则资本流动将产生跨市场的传染效应（Athukorala和Rajapatirana，2003；Hau和Rey，2006；Jongwanich和Kohpaiboon，2013，刘金全，2023）。张华勇（2014）指出，当某个金融市场的资产价格出现大幅波动时，投资者重新进行资产配置，金融市场中资本流动频繁，从而使金融风险在多个市场间引发传染效应。Guidolin等（2017）进一步指出，在金融市场不确定性和波动性增加的时期，资本外溢至更具流动性的市场。刘金全等（2023）提出，在负利率政策背景下，新兴经济体可能面临跨境资本流动过剩的情况，导致资产缩水、资本市场大幅波动，从而引起股票、外汇等市场的风险加剧。

现有研究多从汇市、股市或债市中的两个市场研究了资本流动渠道的风险传染效应，并认为风险主要通过利率机制、资产组合机制、财富效应、货币供应机制、资产替代效应、成本效应以及储蓄效应等机制进行跨市场传染（Bodart和Reding，1999；袁吉伟，2013；郑国忠和郑振龙，2014；刘大明，2012；代凯燕，2016；侯县平，2016；廖冬，2017；刘玲君，2013；Ghironi和Ozhan，2020；方意等，2021；赵烨，2023；梁莹，2022；Friberg等，2024；张雪莹等，2023）。

针对汇市与股市，风险主要通过利率机制、资产组合机制以及财富效应跨市场传染。廖冬（2017）总结了股市和汇市间通过资本流动传导风险的途径：其一，股价下降将直接或间接影响汇率上升。在直接渠道层面，股价下降促使投资者抛售本国资产，并兑换外币购入外国资产，使得货币的供给需求发生变化，进而导致外币升值和本币贬值。在间接渠道层面，通过财富效应，股价下降使得投资者财富缩水，投资者投资意愿降低，利率下降，使得国际资本大量流出，本币将贬值。其二，基于利率平价理论，汇率波动引起利率变化，并最终导致股市变化。刘玲君（2013）基于投资组合理论总结指出，假设本币存在升值预期，则国外投机资本会通过资本金融账户流入本国股市，进一步推动股票价格的上涨，但央行将发布抑制股票上涨的政策；同时股价的上涨吸引国外资本的流入导致本国货币需求增加，进而推动本币升值。赵桦等（2023）指出，国际上汇率的变化会通过影响一个国家的国际竞争力和国际贸易，进而影响国内利率，而利率的变化又会影响资本的流动，资本流入或流出会改变市场的流动性，进而影响企业的融资成本和盈利预期，最终反映在股价的波动上。

针对汇市与债市，风险主要通过利率机制和货币供应机制跨市场传染。Bodart和Reding（1999）指出，债券市场波动模式与外汇市场之间存在显著联系，围绕国内货币政策行为的不确定性是债券价格波动的关键决定因素。袁吉伟（2013）指出，资本流动是汇市和债市产生联动效应的主要渠道，汇率的波动引发资本流动，从而影响国内货币供给，进而影响到债券市场资金供给，因此影响债市的收益率。郑国忠和郑振龙（2014）认为，随着"热钱"不断涌入，我国汇市的波动日益增强，而债市传递的市场利率和货币供应等信息显著影响汇市波动，因此使得汇市对债市的溢出效应更为显著。梁莹（2022）指出，伴随着汇率改革和债券市场的开放，两个子市场的关联程度逐渐加深。一方面，考虑汇率成本的企业境内外债券收益率走势显著趋同；另一方面，没有汇率掉期产品也彰显出利率属性，市场投机得以遏制。同时，人民币债券作为在境外逐渐开始作为储备资产使用，保障了资本流动的长期稳定，而资本项目能够影响外汇市场供求，供求又决定了汇率水平。

针对股市与债市，风险主要通过资产替代效应、成本效应以及储蓄效应跨市场传染。刘大明（2012）基于资产替代理论得出，作为互相竞争的金融资产，股票和债券的价格呈负相关关系，当债市出现利好消息，投资者将选择购买更多债券，而股市出现利好信息会使投资者投资于股票。代凯燕（2016）提出利率变动的成本效应，认为大多数企业根据融资成本选择股权融资或债券融资，从而维持合理的企业财务杠杆比率。侯县平（2016）则指出，当股市价格上升时，投资者将资金投向股市并且储蓄意愿下降，因此商业银行资金来源减少，则商业银行将抛售债券以补充资金，导致债券价格下降；而当股市价格下降，投资者将资金撤出股市，并存入商业银行，储蓄意愿上升，商业银行资金来源扩大，则其买入债券进行资金配置，从而导致债券价格上升。Friberg等（2024）指出，当投资组合经理预计股市波动性会增加时，他们通常会将资金从股票转移到债券，这种资金的流动可能使风险从股票市场转移到债券市场。张雪莹等（2023）认为，股市和债市之间的关系既会发生同向变动，即"股债双杀"，说明两者都面临相似的风险，投资者可能将部分投资从股市转移到债市，或者相反；也会反向变动，即"跷跷板"效应，此起彼伏，如果股市表现良好，投资者可能增加在股市中的投资，减少在债市的投资，反之如果债市表现较好，投资者可能减少在股市中的投资，增加在债市的投资。

因此，基于风险传染资本流动渠道的有关研究，本书提出以下假设：

H1：外部冲击对国内某金融市场的冲击将通过资本流动渠道传递至其他金融市场，引发跨市场金融风险传染。

(二) 情绪传染渠道

部分学者认为"基于投资者行为的危机传染"是金融风险传染的重要途径之一，在外部冲击下的投资者情绪变化和资产配置调整是导致跨市场金融风险传染的原因（Park 等，2010）。石广平等（2016）指出，在市场情况良好时，投资者情绪对市场的影响更为显著，且持续时间较长，但同时投资者情绪会引发市场流动性紧缩，造成金融危机。其中，投资者情绪可以理解为投资者对于市场的预期（Wendeberg，2015）。不少学者发现在面临风险时，投资者对于某一市场的预期将会导致投资者调整投资组合，增加安全资产比例并减少风险资产比例，从而导致资产价格的剧烈波动，致使风险传导至其他市场（Barsky，1989；Kodres 和 Pritsker，2002；孙云辉，2008；吴炳辉和何建敏，2014；曾裕峰等，2017）。而部分学者发现，信息不对称是导致投资者行为和预期发生改变的原因，不知情投资者的跟风行为导致盲目跟从其他投资者抛售资产，从而引发资产价格的急剧下跌，造成了风险传染（Calvo 和 Mendoza，2000；Yuan，2005；李波，2004）。潘敏和郭夏（2010）则认为，在投资者羊群效应、财富效应、资产组合分散下的自实现效应以及注意力配置效应的共同作用下，投资者会跟随其他投资者一起改变投资决策，这也是导致金融风险跨市场传染的原因。

第一，国内外研究发现投资者情绪在一定程度上能够反映市场预期。如 Wendeberg（2015）指出，投资者情绪是指投资者对当前和未来经济的普遍乐观或悲观看法，也就是对于市场的预期。在金融危机传染初期的理论研究中，国内外学者发现危机并不能在宏观经济基本面联系薄弱的国家间传染过程中得到很好的解释，因此应将投资者在资本市场中的行为对资产价格的影响纳入考虑范围。Park 等（2000）认为，"基于投资者行为的危机传染"是金融风险传染的途径之一，其基本核心是经济中的多重均衡以及投资者基于理性预期的资产组合调整的自实现过程。如果将金融危机视为外部冲击，则可以用金融危机时期的投资者情绪变化和资产配置调整的过程来解释跨市场金融风险传染的机制。朱光伟（2020）指出投资者的正反馈交易，即在股价上涨时买入，股价下跌时卖出，这种行为受到投资者情绪的强烈影响。当市场上的非理性投资者过多时，往往会造成账户杠杆过高，继而造成股价过度反应。在这种情况下，投资者情绪对市场预期的影响尤为显著，可能导致市场波动加剧，使股票价格远离其内在价值。

第二，一部分学者认为，投资者预期变化是导致金融风险传染的重要渠道。罗衎（2017）发现投资者频繁活跃的交易会加剧市场情绪的传染，增强市场预期。Massad（2018）发现投资者的情绪会影响金融市场的表现，当投资者注意到市场上发生的事件时，会改变他们对于市场的预期，并更新他们的交易策略。曾裕峰等（2017）研究股票市场风险传染时发现，投资者预期在其中发挥了重要作用，投资者依据某一市场价格信息去预测其他市场的价格变化，从而导致跨市场的传染效应。Smales（2017）认为投资者情绪的存在会通过市场预期影响资产价格，使其偏离基本面所证明的均衡水平。即如果市场普遍情绪乐观，投资者可能过度乐观地预期未来收益，从而推高资产价格，使其偏离其基本价值。当资产价格偏离其基本价值时，这种扭曲的价格信号可能导致错误的投资决策，发生大规模的资产抛售和价格下跌，增加金融系统的风险。江春（2022）表示投资者的风险偏好会推动资产价格上升和人民币的预期升值，当投资者表现出风险厌恶时，他们对政策变化等外部因素的敏感度会增加。此外，资产价格在投资者的风险态度和汇率预期之间扮演了重要的中介角色，在人民币贬值预期的情况下，资产价格和投资者的风险态度对外汇市场的环境变化更为敏感。

第三，部分学者发现信息不对称是导致投资者行为和预期发生改变的原因。Calvo 和 Mendoza（2000）假设投资者对于市场存在不充分信息，代表性投资者在进行资产组合选择时，必须考量收集信息的成本，在多重均衡中由于存在羊群效应，大量投资者调整投资组合至最佳配置，从而加剧危机的传染。Yuan（2005）通过构建理性预期均衡模型指出，知情投资者在交易之前能够获得资产收益的相关信息，不知情投资者则是根据知情投资者显示的信号来推测资产的价格并采取相应的投资策略。同样，李波（2004）也发现知情投资者的投资决策和不知情投资者的投资决策差异是导致股票市场价格变化的原因：知情投资者的投资决策依赖理性客观的分析，而不知情投资者的投资决策只是一味地跟风，而跟风的最终结果是，随着资产价格的下降，市场信息的有效性就越低，不知情投资者无法判断知情投资者的投资决策的目的是个人行为还是基于市场预期，从而更加盲目跟从其他投资者行为进而抛售资产，导致资产价格的急剧下跌，造成风险传染。李丽君和杨宜（2018）则通过研究资产证券化的流动性，发现在信息不对称的情况下，信用评级会向市场传递积极或消极的信号，很大程度影响了投资者的信心和选择。朱芳草和程昊（2020）指出，信息不对称会对投资者的理性选择造成极大冲击，信息的缺失会削弱投资者的理性行为，从而在市场环境大好时投资意愿增加，市场低迷时撤离投资，造成市场异常波动。

第四，不少学者发现，投资者情绪所表达的市场预期会影响投资者的投资决策和资产配置。Barsky（1989）发现当投资者感到恐惧时，会寻求安全的投资，调整投资组合，增加安全资产比例并减少风险资产比例。Kodres 和 Pritsker（2002）在多资产理性预期模型中分析发现，在面临风险时，投资者对于某一市场的预期将会导致投资者调整投资组合，致使风险传导至其他市场。孙云辉（2008）总结出当投资者情绪极度悲观时，投资者账户增长缓慢，甚至出现负增长，以增强流动性，抵御风险。吴炳辉和何建敏（2014）提出金融风险传染还可能间接由投资者的投资心理引发，若一国出现金融危机，则投资者的风险容忍度随着市场不确定性增加而不断降低，投资者将重新配置投资组合，从而导致资产价格的剧烈波动。Lee 等（2015）通过研究发现，股票市场预期对投资组合配置决策表现出显著的正向影响，个人参与股票市场后，其参与决策就会受到市场预期和风险厌恶的显著影响。周佰成（2022）指出金融市场的密切关联导致市场不稳定程度增加，一旦投资者改变资产配置方式和预期，单个市场的风险会迅速传至其他子市场。刘彩彩等（2023）则发现若投资者信心对未来持乐观态度，会加大投资力度和规模变动。欧阳资生（2023）提出投资者情绪低迷时，预期市场将下跌，会选择抛售资产，这种行为加剧了市场的波动性，在经济政策不确定的情况下，会进一步放大这种影响，增加金融系统性风险。

第五，某市场投资者改变投资组合会通过多种效应引发其他市场投资者改变投资组合。一是投资者羊群效应。如 Radelet 和 Sachs（2000）、Chang 和 Velasco（1998）认为，当投资者预期到其他投资者将要调整资产配置时，投资者将会非理性跟随调整决策，结果导致市场大幅度波动。Pan（2018）同样发现，一个资产市场的投资者情绪会影响其他市场的投资者情绪，美国债券市场的情绪变化显著地引起股票市场的投资者情绪变化。魏哲海和汪敏（2017）发现，当关联股票市场之间存在风险传染时，某一股市的风险积聚会引发或加剧关联股市的羊群效应，即投资者对于特定市场的非理性反应，扰乱资本市场定价。王泽明（2020）提出由于市场失真的情况，投资者理性交易受到阻碍，导致理性投资者转向非理性投资者，出现明显的羊群效应，进一步让市场失真的程度更深，出现恶性循环，严重时可能引发系统性金融风险。二是资产组合分散下的自实现效应。如 Goldstein 和 Pauzner（2004）基于第二代金融危机理论中的"自实现"理论，通过构建投资者在两个不同市场进行分散化投资的模型，发现投资者在不同市场的分散投资决策将会成为其他投资者作出投资决策的信息来源。三是注意力配置效应。Mondria 和 Quintana-Domeque（2012）通过构建一个包含两个独立的风险资产和多个理性不注意的代理人模型，分析发现投资者将有限的注意力配置到不同资产上时，由于对不同信息处理能力及成本的考量，注意力在不同资产上的分配因市场预期不同而调整，构成了对于资产组合调整的决策依据。董大勇和吴可可（2018）通过构建基于 Carhart 四因素模型的投资者注意力配置收益率模型，指出当投资者的注意力配置到更多资产时，会使市场上资产的信息更加透明化，传播更有效，因而减少了信息的不对称，投资者基于信息不对称得到的风险补偿降低。四是财富效应。Kyle 和 Xiong（2001）通过构建一个两种风险资产、三类不同交易者的连续时间模型，分析了趋同交易者的财富效应的溢出效应，发现当趋同投资者财富效应强于替代效应时，便抛售风险资产，降低流动性，这也就是危机传染的时候。程超（2022）基于生命周期模型，得出股票价格可以通过财富效应影响投资者的资产配置。潘胜杰等（2022）则通过构建四个主体的动态随机一般均衡模型发现股市财富效应会促使不同部门改变自身所拥有的资产类型及占比。

综合来看，情绪传染渠道表明由于信息不对称，外部冲击对某个金融市场造成的波动会通过投资者情绪作用于市场预期，影响投资者投资决策和资产配置，并通过投资者羊群效应、资产组合分散下的自实现效应、注意力配置效应以及财富效应，引发其他市场投资者的投资决策和资产配置改变，进而实现跨市场风险传染。因此，基于上述相关研究，本书提出以下假设：

H2：外部冲击对国内某金融市场的冲击将通过情绪传染渠道传递至其他金融市场，引发跨市场金融风险传染。

（三）信息传播渠道

新闻发布与信息传播也是金融风险传染的主要路径之一，且具有传播速度快、覆盖范围广和跨市场传染等特征，该类信息的传播将影响投资者心理预期从而改变其投资决策（如 Fleming 等，1998）。国外不少学者认为，新闻与相关信息的迅速传播将对金融市场价格造成直接冲击，并直接影响其他市场价格，在该类传染机制中，流动性较强的市场向其他市场快速传递信息从而引发跨市场风险传染（Kaminsky 等，2003；Černý 和 Koblas，2008；Fabbrini 等，2015）。Rotta 和 Pereira（2016）指出，信息传播速度的加快在一定程度上促成了金融市场一体化，但信息传播机制的冲击性加剧了金融风险的跨市场传染，在面对外部金融冲击时，市场之间的信息联系可能导致经济行为的过度敏感。

新闻发布与信息传播是金融风险传染的主要路径之一，且具有传播速度快、覆盖范围广和跨市场传染等特征，该类信息的传播将影响投资者心理预期从而改变其投资决策。国外研究者提出了金融风险传染的多维渠道，其中信息传播渠道被广为关注。Masson（1999）首次将金融危机的传染渠道划分为季风效应、溢出效应与净传染效应，其中净传染效应表示一国发生金融危机后，负面信息广泛传播，进而影响该国的实体经济。Kiyotaki 和 Moore（2002）、Kaminsky 等（2003）认为，新闻与相关信息的迅速传播将对金融市场造成直接冲击，并直接影响其他市场，如证券的抵押价值或现金流量。在该类传染机制中，流动性较强的市场向其他市场快速传递信息从而引发跨市场风险传染。Koblas（2004）指出，在证券市场一体化的情况下，来自一个市场的信息对其他市场应该是重要的，信息技术的发展将引发更强大的市场整合。Fabbrini 等（2015）认为，相关信息渠道经常被用来解释不同国家股票市场价格同时下跌的情况，一国市场的外部冲击信息，将引起其他国家金融市场的资产价格变动。

现有研究将信息分为公共信息和私人信息，而公共信息又可视为由宏观经济信息、政策信息、价格信息和其他信息组成。李俊青等（2020）将信息分为私人信息和公开信息，他们指出拥有私人信息或者对公开信息的获取越充分，则金融市场的参与程度越高，促进金融市场深化发展。Aumann（1976）提出，资产市场的价格和交易量取决于信息对投资者对公司价值的期望的影响，如果公共信息（如市场价格）充分揭示交易者的信念，理性投资者就不会对公司价值观产生分歧。Ehrmann 等（2005）总结得出市场内资产价格由经济基础决定，宏观经济指标的公告和新闻的传播对金融市场有重大影响。同样，Longstaff（2010）指出金融市场的冲击来源于经济新闻或信息的传播，该类新闻直接或间接地披露市场有关信息从而影响其他市场的资产价格。Wongswan（2006）在研究国际股票市场信息传递时表示，股票市场收益率和交易量的大幅波动与国际宏观经济信息的传播密切相关。Cai 等（2009）研究发现，美国政府的宏观经济新闻对新兴市场汇率的回报率和波动程度有着强烈影响，市场不确定性与宏观经济新闻相互作用。Gyntelberg 等（2009）则论证了与汇率相关的政府信息和投资者的私人信息在很大程度上影响股票市场，并且这些信息通过投资者在股票市场的决策流传递给外汇市场。周开国等（2021）提出，宏观经济信息在金融市场联动中发挥信号作用，其中货币供应量和经济政策的不确定性对金融市场表现出周期性特征。张一帆（2022）认为，债券收益率不仅受到货币政策的干预，而且对宏观经济信息冲击非常敏感，如GDP、CPI、失业率等重要的经济指标的公布。Chen等（2020）指出，股票市场的价格信息扭曲可能通过两种渠道引发金融风险的传染，对整个金融体系的稳定性构成潜在威胁：一方面，高估的股票可能导致公司过度投资，由于违约风险增加而对债券定价产生负面影响；另一方面，估值过高的股票吸引资本从债券市场流向股票市场，从而对债券定价造成下行压力，债券定价的下降可能使债券发行成本降低，增加债券市场的风险。

部分学者认为，信息冲击将通过市场预期和对冲需求对市场资产价格产生直接影响，而信息溢出可导致风险跨市场传递。Fleming等（1998）基于信息流与市场波动性的相关研究分析指出，主要由两类信息影响股票市场和债券市场：第一种是同时改变多个市场预期的信息（又称共同信息），通过投机需求的变化，在每个市场上产生交易活动和波动；第二种是通过对冲需求的变化来改变一个市场的预期，并影响其他市场的交易和波动的信息，又称信息溢出。Evans（2008）指出信息传递可视为风险传染的方式之一，信息通过个别交易商收到的订单流传达至外汇市场，该信息将影响到市场资产的报价。Hurditt等（2004）基于BEKK-GARCH模型指出，货币政策的出台可视为市场内的信息冲击，这类信息流通常会导致市场价格波动并向外溢出。Rotta和Pereira（2016）研究得出，信息传播速度的加快在一定程度上促成了金融市场一体化，但其存在负面影响，即信息传播机制的冲击性加剧了金融风险的跨市场传染，在面对外部金融冲击时，市场之间的信息联系可能导致经济行为的过度敏感。Cui等（2022）使用累积的正跳跃回报来衡量正信息冲击，并发现这种正信息冲击加剧了崩盘风险，其中散户投资者的关注、过于乐观的投资者情绪和散户交易是市场恶化的原因。Jarociński和Karadi（2020）认为，央行公告同时传达有关货币政策和央行对经济前景的评估的信息，出人意料的政策收紧会提高利率并降低股价，而互补的积极央行信息冲击会同时提高两者。张一帆等（2022）则指出，国债市场的波动受央行沟通冲击的影响较大，央行沟通可以通过影响国债的期限结构，调节不同周期的市场预期实现政策目标。

因此，基于风险传染信息传播渠道的有关研究，本书提出以下假设：

H3：某市场内的金融风险将通过新闻发布与信息传播干扰其他金融市场，直接影响其他市场的资产价格，实现金融风险的跨市场传染。

二、金融风险跨市场传染效应

根据对风险传染的定义，我们认为溢出效应会导致风险传染，而溢出效应可根据性质将其分为均值溢出和波动溢出，而根据溢出方向可分为单向溢出和双向溢出。与金融市场联动效应一样，研究汇市、股市或债市其中两个市场之间溢出效应的文献较多，但研究这三个市场之间的溢出效应的文献较少。

（一）均值溢出和波动溢出

在汇市与股市的研究中，Caporale 等（2002）、Kanas（2010）、张艾莲和靳雨佳（2018）均发现存在从股市到汇市的波动溢出效应，且股价收益和汇率变化同期呈负相关。Francis 等（2004）发现在发达国家，由于股市和汇市相对成熟，它们通常显示出可逆的均值溢出和波动溢出效应。然而，Wu（2005）在针对新兴市场的研究中发现，这些市场更容易表现出波动溢出效应，但并不存在显著的均值溢出效应。廖冬等（2017）发现中国的股市和汇市二者间存在波动溢出效应，外汇市场对股票市场存在均值溢出效应。陆星驰（2022）在波动溢出效应中表明中国股市与汇市存在跳跃溢出并呈现"概率大、频率高、幅度小"的特征，且双向跳跃溢出较为对称。而王斌会等（2010）发现中国汇市对股市具有更强的波动溢出效应。此外，郑辉（2011）发现中国股票市场与外汇市场间存在非对称的双向均值溢出效应。汪冬华（2012）发现在熊市时期中国汇市对股市不存在均值溢出效应。

在汇市与债市的研究中，赵华（2007）得出二者没有表现出明显的均值溢出特征。王斌会（2010）则发现中国汇市和债市具有非对称的波动溢出效应。袁吉伟（2013）进一步得出我国汇市对债市具有价格溢出和波动溢出效应，而债市对汇市不存在价格溢出和波动溢出效应。金鑫（2018）发现中国汇市、债市收益率对自身有较明显的波动溢出效应，债市收益率无论是在短期还是长期对汇市收益率都存在波动溢出效应，汇市收益率与债市收益率之间存在双向的波动溢出效应。

在股市与债市的研究中，Fang 等（2007）认为存在股市到债市的单向波动溢出效应。而 Patoda 和 Jain（2012）却发现股市与债市不存在价格溢出效应。王璐和庞皓（2009）认为中国股市与债市的波动溢出存在明显的时变特征，并且波动影响不对称。陆星驰（2022）也发现了我国股市与债市之间存在非对称的波动溢出效应。此外，汪冬华等（2012）认为，在牛熊市中，中国股市与债市溢出效应存在异化现象，但两市波动溢出效应存在显著差异。吕静茹（2023）指出，股票市场和债券市场间的风险传染具有波动溢出的集聚性和显著的时变特征。

在多个金融市场联动的研究中，Fleming 等（1998）发现股市、债市及货币市场有很强的波动溢出性，且这种效应在 1987 年美国股灾之后显著增强。李成等（2010）发现，中国的外汇市场、货币市场、债券市场和股票市场间呈现明显的波动溢出现象。金道政和程大伟（2012）也发现自2005年"7·21"汇改以来，我国股市、债市和汇市间的价格溢出效应和波动溢出效应。孟庆浩和杜谦（2015）认为我国股票、基金、债券、外汇、货币五个金融市场间存在非对称的波动溢出。赵虎林（2023）指出，在我国货币市场、股票市场、债券市场、外汇市场、房地产市场等市场中，股票市场的压力净溢出水平最高，我国金融市场总体的压力溢出指数呈现较为平稳的变动趋势。靳雨佳（2022）基于中国股票市场、外汇市场、债券市场之间动态相关性和波动溢出效应分析，结果表明金融市场呈现波动聚集性和波动持久性等特征。陆星驰（2022）也发现我国股债汇三市波动持久聚集，风险事件加剧波动溢出效应；股市最易受外部影响，系统脆弱；债市最稳，外汇居中。吕静茹（2023）指出，金融市场间风险传染具有非对称性，且股票市场与其他市场间的风险传染更为剧烈，中国金融市场存在跨市场的风险溢出效应，且具有波动集聚性和显著的时变特征。黄雅雯（2021）也发现中国股票、债券和外汇市场之间具有明显的波动溢出效应，其风险具有显著的时变性和不对称性。

（二）单向溢出和双向溢出

1. 单向溢出效应

在汇市与股市的研究中，郑辉（2011）发现在波动溢出层面表明只存在股票市场对外汇市场的单向波动溢出效应。汪冬华（2012）也发现在这两个市场间只存在股市对汇市单向的均值和波动溢出效应。

在汇市与债市的研究中，郑辉（2011）指出在均值溢出方面，仅存在外汇市场对债券市场的单向正向溢出，但这种影响相对较弱。至于波动溢出层面，只有债券市场对外汇市场存在单向的波动溢出效应。而金道政和程大伟（2012）指出在债市与汇市之间，仅存在债市对汇市的单向均值溢出效应。袁吉伟（2013）也认为中国的债券市场和外汇市场收益率表现出单向波动的特点。具体来说，外汇市场对债券市场产生了价格溢出和波动溢出效应，但债券市场对外汇市场并未显示出价格溢出和波动溢出效应。靳雨佳（2022）也指出汇市对债市仅存在单向的波动溢出效应，且具有较强的联动性和传递性。

在股市与债市的研究中，王斌会等（2010）发现股市与债市间只存在从股市到债市的单向波动溢出。金道政和程大伟（2012）同样发现存在股市对债市的单向波动溢出效应。郑辉（2011）则发现在均值溢出方面，只存在股票市场对债券市场较弱的单向负向溢出。谢晓琳（2023）指出，股债市场的波动率相关性在一般情况下以股市对债市的单向波动溢出效应为主，但在特殊时期则体现为债市对股市的单向波动溢出效应。

2. 双向溢出效应

在汇市与股市的研究中，廖冬等（2017）发现股市和汇市二者间存在双向溢出效应。王斌会等（2010）指出，股市与汇市间存在双向波动溢出效应，且汇市对股市的波动溢出效应更强。金道政和程大伟（2012）也发现股市与汇市之间存在显著的非对称双向价格溢出效应。靳雨佳（2022）指出股票市场和外汇市场之间具有双向溢出效应，且整体的动态相关系数呈现上升趋势且具有时变性。

在汇市与债市的研究中，金道政和程大伟（2012）指出债市与汇市之间存在着非对称双向波动溢出效应。王斌会等（2010）也发现汇市与债市间存在双向波动溢出效应，且债市对汇市的波动溢出效应更强。

在股市与债市的研究中，金道政和程大伟（2012）发现股市与债市之间存在显著的非对称双向价格波动溢出效应。靳雨佳（2022）也发现股市和债市都表现出双向的波动溢出效应。

在多个市场的溢出效应研究中，李成等（2010）发现我国外汇市场、货币市场、债券市场和股票市场间呈现明显的双向溢出现象。钟莉等（2019）指出，我国外汇市场、货币市场、债券市场和股票市场存在着显著的双向风险溢出，风险溢出均为正值且存在非对称性。林宇等（2017）在对中国股票市场、汇率市场、国际原油期货市场、黄金市场的研究中发现其中各市场之间均存在双向风险溢出效应。

通过整理上述文献我们发现，大多数研究溢出效应的文献采用了VAR模型、GARCH模型、Copula模型、BEKK模型以及其衍生模型。如EGARCH模型、VAR-GARCH模型、非对称多元GARCH模型、VAR-多元GARCH模型、VAR-BEKK-GARCH模型、基于ICA的IC-EGARCH模型、DCC-GARCH模型、TGARCH-Copula-CoVAR模型、DCC-MVGARCH模型、MGARCH-BEKK、BEKK-GARCH模型、FIVAR-MVGARCH模型、VAR-MVGARCH模型、VAR-tBEKK模型等。还有其他学者则采用了其他模型，如时变参数向量自回归模型等。

第五节　研究述评

国内外学者在外部冲击和跨市场联动方面已开展了很多研究工作，研究中分析框架的理论基础涉及宏观经济领域的多类理论模型，包括一些主流和前沿的研究成果，普遍认为外部冲击会对一国金融市场的稳定造成负面影响，并且会进一步引发跨市场的联动效应。因此，外部冲击下的跨市场联动是一个共同的热点问题，也是防范系统性金融风险的重点所在。但外部冲击的界定、外部冲击对金融市场的作用机制、跨市场联动的机理与效应等研究尚未形成统一框架。

首先，国内外研究者基于不同角度解释了外部冲击的作用机制，研究深度不断增加，研究视角逐渐扩大，研究方法向规范化、系统化和科学化的方向发展，目前已积累了丰富的研究成果，但现有文献仍存在一些缺陷和不足。不同学者基于不同角度提出了分析外部冲击的定性分析框架，但其所利用的理论模型有所差异，尚未形成统一的评判标准。此外，现有实证研究中外部冲击的度量和相关指标的选取存在较大差异，使研究成果在一定程度上缺乏针对性，外部冲击的定量分析仍存在改进空间，实证方法仍有待进一步完善。

其次，在跨市场联动机理和效应的研究中，国内外学者基于不同层面的理论基础提出了实证分析框架，其理论模型涉及多种经典理论，如流量导向模型、股票导向模型、利率平价理论、戈登股利增长模型、资产组合平衡模型和现值模型等，但其往往利用其中两个到三个模型来分析两个市场间的联动效应，鲜少有文献系统性地利用有关理论分析三个市场间的联动效应，因此难以发现"汇市—股市—债市"间的市场联动效应。另外，大多数研究建立的是静态一般均衡模型，未关注动态的一般均衡，无法反映时变特征。因此，本书结合多种经典理论构建出跨市场联动的动态一般均衡模型，试图解决上述问题。

第三章 理论基础

第一节 跨市场联动理论

市场间的联动关系是整个金融体系有效性的表现（殷剑峰，2006）。早期国内外研究者分别研究了汇市与股市、汇市与债市、股市与债市等两个市场间的联动关系，提出了不同的理论模型。

一、汇市与股市

针对汇市与股市的联动关系，早期国外研究者先后提出了流量导向模型、资产组合平衡模型和股票导向模型。

（一）流量导向模型

Dornbusch 和 Fischer（1980）提出流量导向模型（见图 3-1），建立了相对价格、预期和资产市场作用下的汇率确定模型，强调了由汇率预期引起的国际名义利率差异以及汇率波动与经常项目之间的关系。该模型突出了经常账户或贸易平衡的重要性，并指出货币流动对企业国际竞争力、贸易平衡以及一个国家的真实产出有影响，这些因素进而影响公司的现金流和股价。因此，存在从汇率到股价的单向因果关系，并且一个国家的货币价值与股价之间呈负相关关系（陈雁云和何维达，2006）。从长期视角看，汇率与股价之间存在长期均衡的协整关系（张兵等，2008）。而在短期内，股市对汇率变化的影响更为显著（陈雁云和何维达，2006）。这表明人民币汇率与股价之间的关系符合流量导向模型。

该模型的核心观点是，汇率的波动直接影响到股价的波动，并且这种影响是单向的，即从汇率波动到股价波动。基于经常账户或贸易平衡的流量导向模型提出，货币流动对贸易平衡、企业的国际竞争力和国家的实际产出有显著影响，这些因素进而影响企业的现金流和股票价格。该模型通过经常项目或贸易项目的余额来解释汇率对股价波动的影响，但未考虑汇率可能通过资本账户对股价产生的间接影响。在许多国家资本账户开放的情况下，汇率通过资本账户对股价的影响更为直接，因此忽略这方面的分析是不全面的。此外，在应用流量导向型模型时，还需要考虑研究对象的经济开放程度和贸易不平衡的程度。

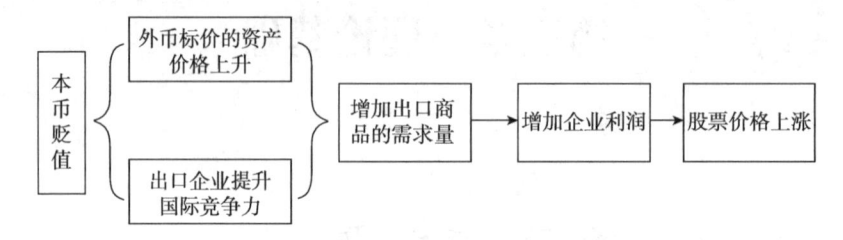

图 3-1　流量导向模型

(二) 资产组合平衡模型

资产组合平衡理论是 20 世纪七八十年代的多位学者在研究汇率决定时提出的，其中 Branson 给出了最全面的阐释。该理论融合了"流量—存量"分析法，以经常账户的收支流量为起点，将汇率视为资产市场供求存量维持和恢复均衡的关键因素。Branson 等（1975）认为，当资产持有偏好、国内外利差、外币预期、国内外通胀等因素发生变化时，投资者会调整其资产组合，从而导致汇率的短期波动。该模型认为资本和金融账户是影响动态汇率的主要因素，并指出汇率像其他商品一样，受市场供求关系的影响。当股价上升时，会吸引外国投资者的资金流入。这些投资者为了投资国内股票，会卖出外币并购买本币，从而使本币升值。此外，股价上升会增加国内投资者的财富，进而增加对本币的需求，推动国内利率上升，刺激资本流入，再次使本币升值。因此，存在从股价到汇率的单向因果关系，并且股价与一国货币价值之间存在正相关性。

该理论认为，汇率会影响以不同货币标价的金融资产间的相对报酬率，而投资者会根据各种资产选择的相对报酬率高低决定不同资产之间的配置比例，以实现资产组合的报酬最大化，在这个动态过程中实现均衡的汇率和资产价格。资产组合平衡模型（见图 3-2）的优势在于将经常账户这一流量因素整合到存量分析中，但它对资本流动的高度自由和汇率的完全清洁浮动等假设过于严格，因此对于理解现实中的汇率和资产价格关系仅具有参考价值。

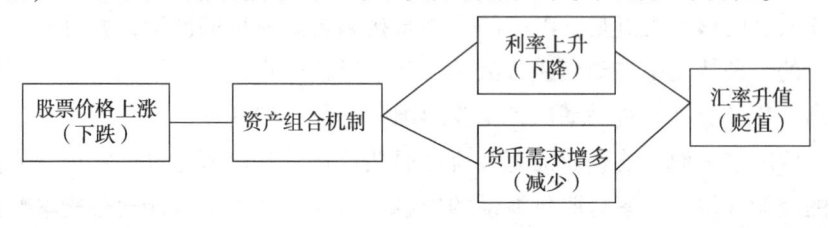

图 3-2　资产组合平衡模型

（三）股票导向模型

在1983年，Branson与Frankel同时提出了一个关于汇率的模型，即股票导向模型（见图3-3）。该模型认为，汇率与其他商品一样，受市场供求的调节，并强调资本与金融账户在汇率决定中的主导作用。模型指出，股价的波动主要通过资本账户影响汇率。当股价上升时，会吸引外国资本流入，投资者会卖出外币，购买本国资产，从而推动本币升值。相反，股价下降可能导致外国投资者出售股票并兑换回外币，引发本币贬值。然而，股票导向模型主要从财富分配和资产配置的角度探讨股市与汇率的关系，未对经常账户、贸易平衡以及企业盈利状况进行深入分析，因此存在一定的局限性。

朱新蓉等在2008年的研究中，采用GARCH模型来分析人民币汇率波动对中国股票价格收益率的影响，发现人民币对美元的名义汇率波动对股票价格收益率有负向影响，这与股票导向模型中一国货币价值与股价正相关的观点相一致。叶文娱在2010年的研究中则认为，影响中国汇率与股价关系变化的主要因素是汇率制度的弹性和资本市场的发达程度。这是因为传统的流量导向模型和股票导向模型都是基于外汇市场和股票市场发达、市场制度完善的前提，而中国正处于经济制度的渐进改革中，市场制度尚不完善，市场本身也不够发达，因此贸易余额和资本流动对中国汇率与股价关联性的影响并不显著。

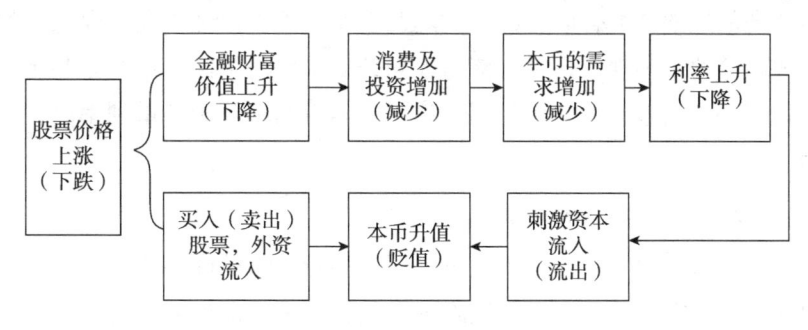

图3-3 股票导向模型

二、汇市与债市

针对汇市与债市的联动关系，利率平价理论刻画了利率与汇率之间的动态关系，是研究汇市与债市联动的理论基础。

Keynes（1923）提出利率平价理论，认为国际抛补套利中的外汇交易最终决定了均衡汇率，当本国利率高于别国利率，资本将从国外流向国内，本币汇率升值，国内货币供给随即增加，最终促使本国利率下跌，两国的利率差距将缩小，汇率处于市场均衡状态。张萍（1996）认为利率平价在中国有着特殊的表现形式，当市场普遍预测人民币汇率将单向升值、贬值或保持稳定时，国内与国际金融市场之间将形成基本稳定的利差，从而产生相对稳定的风险回报。在套利成本（包括技术成本和制度成本）基本不变的情况下，这将引发套利资本的单向流动，因为此时的套利活动几乎无风险。这导致人民币汇率面临更大的升值或贬值压力，外汇储备的变动也难以控制，国内基础货币投放面临失控的风险，宏观经济的健康运行受到威胁。

（一）抛补利率平价理论

抛补利率平价理论（Covered Interest Parity，CIP）的成立主要有以下几个假设条件：第一，投资者都是风险厌恶者，即只有在获得一定的风险报酬的条件下，投资者才愿意持有风险资产；第二，套利资本能够自由流动，不存在贸易壁垒；第三，套利资金的供给弹性无穷大；第四，交易成本为零，即对外汇买入价和卖出价的差异、存款利率与贷款利率的差异、其他附加费用以及时间耗费的机会成本不予考虑；第五，不同国家金融资产及不同类型的金融资产具有完全可替代性。

进行抛补套利活动的投资者为实现风险规避和资产保值，即期交易与远期交易同时进行，套利者为锁定交割时使用的汇率水平，参与远期外汇市场，通过签订反向的远期外汇合同，以有效规避汇率风险，保证顺利实现完整的套利过程。该理论的基本观点是：汇率的远期升贴水率与两国货币利差相等，当本币利率低于外币利率时，本币远期升值；当本币利率高于外币利率时，本币远期贬值。

（二）无抛补利率平价理论

无抛补利率平价理论（UIP）假设与抛补利率平价理论（CIP）基本相同，最大的区别在于：投资者是风险中立的，在进行即期外汇交易时，通过预测未来汇率走势情况得出投资者的预期收益值，基于预估情况采取不同的策略，此时由于投资者并没有参与到远期市场，因此不能有效地规避汇率波动带来的风险。当汇率预期情况与实际波动不符时，汇率预期之外的变动可能导致的损失需要由投资者自行承担。所以，在非抛补利率平价理论中，两国利率之差等于该国货币汇率的预期变动率。

无抛补利率平价的表达式表明：本国利率高于（或低于）外国利率的差额等于本国货币的预期贬值（或升值）幅度。由利率平价关系决定的汇率水平的核心是：将一定数量的本币换成外币，并在国外投资获得本息后，以外币本息再换回本币时那种汇率水平，应该保证与使用本币直接在国内投资获得的本币本息相等。

三、股市与债市

针对股市与债市的联动关系，早期有学者采用一般均衡模型进行分析，后来资产替代理论、戈登股利增长模型和现值模型成为股票和债券定价的主要分析框架。

（一）一般均衡模型

1. 莱昂·瓦尔拉斯的一般均衡理论

一般均衡理论是由法国经济学家莱昂·瓦尔拉斯（Léon Walras）在19世纪末提出的，它试图解释在多个市场和多个商品相互作用下，整个经济体系如何达到均衡状态。瓦尔拉斯认为，经济体系中的所有市场（商品市场、劳动市场、资本市场等）都是相互联系的，并且通过价格机制达到一种市场平衡状态，即一般均衡。同时还存在一种价格调整机制，称为"拍卖者"。这个假想的拍卖者调整价格直到所有市场上的供求平衡。如果市场上存在超额需求或超额供给，价格将相应上升或下降，直到市场达到均衡。

2. Barsky 一般均衡理论

Barsky（1989）提出的股票与债券的一般均衡模型是在莱昂·瓦尔拉斯的一般均衡理论的框架下进行应用。Barsky（1989）一般均衡理论可总结为以下几个主要观点：(1) 劳动生产率是影响公司盈利水平的关键因素。较低的劳动生产率意味着每单位劳动投入产生的产出减少，从而导致公司的盈利能力下降。(2) 该理论还考虑了市场风险对盈利水平的影响。较高的市场风险增加了投资者对投资回报的不确定性，这可能导致公司融资成本上升，进而影响盈利水平。(3) 当公司盈利水平下降时，投资者对债券的需求可能增加，因为相对于盈利能力下降的股票，债券提供了一种较为稳定的收益来源。这种需求的变化会影响真实利率水平。(4) 股票与债券价格的相反走势。当市场风险增加时，投资者可能从股票市场撤资并转向债券市场，导致股票价格下降而债券价格上涨。反之，当市场风险降低时，投资者可能增加对股票的投资，推高股票价格而降低债券价格。

（二）资产替代理论

资产替代理论认为股票和债券是相互竞争的两类资产，某一市场出现利好消息，则会吸引资本流入该市场（Fleming 等，1998）。

资产替代效应指的是，随着股票价格的上升或股票收益率的增加，个体经济单位倾向出售收益较低的资产，并购买收益更高的资产。这种行为减少了货币的储存量，从而降低了货币的需求。

当股票市场的交易量出现变化时，公众基于交易需求，在金融交易性货币资产和非金融交易性货币资产之间作出选择和替代，这改变了不同资产层次中货币的总量，并最终影响了货币政策在价格稳定和经济增长调控方面的效果。实际上，从功能的角度来看，公众对不同作用资产的替代是金融市场影响货币需求的主要因素。具体来说，货币资产根据其不同作用可分为交易性资产和非交易性资产。交易性资产在交易媒介方面作用显著，而非交易性资产的交易媒介作用较弱，但其储藏保值作用明显。交易性资产根据媒介对象是否为金融产品，又分为收入交易性资产和金融交易性资产。随着金融市场的发展，居民为了参与金融市场交易，会将收入交易性资产和非交易性资产转换为金融交易性资产，这将导致货币需求总量的增加。

（三）股利增长模型

Gordon（1959）提出的股利增长模型认为，利率增加时，股票收益的折现值将下降，股价下降；如果利率下降，则股价将上涨。

股利增长模型，也被称为戈登增长模型，是一种用于估计公司股票的内在价值的方法。戈登增长模型的基本假设包括：（1）公司的业务模式稳定，没有重大运营变化。（2）公司以恒定的速率增长。（3）公司的财务杠杆稳定。（4）公司的自由现金流以股利形式支付。因此，可以通过将预期的股利支付额除以股票的预期回报率和股利增长率之差来计算股票的价值。

（四）现值模型

Campbell 和 Ammer（1993）使用计量经济学方法重新构建了现值模型，并将长期债券和股票的超额收益分解为未来现金流和未来贴现率的意外组成部分，研究表明大多数股票变动是由于风险溢价和股息的变化，对于债券而言，通胀和风险溢价的相关性随时间而变化；在现值模型中，通货膨胀（实际利率）的变化使债券和股票的收益率向相反（相同）的方向移动，风险溢价和期限溢价的变化通常对债券和股票产生不同的影响。

现值模型（Present Value Model），也被称为折现现金流模型（Discounted Cash Flow Model，DCF），是一种金融分析工具，用于评估一项投资或资产的价值。该模型的核心思想是将未来现金流通过一个折现率转换成当前价值，以反映资金的时间价值。由于货币具有时间价值，即同样的金额在不同时间点的价值不同，因此未来的现金流必须通过折现才能与现在的现金流进行比较。现值模型广泛应用于财务管理的各个方面，包括资本预算、资产估值、证券分析、公司估值、资本成本计算等。尽管现值模型非常有用，但也有局限性，主要包括对未来的预测可能不准确、折现率的确定具有主观性，以及模型对输入参数的敏感性等。

第二节 金融危机理论

《新帕尔格雷夫经济学大辞典》将金融危机定义为"全部或大部分金融指标——短期利率、资产（证券、房地产、土地）价格、商业破产数和金融机构倒闭数的急剧、短暂的和超周期的恶化"。根据国际货币基金组织（IMF）在《世界经济展望1998》中的分类，金融危机主要可以分为以下四类。

1. 货币危机（Currency Crises）。当某种货币遭受投机性攻击时，该货币可能持续贬值，或者迫使货币当局增加外汇储备，大幅提升利率。

2. 银行业危机（Banking Crises）。银行无法按期偿还债务，或者需要政府提供大量援助以避免违约，一家银行的危机可能蔓延至其他银行，引发整个银行系统的危机。

3. 外债危机（Foreign Debt Crises）。一个国家的支付系统出现严重问题，无法按期偿还外债，无论是主权债务还是私人债务。

4. 系统性金融危机（Systematic Financial Crises）。也称为"全面金融危机"，指的是主要金融领域都出现严重问题，如货币危机、银行业危机和外债危机同时或连续发生。

这些类型危机的特征一直在发挥作用，并相互作用，造成过去几年国际金融危机事件的发生。

一、货币危机理论

货币危机的理论研究开始于20世纪70年代后期，有关货币危机的理论也最为成熟，目前已经形成了四代危机模型。

1. 第一代货币危机模型

Paul Krugman 在1979年构造了货币危机的最早的理论模型。

第一代货币危机模型认为：扩张性的宏观经济政策导致巨额财政赤字，为弥补财政赤字，政府只好增加货币供应量，同时为了维持汇率稳定而不断抛出外汇储备，一旦外汇储备减少到某一临界点，投机者会对该国货币发起冲击,在短期内将该国外汇储备消耗殆尽,政府要么让汇率浮动,要么让本币贬值,最后固定汇率制度崩溃,货币危机发生。

随着时间的推移,大量的经济学者不断地对其加以完善,并最终发展出第一代"货币危机理论"。这一理论指出,金融危机产生的根本原因是内部和外部平衡的冲突。当一国外汇储备过少时,若继续实行财政赤字货币化,就会造成固定汇率体系的瓦解,从而引起货币危机。在宏观经济环境不断恶化的情况下,爆发危机不但有其合理性,也有其必然性。该理论对1970—1980年拉美发生的金融危机作出了很好的解释。

2. 第二代货币危机模型

1992年英镑危机爆发时,英国不仅有巨额外汇储备(以德国马克计算),而且其财政赤字和稳定的汇率制度没有任何冲突。第一代货币危机理论已不能很好地解释这一现象,于是经济学家们开始从其他方面寻找危机的原因,并逐步形成第二代货币危机理论。

最有影响的第二代货币危机模型由Maurice Obstfeld于1994年提出。在对危机成因的探究中,他强调危机具有自我实现性,并将博弈理论引入政府和市场主体间的博弈分析。Obstfeld通过建立动态博弈模型,阐明自实现危机模型在动态博弈下的特征,揭示出"多重均衡"的特征。

这一模型认为,各国政府的经济政策应追求多重目标,从而实现均衡。因此,政府希望保持汇率稳定,同时又愿意放弃稳定的汇率。在外汇市场中,央行与市场投资者之间存在着互动关系,双方依据彼此的行为及掌握的信息,不断地调整各自的策略。这一调整又反过来影响到另一方,这是一个自我实现的过程。当公众预期与信心的偏差达到一定程度,当维持汇率稳定所付出的代价大于放弃稳定所付出的代价时,央行就有可能选择放弃汇率稳定性,引发一场货币危机。

以Obstfeld为代表的学者们仍然把注意力集中在经济基本面上,他们强调了危机的自我实现性质。他们相信,如果一个国家的经济基本面是健康的,并且民众的预期没有大的偏离,那么危机是可以避免的。同时,另一些第二代货币危机模式指出,这场危机与经济基本面没有关系,可能只是由投机者袭击引起的。投机商的行为改变了广大投资者的情绪与预期,引发了金融危机的"传染效应"与"羊群行为",是导致金融危机爆发的重要因素。这场货币危机的出现,恰恰是市场预期到了这一点。

第二代货币危机理论为1992年英镑危机提供了有效的解释。当时,英国政府面临着增加就业与维持货币稳定的两难选择,并最终放弃了汇率浮动的固定汇率体系。

3. 第三代货币危机模型

亚洲金融危机在1997年下半年爆发，呈现许多新特征。此前，亚洲很多国家都曾经历过经济高速增长和金融自由化的奇迹。第一代、第二代货币危机模型已经不能完全解释这次危机，而那些在危机爆发后很快就恢复过来的国家或地区（如韩国），其经济在某些方面甚至超过了危机前的水平。

麦金农（Mckinnon）和克鲁格曼（Krugman）最早提出了第三代货币危机模型。这一模型强调了前两代模型所忽略的一个重要现象：发展中国家普遍存在着道德风险。这一普遍存在的道德风险来自政府为公司、金融机构提供的"隐性担保""政府与这些公司、机构"的紧密关联。资本大量流入股市、房地产市场，造成金融过度，并最终导致经济泡沫的产生。一旦泡沫破灭，或者濒临破灭，资金流出就会引发一场货币危机。

尽管第三代货币危机理论提出得比较晚，但是学术界普遍认为，内部脆弱的经济结构与政治联系是诱发金融危机的重要原因。

4. 第四代货币危机理论

第四代货币危机模型建立于前三代成熟货币危机模型的基础之上。这一理论认为，如果一国的公司部门拥有更高的外债，它的"平衡表效应"将更加明显，从而增加了经济遭受危机的概率。其理论逻辑为：公司大量持有外债，会使国外债权人对国家经济的评价变得悲观，从而减少向本国公司提供的贷款，从而导致本国货币贬值、公司财富缩水、可获得贷款减少、社会整体投资减少、经济衰退。第四代货币危机管理模型目前尚不成熟，有待于进一步发展与完善。

二、银行危机理论

1. 弗里德曼（Friedman）的货币政策失误论

弗里德曼"货币政策失误论"认为，货币需求函数是相对稳定的，导致货币供给与需求不平衡的根本原因在于货币政策的失误。这类失误（如突如其来的通缩）可能导致局部地区出现轻微的金融问题，进而引发银行恐慌，进而演变成严重的金融混乱。

2. 金融不稳定假说

明斯基（Hyman P. Minsky）深刻分析了金融系统固有的脆弱性，提出了金融不稳定性假说。他把市场中的借贷者划分为三类：第一类是"套期保值"者，即期望收入总额大于负债，且在每个期间都有比到期债务更多的现金流入。

第二类是"投机型"借贷者,这种借贷者期望收入总额超过负债,但在借款后某一期间的现金净流量小于到期债务本息,此后每个期间的现金净流量都大于到期债务本息。第三类借款人为"庞齐"型借款人,即每个阶段的现金流入均小于到期债务的本金和利息,只有最后一阶段的收入足以偿付全部债务。于是,它们不断地借新债偿还旧债,用新债人的钱来偿还早先投资者的投资,从而导致了债务的不断积累和潜在的风险。

在经济周期之初,大部分借贷者都是"套期保值"的借款者。但是,随着经济由扩张转为紧缩,借贷者获利能力下降,逐步转向"投机"型、"庞齐"型借贷者,财务风险增大。因此,从本质上讲,金融系统本身就是不稳定的,经济发展周期与经济危机不是由外部冲击造成的,也不是由于宏观政策的失灵造成的。

3. 银行体系关键论

1981年,詹姆斯·托宾（Tobin）提出了"银行体系关键论",该理论的中心思想认为银行系统在此次金融危机中起着关键作用。当公司负债过多时,在经济与金融扩张过程中累积的风险就会显现出来,并且不断加剧,银行可能因此蒙受损失。这可能导致公司投资减少,甚至破产,直接影响经济增长,也可能迫使公司变卖资产还债,造成资产价格的大幅下降。这一状况可能引发严重的连锁效应,剧烈震荡,加速本已脆弱的金融系统的崩溃。托宾理论认为,在"债务—通缩"背景下,"负债者的边际财富支出倾向往往高于负债者",这是由于通货紧缩与货币升值,债务人所持有的资产不仅贬值,而且其所持有的资产也随之贬值。当债务人预期价格会持续下降时,他们往往会提前变卖资产来还债。

4. "金融恐慌"理论

戴尔蒙德和荻伯威格（Diamond 和 Dybvig）提出,银行系统脆弱的根源在于存款人对流动性的不确定性需求与银行资产相对负债流动性不足之间的矛盾,而这一矛盾的根源在于银行的流动性。1983年,他们提出了银行挤兑的概念,也称为D—D模型。

这一理论的核心思想是:银行的核心功能是把存款人的非流动性资产转化为流动性资产,并以短期借贷的方式进行长期投资,达到资产增值的目的。在通常的情况下,根据大数法则,所有的存户不会在同一时间撤回存款。但是,在经济环境中,一旦发生一些突发事件（如银行倒闭、经济丑闻等）,银行便会出现挤兑现象。查里和贾甘纳森进一步指出,一旦那些本来就没有打算拿钱的人发现提款队伍变得更长了,他们就会参与进来,结果就是引发金融恐慌。

5."道德风险"理论

麦金农（Ronald Mckinnon）提出，存款保险制度的建立，以及政府与金融监管者作为"最后贷款人"的角色，有可能引发银行的道德风险，进而进行高风险的投资活动，导致存款人的损失。与此同时，储户也有可能不再监督银行。根据1981年到1994年65个国家的银行业危机概况，世界银行与IMF的计量测试结果也表明，设置了存款保险的国家比未设置存款保险的国家更容易爆发银行危机。

三、外债危机理论

1. 欧文·费雪（Owen Fisher）的"债务—通货紧缩"理论

这一理论的中心思想是：当经济景气时，公司过度负债以获得更高的利润。但是，一旦经济开始衰退，公司盈利能力下降，无力偿债，就会产生连锁效应。这样就会造成货币供给的紧缩，从而形成最终引发金融危机的恶性循环。

其传导机制可能是：公司通过低价出售产品来还债，从而导致公司存款减少，资金周转率下降。这反过来会导致整体价格水平的下降、公司的净资产减少、更重的债务和更低的利润。当公司倒闭，员工失去工作时，人们就会丧失信心，悲观的情绪也会随之蔓延。人们将会增加储蓄，从而降低名义利率和提高真实利率。有盈余的企业不愿意借贷，有钱的企业也不愿意借钱，最后出现通缩。

2. 沃尔芬森（Willfenshen）的"资产价格下降论"

由于负债人债务缠身，银行又不愿意放贷或减少放贷，他们被迫低价抛售资产，造成资产价格暴跌。债务人负债越多，降价出售资产的情形就会越严重，而资产贬值的幅度也会越大，债务负担也会随之加重。

3."综合性国际债务"理论

Suter（1986）提出了一种基于经济周期视角的综合性的国际债务理论。这一理论认为，在经济繁荣时期，国际借款规模会不断扩大，资本由富裕中心国（一般为发达国家）流向边缘国（一般为发展中国家），从而导致边缘国对外投资性外债增多。债务越积越多，债务人的债务负担就越重。当经济进入衰退期时，边缘国家所依赖的出口产品收入减少，债务危机也会随之发生。

第三节 基于传播渠道的金融风险传染理论

一、资本流动渠道

1. 外汇市场

国际资本流动通过外汇市场，主要是在特定的汇率制度下，国际收支的变化导致外汇市场供求关系发生变化，从而影响一国货币的对外价值，引发资本外流。这种资本外流又会进一步加剧货币贬值。通常所说的特定汇率制度指的是缺乏灵活性的固定汇率制度。在这种制度下，持续大量的外资流入可能导致本币汇率被高估，损害国内企业的出口竞争力，进而导致巨额贸易逆差，形成经常项目逆差和资本项目顺差并存的脆弱国际收支平衡。当经常项目逆差达到一定水平，经济状况逐渐恶化时，追求利润的国际资本开始流出，导致本币汇率持续下跌，投机者可能趁机对该国货币发起攻击。例如，1994年机构投机者对墨西哥比索的攻击就是一个例子。1994年初，墨西哥经常项目出现逆差，但政治经济状况尚未达到引发金融危机的程度。然而，外汇市场上出现了大量抛售比索的情况，导致资本大量外流，比索大幅贬值，外汇储备急剧下降，最终在12月爆发了比索危机。

2. 利率机制

利率是金融市场的核心因素，对资本流动和金融风险具有重要影响。在利率机制下，金融风险通过利率的波动跨市场传染。当一个国家或地区的利率上升时，会吸引国际资本流入，增加该国金融市场的投资规模，从而可能引发资产价格泡沫。反之，当利率下降时，资本可能流出，导致金融市场流动性紧张，金融风险上升。此外，利率变动还会影响企业和居民的借贷成本，进而影响经济增长和金融稳定。

3. 财富效应

财富效应是指资产价格的变动对居民消费和投资行为产生影响的过程。在资本流动中，金融风险通过财富效应跨市场传染。当资产价格上升时，居民财富增加，消费和投资需求上升，可能导致金融市场过热。反之，资产价格下跌可能导致居民财富缩水，消费和投资需求下降，金融风险上升。

在间接资本流动渠道层面，通过财富效应，股价下降使得投资者财富缩水，投资者投资意愿降低，利率下降，国际资本大量流出，本币将贬值。

4. 资产组合机制

资产组合机制是指投资者根据风险和收益的权衡，调整资产组合中各类资产的比例，以达到分散风险的目的。在资本流动中，金融风险通过资产组合机制跨市场传染。当某一市场或资产的风险上升时，投资者会减少对该市场或资产的配置，增加其他市场或资产的配置，从而导致风险在不同市场之间传播。此外，资产组合机制的调整还会影响资产价格，进一步加大金融风险的传染性。

5. 货币供应机制

货币供应机制是指货币供应量的变化对金融市场和实体经济产生影响的过程。在资本流动中，金融风险通过货币供应机制跨市场传染。当一国货币供应过剩时，可能导致通货膨胀和资产价格泡沫，吸引国际资本流入，加剧金融风险。反之，货币供应不足可能导致通货紧缩，资本流出，金融市场流动性紧张，金融风险上升。在直接渠道层面，股价下降促使投资者抛售本国资产，并兑换外币购入外国资产，使货币的供给需求发生变化，进而导致外币升值和本币贬值。

6. 资产替代效应

资产替代效应是指投资者在不同资产之间进行选择，以实现风险和收益的最优配置。在资本流动中，金融风险通过资产替代效应跨市场传染。当某一资产的风险上升时，投资者会寻找替代资产，导致替代资产的需求和价格上升，风险在市场间传播。例如，当债券市场风险上升时，投资者可能转向股票市场，从而引发股票市场的风险。

7. 成本效应

成本效应是指金融交易成本的变化对资本流动和金融风险的影响。在资本流动中，金融风险通过成本效应跨市场传染。当金融交易成本上升时，投资者可能减少交易频率，降低市场流动性，从而加大金融风险。反之，交易成本下降可能导致市场过度投机，加剧金融风险。

8. 储蓄效应

储蓄效应是指居民储蓄行为对金融市场和实体经济产生影响的过程。在资本流动中，金融风险通过储蓄效应跨市场传染。当居民储蓄意愿增强时，金融市场资金供应增加，可能导致资产价格泡沫和金融风险。反之，储蓄意愿减弱可能导致金融市场资金供应不足，金融风险上升。

9. 资本流动的风险传导渠道

跨境资本流动存在五类风险传导渠道，各类渠道之间可以通过反馈效应相互强化（IMF，2017）。

第一，信贷扩张渠道。资本大幅流入往往导致资本流入国短期信贷繁荣，从而提高信贷的抵押品价值，并通过抵押品渠道进一步增加信贷总量。然而，过度的信贷扩张放大了宏观杠杆率的潜在压力，导致经济金融体系脆弱性的增加。

第二，资产价格渠道。资本流入激增通常会对汇率和资产价格产生上行压力，引导资产泡沫产生。资本流向的突然逆转可能导致泡沫破裂，资产价格急剧下跌，降低借款人的资产净值和借款能力，缩小企业、居民和金融机构的资产负债表。为平衡资产负债表，上述主体可能被迫低价出售资产并减少投资或消费，这将影响国内生产活动并进一步影响资产价格，引发系统性风险。

第三，未对冲外币借款渠道。在资本流入、国内利率明显高于世界平均水平以及人民币升值预期的情况下，企业与居民都倾向于增加外汇负债。然而，一旦资本流动发生逆转，当地货币的大幅贬值就会使未进行对冲的外币债务人无力偿付外币债务，从而导致金融机构面临系统性风险。

第四，银行非核心融资渠道。当外部融资环境较为宽松，资本流入较多时，中资银行可能选择非核心负债，如跨界借款、外币债券等，以降低融资成本。但这一行为可能加剧了期限错配与货币错配，在外部融资环境恶化的情况下，银行负债可能面临展期风险，甚至引发大额融资挤兑。

第五，关联性渠道。即使跨境资本净流动未显著失衡，跨境资本流动也会通过加深全球金融体系关联性而推高系统性风险，尤其是当高度关联的大型金融机构陷入困境或无序清算时，可能造成范围更广的金融不稳定。

二、情绪传染渠道

行为金融学理论认为，投资者在金融风险跨界扩散过程中扮演着重要角色，而众多投资者之间的交易行为同步性则直接导致金融风险的跨界蔓延。市场信息是导致投资者行为改变的重要因素，现代互联网信息技术的发展使信息传播速度更快，所以投资者的行为变化也更快，从而导致金融风险的传播速度更快，影响力也更大。

1. 唤醒效应

当一国金融风险上升时，那些经济、政治和文化制度与风险来源国相近的国家，或经济实力较弱或金融系统较弱的国家，发生危机的可能性更大。这促使投资者对其他国家的基本条件进行重新评估，发现以前被忽略的问题和风险，从而产生唤醒效应（Goldstein，1998）。唤醒效应的产生是由于投资者事先没有注意到风险，或风险仅在金融危机发生时才显现出来。唤醒效应促使投资者抛出或撤出那些处境类似的国家的资产，从而导致这些国家的资产价格下降，从而引发风险蔓延。

2. 财富效应

财富效应是指投资者财富的变化对其消费和投资决策的影响。在金融市场中，财富效应通常指的是资产价格的变动如何影响投资者的财富水平，进而影响他们的交易行为。

Kyle 和 Xiong（2001）的研究通过构建一个包含两种风险资产和三类交易者的连续时间模型，分析了趋同交易者（即那些跟随市场趋势而非基于基本面分析的投资者）的财富效应对市场流动性和金融风险的影响。在 Kyle 和 Xiong（2001）的模型中，趋同交易者的财富效应指的是当他们的资产组合价值增加时，他们倾向于购买更多资产，从而推高价格；相反，当资产组合价值减少时，他们倾向于出售资产，从而推低价格。趋同交易者的情绪往往基于市场趋势而非资产的基本价值。当市场情绪乐观时，趋同交易者可能过度投资，推高资产价格；而当市场情绪悲观时，他们可能过度卖出，导致资产价格下跌。

但是当趋同交易者的财富效应强于替代效应时，他们会继续购买资产，导致资产价格泡沫。然而，一旦市场情绪转变，这些交易者可能迅速抛售资产，从而降低市场流动性。

风险厌恶的增加是基于金融中介机构的财富效应。金融中介机构被建模为一群完全竞争的收敛交易者，他们推测噪声交易对资产价格的暂时影响将导致价格暂时偏离其长期平均值。收敛交易者在市场上交易两种风险资产。当收敛交易者遭受交易损失时，他们承担风险的能力就会降低。这促使他们清算两个市场的头寸，导致市场流动性降低，两个市场的价格波动增加，相关性增加。通过这种机制，财富效应导致风险传染。

3. 注意力配置效应

注意力配置是指人们在进行多重任务的时候，注意力会受到一定的限制。当一项工作引起更多的注意时，就不可避免地会减少对其他工作的注意。在一项任务上投入多少注意力，将直接影响到该任务处理信息的准确性。投资者对不同市场、不同行业的关注程度不同，导致不同市场间的资产收益率存在联动效应。

当个别市场或产业发生重大风险时，投资人因注意力有限而将更多的注意力放在此类市场上，而较少关注其他市场。投资人对其他市场的关注度降低，使得投资者更不能容忍风险，而更多地规避风险。因此，当此类市场发生小幅度波动时，就有可能引发投资者的过度反应，从而导致大规模集中抛售。

4. 羊群效应

投资者间的相互模仿与示范作用，造成羊群效应，导致市场反应过度。由于信息不对称与不完全性，投资者在获得有效信息方面存在差异。以金融机构为代表的大型机构投资者往往掌握着更多有效的信息，因而能制定出更准确的投资策略。与此相反，中小投资者因其获取与处理信息的成本较高而处于信息劣势，难以作出有效的决策，因此，在信息不充分的条件下，模仿大机构投资者成为其最优选择。当一家大型机构投资者大规模撤出某一国家或地区后，其他投资该地区的投资者便会产生恐慌，纷纷效仿，将该地区的资产卖出，从而使一些基础较好的国家或地区陷入危机。因此，危机有可能透过市场预期的变化及羊群效应的放大，进而传导至他国市场。

羊群效应不仅会放大危机的传染，也会诱发信息不对称，导致投资者的非理性跟风，引发危机。一些大的机构投资者，由于在其他国家遭受了亏损，需要填补流动资金，或者是为了满足资本比率和保证金要求，或者是为了调整投资策略，从某个国家或者市场撤出资金。这一举动可能导致其他小投资者跟风，从而导致资金撤出国外金融市场。

5. 自实现效应

自实现效应（Self-Fulfilling Effect）是指市场参与者的预期和行动能够影响市场结果，从而使他们的预期成为现实。在金融市场中，这种效应通常与投资者的信念和行为有关，它们可以独立于基本面因素而影响资产价格。Goldstein 和 Pauzner（2004）基于第二代金融危机理论，探讨了资产组合分散下的自实现效应。

自实现效应反映出投资者预期会引导他们的交易行为，进而交易行为影响市场价格和流动性，最终使市场价格的变动进一步强化了投资者预期的现象。这种效应强调了市场预期在塑造市场结果中的作用，即使这些预期并非基于实体经济的基本面。在金融市场中，自实现效应有多种表现形式。例如，如果一个投资者群体普遍预期某资产价格将下跌，他们可能开始卖出该资产。这种卖出行为会导致资产价格下跌，进而吸引更多的投资者加入卖方行列，最终导致价格进一步下跌。在这种情况下，投资者的预期——资产价格将下跌——通过他们的交易行为变成了现实。

自实现效应同时会因为投资者的预期和行为导致资产价格出现不必要的波动；自实现效应可能导致市场更容易受到情绪和投机行为的影响，从而增加市场的不稳定性。这种效应在金融危机中尤为显著。在经济繁荣时期，市场参与者可能普遍预期经济增长将持续，从而过度投资和借贷。然而，一旦市场情绪转变，比如由于某个负面事件的发生，投资者可能开始担心经济衰退。这种担忧可能导致他们减少投资和消费，从而实际上引发了经济衰退。在这种情况下,对经济衰退的预期通过减少经济活动而自我实现。

三、信息传播渠道

1. 有效市场假说

有效市场假说(Efficient Markets Hypothesis, EMH)由尤金·法玛(Eugene Fama)于1970年深化并提出。

"有效市场假说"包含以下几个要点。

第一,金融市场的每位参与者都被假设为理性的经济人,市场上的每只股票都受到这些理性人的密切关注。他们每日进行基本分析,根据公司未来的盈利能力评估其股票价值,将未来价值折现至当前,并在风险与收益之间作出谨慎的权衡。

第二,股票价格反映了理性人的供求平衡,意欲买入的投资者数量恰好等于打算卖出的投资者数量,即认为股价高估和低估的投资者数量相等。如果发现这两者不平衡,即存在套利机会,投资者会迅速通过买入或卖出股票使价格变动,直至两者达到平衡。

第三,股票价格能充分反映所有可获取的信息,即市场信息是有效的。一旦信息发生变化,股票价格也会相应调整。当利好或利空消息刚传出时,股票价格就开始变动;当消息广为人知时,价格已调整至适当水平。

然而,"有效市场假说"仅是一种理论假设。实际上,并非所有人总是理性的,市场信息也并非总是完全。曼昆指出,"这种理论可能并不完全准确,但作为对现实的描述,它比你想象的要准确得多。"

关于有效的资本市场有两种定义。

内部有效市场(Internally Efficient Markets)也被称为交易有效市场(Operationally Efficient Markets),主要评估投资者在买卖证券时所需支付的交易成本,如证券经纪人收取的手续费、佣金以及证券买卖的价差。

外部有效市场(Externally Efficient Markets)又称为价格有效市场(Pricing Efficient Markets),研究证券价格是否能迅速反映所有与价格相关的信息,这些"信息"包括关于公司、行业、国内及世界经济的所有公开可用的信息,以及个人或群体能够获取的所有私人、内部非公开的信息。

要成为有效市场,必须满足以下条件:(1)投资者都利用可获得的信息力图获得更高的回报;(2)证券市场对新的市场信息的反应迅速而准确,证券价格能完全反映全部信息;(3)市场竞争使证券价格从旧的均衡过渡到新的均衡,而与新信息相应的价格变动是相互独立的或随机的。

有效市场假说的三种形态。

(1) 弱式有效市场假说（Weak Form Efficiency）

该假说认为在弱式有效的情况下，市场价格已充分反映出所有过去历史的证券价格信息，包括股票的成交价、成交量、卖空金额、融资金额等。

推论一：如果弱式有效市场假说成立，则股票价格的技术分析失去作用，基本分析还可能帮助投资者获得超额利润。

(2) 半强式有效市场假说（Semi-Strong Form Efficiency）

该假说认为价格已充分反映出所有已公开的有关公司营运前景的信息。这些信息有成交价、成交量、盈利资料、盈利预测值，公司管理状况及其他公开披露的财务信息等。假如投资者能迅速获得这些信息，股价应迅速作出反应。

推论二：如果半强式有效假说成立，则在市场中利用技术分析和基本分析都失去作用，内幕消息可能获得超额利润。

(3) 强式有效市场假说（Strong Form Efficiency）

强式有效市场假说认为价格已充分地反映了所有关于公司营运的信息，这些信息包括已公开的或内部未公开的信息。

推论三：在强式有效市场中，没有任何方法能帮助投资者获得超额利润，即使基金和有内幕消息者也一样。

2. 噪声交易理论

噪声交易理论解释了金融市场中资产价格可能偏离其基本价值的这一现象。该理论认为，市场中的非理性交易行为，即噪声交易，是导致资产价格波动和偏离基本价值的主要原因。

噪声交易者是指那些不基于基本面分析，而是基于错误信息、情绪、趋势或其他非理性因素进行交易的投资者。他们可能没有足够的金融知识或分析能力，或者选择忽视基本面信息。这些非理性交易者的行为可以影响资产价格，使其偏离基于公司基本面（如盈利、现金流等）的内在价值。

噪声交易理论挑战了有效市场假说（EMH），后者认为市场价格总是反映所有可用信息。噪声交易理论认为，由于噪声交易者的存在，市场可能不是完全有效的。资产价格波动与噪声交易者的交易活动相关，即使在理性投资者存在的情况下，他们也可能由于交易成本、信息不对称或其他因素而无法完全消除噪声交易对价格的影响。

此外，噪声交易理论强调了投资者行为在金融市场中的作用，尤其是非理性行为对市场稳定性的影响。例如，羊群效应和过度反应等非理性行为可以放大信息传播渠道的风险传染效应，导致市场泡沫和崩溃。

3. 信息不对称理论

信息不对称是导致噪声交易的一个重要因素。该理论来自二手车市场"柠檬现象"的剖析。在微观经济学范畴内，信息不对称理论揭示了交易双方在信息掌握层面存在的差异，通常掌握信息更为丰富的一方能在交易中占据上风。依据是否掌握私有信息，证券市场中的交易者可被划分为知情交易者（掌握私有信息）与非知情交易者（不掌握私有信息）。交易流程中，非知情交易者因信息劣势，会要求更高的风险溢价，进而引发市场逆向选择现象。因此，信息不对称程度可通过价差中的逆向选择成分来量化。当知情交易者利用私有信息优势寻求自身利益最大化时，市场操纵行为便可能滋生。

在证券市场中，信息不对称是一种普遍存在的现象。其成因多样，主要可归结为以下几类：（1）证券价格反映的是其背后公司的价值，而证券本身并无实体价值，这种非直接信息源的特性，构成了证券市场信息不对称的一个缘由。（2）上市公司基于自身利益考量，不可能将全部公司信息毫无保留地披露给投资者，从而在信息获取上享有天然优势。（3）投资者在资金规模、信息搜寻能力及信息处理水平等方面存在差异，这导致证券市场中投资者间的信息不对称。大数据网络及信息技术的迅猛发展，使得市场信息越发复杂多变，对外部投资者而言，从海量信息中筛选出有价值的信息成为一项艰巨任务。而部分资金雄厚的投资者或与上市公司高管存在合作关系的投资者，可能通过获取内部信息或与他人勾结的方式，获取未公开信息，从而占据信息优势。

在证券市场研究领域，衡量信息不对称的指标众多，其中交易成本、买卖价差及知情交易概率最为常用。交易成本的衡量依据是交易成本的高低，当市场信息完全对称时，交易成本将降至最低；买卖价差的衡量依据是买卖价差的大小，买卖价差越大，意味着市场信息不对称程度越高；知情交易的衡量依据是知情交易概率的大小，知情交易概率越高，表明市场信息不对称程度越显著。信息不对称为证券市场操纵提供了可乘之机。市场操纵者往往掌握信息优势，其操纵行为能否成功，很大程度上取决于市场信息不对称的程度。严重的信息不对称及市场操纵行为，阻碍了证券市场资源的有效配置与优化。

4. 财经媒体报道共现度

财经媒体报道共现度放大股市风险传导水平，是基于信息传播和投资者注意力对市场动态的影响。股市风险传导指的是，在股票市场中，单只股票所遭受的冲击会超出其自身范围，迅速扩散并影响到其他股票的现象。其本质在于风险事件发生时，不同股票之间呈现一种异常的、过度的关联性。

财经媒体报道共现度（Co-occurrence）指的是一只股票与其他股票在同一

篇财经报道中同时被提及的频率。当多只股票在同一篇报道中共同出现时，投资者的注意力可能更加集中，认为这些股票之间存在某种联系或共同的风险因素。这会使投资者认为相关股票之间存在信息传染的可能性。投资者的情绪反应可能因为共现报道而传染。

例如，共现度高的股票可能被投资者视为具有更高的风险，因为它们更容易受到其他股票负面消息的影响。当一只股票的负面消息导致其他共现股票的价格也下跌时，这种联动效应会放大整体市场的风险传导水平。投资者可能根据共现报道采取集体行动，如同时买入或卖出相关股票，这种羊群行为会进一步放大风险传导。

第四章　外部冲击指标体系的构建

第一节　外部冲击的界定

外部冲击指的是一些突发事件对国内经济造成一定影响。什么是突发事件，国外文献通常用"危机"指代"突发事件"（朱力，2007）。《韦伯词典》中将"危机"定义为"不可预测的情况或由此产生的状态，需要对此采取措施"。国内文献对其定义与国外类似，《辞海》和《中华人民共和国突发事件应对法》中将"突发事件"界定为"突然发生，造成或者可能造成严重社会危害，需要采取应急处置措施予以应对的自然灾害、事故灾难、公共卫生事件和社会安全事件"。

突发事件常被称作"黑天鹅"事件，这类事件虽不常见，但往往具备极大的破坏力，且其所带来的冲击与损失通常是难以预防的。尤其是它们对经济的影响，往往能跨越多个市场边界。在当前经济全球化不断加深的背景下，各国经济紧密相连，一国发生的突发事件可能迅速波及全球，对全球市场产生深远影响，对其他国家经济金融形成外部冲击。

陈锐和李金叶（2022）指出，可将外部冲击对经济金融的影响分为外部金融冲击和外部经济冲击。其中，外部金融冲击主要包括国际股市动荡、汇市波动以及货币政策的变动等，这些冲击通过调整利率、汇率及资产价格等机制，改变跨境资本的流向，进而引发企业外部融资成本的变动。这些变动随后作用于银行的信贷决策及企业的融资行为，从而对国内金融周期产生深远影响。外部经济冲击则主要体现在外部产出的波动以及贸易政策的不确定性上，这些冲击经由影响一国的进出口活动，进而改变企业的市场竞争力及其资产价值与抵押品评估，进一步影响企业外部融资的成本溢价，最终通过信贷传导机制，对本国金融周期产生作用。值得注意的是，金融周期波动与企业外部融资成本溢价之间的相互作用，会加剧外部经济与金融冲击的影响，从而扩大原有金融周期的波动范围。

在历经数年的高速增长阶段后，中国经济面临长期增长潜力受限的挑战，这主要归因于资本积累放缓、人口增长趋缓和技术进步速度相对减缓等因素，导致实际长期潜在增长率显著下滑。当前，宏观经济短期增长率已明显低于长期潜在水平，这一态势受到多重外部冲击的共同作用影响。这些冲击包括新冠疫情近三年的反复肆虐、美国对中国实施多年的经济打压与封锁策略、俄乌冲突引发的全球大宗商品价格上涨、区域经济合作组织排他性趋势的增强，以及世界经济一体化进程的明显放缓等。这些负面因素不仅波及范围广泛，而且持续时间较长，不仅显著扰乱了国内经济的正常运行秩序，还严重削弱了企业投资与家庭消费的信心。在多重外部冲击的交织影响下，中国宏观经济正面临前所未有的下行压力。

国内外学者普遍认为，外部冲击通过多渠道对我国经济和金融市场产生影响，且其影响日渐显著。如 Caporale 等（2018）指出，以全球金融危机的外部冲击作为主要因素，造成了中国金融市场的波动，并导致危机期间中国的信贷供应持续增长。Hu 等（2018）采用 GARCH 模型分析指出，美国经济政策不确定性的冲击显著影响了中国 A 股一周后的收益率，中国制造业、信息技术和媒体行业的企业对来自美国经济政策的外部冲击更为敏感。赵进文和丁林涛（2012）认为，随着贸易开放程度的不断提高，外部冲击对中国经济体的影响明显加强，该研究将人民币汇率和国际油价作为外部冲击因素，分析不同开放程度下外部冲击对中国通货膨胀水平的影响。丛颖睿和宗刚（2012）将外汇储备、中美利差、中美通货膨胀率之差、国内货币供应量和国外直接投资作为外部冲击的主要因素，探究其对人民币汇率的影响，结果表明外部冲击对人民币汇率的影响日益显著。但由于研究对象不同，外部冲击的定义和分类尚无定论。如 Li 和 Zou（2008）基于 DCC 模型，将宏观经济政策冲击划分为政策冲击、货币冲击和信息冲击，研究表明中国资本市场（如债券市场和股票市场）的共同波动确实对宏观经济政策的巨大冲击作出了反应。耿强和章旁（2010）基于金融加速器模型，将外部冲击划分为汇率冲击和国外需求冲击，考察了中国宏观经济中的产出和投资规模的波动。贾俊雪和郭庆旺（2006）则将美国经济冲击划分为实体经济波动冲击和金融波动冲击，来研究其对我国消费波动和货币供给波动的影响。

政府和中央银行的职责之一就是通过制定相应的宏观经济政策努力降低经济的短期波动给国内就业和物价水平带来的影响。因此，系统研究外部冲击的分类和对我国经济金融的影响，不仅对理解外部冲击至关重要，也为决策部门提供参考。

第二节 外部冲击指标体系的构建

一、指标体系构建的原则

（一）科学有效性原则

选取的外部冲击指标应当对金融市场有密切的关联，能够产生直接的影响，其指标的变动是构成金融市场波动的某种直接原因或之一。指标选取过程应当体现：第一，指标体系应有效、公正地描述区域金融市场的真实状况，避免任何形式的夸大或扭曲，同时也要避免认知偏差。第二，在建立指标体系时，应优先选择金融指标。在区域内，一些宏观经济指标对区域内的金融市场有很大的影响。但是，在建立金融市场外部冲击指数的过程中，不能把它看成是一个主要的影响因子。第三，指标体系的指标选择过程应坚持理论与实践相结合、科学合理的原则，以保证指标体系的真实性和可依赖性。

（二）全面综合性原则

金融市场外部冲击的要素具有多面性和异质性。在制定指数体系时，必须纳入各种不同的构成要素，以保证指数选择的全面性。因此，构建金融市场外部冲击指数体系的大原则可以体现在以下几个方面：第一，最大限度地选择能够反映各类金融机构发展各个方面情况的指标，而不是单一的金融机构指标，或某单个领域的外部冲击；第二，为了全面评估细分金融市场的发展情况，必须最大限度地纳入能够有效反映其各个方面进展的指标。这就需要多样化地选择指标，而不是仅仅依赖单一指标。

（三）可行性原则

在制定金融市场外部冲击框架时，必须确保所选择的指标具有可获取性、可量化性和可操作性。因此，可以从以下几个方面入手：第一，指标可通过年鉴、数据库或统计局网站等官方渠道获取。第二，由于定性指标本身在判断上的主观性，最好尽量减少使用定性指标。第三，指标的选取应立足于中国当前的金融形势，并辅以可利用的指标进行筛选。为了提高统计数据的可获得性，必须剔除那些可取但无法实现的指标。

（四）可比性原则

可比性的概念要求在指标选择过程中建立标准化的数据质量水平，以及在横向、纵向、时间和空间等不同维度上进行比较的能力。因此，在构建区域金融竞争力指标体系的框架内，可比性的概念可以体现在以下几个方面：第一，测量口径应一致。如果指标数据缺乏，应补充同口径的数据。切忌"名不副实"，造成补充数据明显失真。第二，指标的选择既要考虑指标体系的特点，又要考虑指标体系的可比性。金融规模维度可以类比于金融深化维度，但不能与银行业维度相提并论。

（五）层次性原则

层次结构要求指标体系必须分级、分层或分面，以便挑选、研究和评价指标。金融市场外部冲击体系可被视为一个由不同层面或维度组成的综合概念，其中每个层面或维度都相辅相成，并对金融市场风险产生影响。因此，构建金融市场外部冲击指标体系所采用的层次原理可以体现在以下几个方面：第一，根据研究对象对指标体系进行分层，确定不同的指标选取层次；第二，每个指标选取层次可分为多个子层次，并对每个子层次进行子指标选取和计算。

二、外部冲击指标的选取

综合借鉴国内外文献的研究成果，结合我国目前的实际情况，并根据指标体系构建原则、选取依据以及数据的可获取性，本书从六个不同维度构建了外部冲击指标体系。

总外部冲击指标（TES）包括六个一级指标，分别为国内外经济与政策指标（EPI）、国际金融市场指标（IFM）、国内外金融政策指标（FP）、地缘政治指标（GP）、环境与气候指标（EC）、科技与创新指标（STI），共包含43个二级指标（见表4-1）。本书所界定的外部冲击是针对中国外汇市场、债券市场和股票市场这三个金融市场而言的外部冲击，因此该体系中既包含了国际冲击，也包含了国内冲击。

表4-1 外部冲击指标体系

总外部冲击指标（TES）	一级指标	二级指标	说明	经济意义
	国内外经济与政策指标（EPI）	美国国内生产总值（X1，单位：十亿美元）		反映美国经济的整体规模
		欧盟27国国内生产总值（X2，单位：百万欧元）		反映欧盟经济的整体规模
		中国国内生产总值（X3，单位：亿元）		反映中国经济的整体规模

续表

一级指标	二级指标	说明	经济意义
国内外经济与政策指标（EPI）	美国经济政策不确定性指数：新闻指数（X4，单位：平均值=100）		反映美国经济政策变动
	欧洲经济政策不确定性指数：新闻指数（X5，单位：平均值=100）		反映欧洲经济政策变动
	中国经济政策不确定性指数：新闻指数（X6，单位：平均值=100）		反映中国经济政策变动
	美国贸易政策不确定性指数（X7，单位：平均值=100）		反映美国贸易政策变动
	中国贸易政策不确定性指数（X8）		反映中国贸易政策变动
	欧盟贸易条件指数（X9，单位：2015年=100）		反映欧盟贸易条件变动
	中国贸易差额（X10，单位：亿美元）		反映中国贸易状况
	中国对外贸易依存度（X11，单位:%）		反映中国经济对外贸易的依赖程度
	美国CPI同比增长率（X12，单位:%）		反映美国物价水平的变动
	欧盟CPI同比增长率（X13，单位:%）		反映欧盟物价水平的变动
	中国CPI同比增长率（X14，单位:%）		反映中国物价水平的变动
国际金融市场指标（IFM）	美国长期国债收益率（X15，单位:%）		反映美国长期国债的利率水平
	欧盟长期国债收益率（X16，单位:%）		反映欧元区长期国债的利率水平
	标普500指数（X17，单位：点）		反映美国股票市场
	德国DAX价格指数（欧元）（X18，单位：点）		反映欧洲股票市场

（总外部冲击指标 TES）

续表

一级指标	二级指标	说明	经济意义
总外部冲击指标（TES）	国际金融市场指标（IFM）	伦敦富时100指数（X19，单位：点）		反映欧洲股票市场
		巴黎CAC40指数（X20，单位：点）		反映欧洲股票市场
		VIX指数（X21）	标准普尔500波动率指数	反映市场风险和投资者情绪
		美元实际有效汇率指数（X22，单位：2020年=100）		反映美元汇率波动
		欧元实际有效汇率指数（X23，单位：2020年=100）		反映欧元汇率波动
		国际原油价格（BRENT油价）（X24，单位：美元/桶）		反映大宗商品价格波动
		国际黄金价格（X25，单位：美元/盎司）		反映大宗商品价格波动
	国内外金融政策指标（FP）	美国货币政策不确定性指数（X26，单位：平均值=100）		反映美国货币政策变动
		M2同比增速（美国）（X27，单位：%）		反映美国货币政策
		M2同比增速（欧元区）（X28，单位：%）		反映欧元区货币政策
		M2同比增速（中国）（X29，单位：%）		反映中国货币政策
		美国联邦基金利率（X30，单位：%）		反映美国短期利率水平
		欧元区主要再融资利率（X31，单位：%）		反映欧元区短期利率水平
		中国贷款基准利率（X32，单位：%）	综合一年期贷款基准利率和LPR利率	反映中国贷款利率水平
		中国SHIBOR隔夜（X33，单位：%）		反映中国金融市场流动性
		中国非金融企业部门杠杆率（X34，单位：%）		反映企业杠杆率

续表

一级指标	二级指标	说明	经济意义
国内外金融政策指标（FP）	中国金融企业部门杠杆率（负债方）（X35，单位:%）	(其他存款性公司对其他存款性公司负债+对其他金融性公司负债和债券发行)/GDP	反映金融机构杠杆率
	中国金融企业部门杠杆率（资产方）（X36，单位:%）	(其他存款性公司对其他存款性公司债权+对其他金融机构债权)/GDP	反映金融机构杠杆率
	中国政府部门杠杆率（X37，单位:%）		反映政府杠杆率
地缘政治指标（GP）	全球地缘政治风险指数（X38，单位：1985—2019年=100）		反映全球地缘政治风险
	中国地缘政治风险报道占比（X39，单位:%）		反映中国地缘政治风险
环境与气候指标（EC）	中国碳排放水平（X40，单位：百万吨）		反映中国碳排放
	全球碳排放水平（X41，单位：百万吨）		反映全球碳排放
科技与创新指标（STI）	中国研究与试验发展经费支出占国内GDP比例（X42，单位:%）		反映中国科技创新
	中国技术市场经济规模（X43，单位：亿元）	中国技术市场成交额	反映中国技术市场发展

（表格左侧合并单元格："总外部冲击指标（TES）"）

（一）国内外经济与政策指标（EPI）

中国经济的快速发展，以及与世界经济的深度融合，使得国内外经济与政策因素对中国金融市场的影响日益显著。尽管中国金融市场在规模和影响力方面取得了长足进步，但与发达国家相比，仍存在一些差距，如市场开放程度、政策透明度等方面。构建国内外经济与政策指数，有助于全面评估国内外经济与政策因素对中国金融市场的影响，为投资者和监管机构提供参考。

国内生产总值（GDP）：本书选取了美国GDP（X1）、欧盟27国GDP

(X2）和中国GDP（X3）。选取这个变量是因为纪敏（2009）等认为GDP对金融市场，尤其是外汇、债券、股票市场有影响。所以本书将GDP作为经济与政策维度的外部冲击指标之一。这三个地区的GDP在全球经济中占据重要地位，对全球金融市场会产生显著影响，美国的GDP数据通常被视为全球经济健康状况的一个重要指标，而欧盟和中国的GDP数据则反映了全球两个最大经济体之一的经济状况。中国经济的增长对中国外汇市场、债券市场、股票市场都有显著影响，将中国的GDP纳入外部冲击指标有助于更全面地评估外部冲击。三个地区的GDP数据均来自Wind数据库，时间期限选取2010年1月至2023年12月。

经济政策不确定性指数：本书选取了美国经济政策不确定性指数（X4）、欧洲经济政策不确定性指数（X5）以及中国经济政策不确定性指数（X6），都选取了新闻指数，美国作为全球最大的经济体之一，欧洲作为全球经济的关键参与者，中国作为中国金融市场的承载方，其经济政策的不确定性会对中国金融市场产生影响，特别是外汇、债券、股票市场。三个地区的经济政策不确定性指数均来自Wind数据库，时间期限选取2010年1月至2023年12月。

贸易政策：本书选取美国贸易政策不确定性指数（X7）、中国贸易政策不确定性指数（X8）以及欧盟贸易条件指数（X9）。孙工声（2009）等认为贸易条件变化率是外部冲击的一个主要方面，其中欧盟贸易条件指数反映了欧盟的出口价格指数和进口价格指数与中国的出口价格指数和进口价格指数相比的变化，可以反映贸易条件的变化对中国金融市场的影响。三个地区的贸易政策指数均来自Wind数据库，时间期限选取2010年1月至2023年12月。

中国进出口贸易：本书选取中国贸易差额（X10）及中国对外贸易依存度（X11）。纪敏（2009）和王春丽、胡玲（2014）等认为贸易差额和依存度会对金融市场产生影响，前者是中国进出口贸易的差额，可以反映贸易状况对金融市场的影响，后者是中国进出口贸易总额占国内生产总值的比例，可以反映中国经济对外贸易的依赖程度对金融市场的影响。

通货膨胀率：本书选取美国CPI同比增长率（X12），欧盟CPI同比增长率（X13），中国CPI同比增长率（X14），分别衡量了美国、欧盟、中国物价水平的变动，可以反映通货膨胀对金融市场的影响。

（二）国际金融市场指标（IFM）

随着经济全球化的发展，国际金融市场与中国金融市场的联系日益紧密。国际金融市场的波动，如汇率变动、利率调整、股市震荡等，都会对中国金融市场产生一定的影响。构建国际金融市场维度指数，有助于全面评估国际金融市场因素对中国金融市场的影响，为投资者和监管机构提供参考。

长期国债收益率：本书选取了美国长期国债收益率（X15）、欧盟长期国债收益率（X16），该指标衡量了欧盟 10 年期国债的收益率，可以反映市场对未来欧盟经济走势的预期，进而影响其他金融市场的利率水平。

股票指数：本书选取了标普 500 指数（X17）、德国 DAX 价格指数（欧元）（X18）、伦敦富时 100 指数（X19）、巴黎 CAC40 指数（X20）。王有鑫、王祎帆、杨翰方（2021）等认为国际大型股市价格为外部金融冲击指标，可以反映这几个国家股市的整体走势，进而影响其他金融市场的情绪。数据选取为各指数收盘价。

VIX 指数：本书选取标准普尔 500 波动率指数（X21），该指数是衡量市场波动率的指标，可以反映市场对未来不确定性风险的预期，进而影响其他金融市场的波动。

实际有效汇率指数（X22）：本书选取了美元实际有效汇率指数（X22）和欧元实际有效汇率指数（X23），该指标衡量了美元和欧元对其他货币的加权平均汇率，可以反映美元和欧元的强弱变化对金融市场的影响。

国际大宗商品价格：本书选取了国际原油价格（BRENT 油价）（X24）及国际黄金价格（X25）。纪敏（2009）在对国内价格波动的外部冲击因素考察中选择了西得克萨斯轻质原油价格、国际食品价格指数等大宗商品价格为外部冲击因素，该指标衡量了国际原油价格和国际黄金价格的变化，可以反映原油价格对金融市场的影响，特别是对能源相关行业、新兴市场国家及避险资产的影响。

（三）国内外金融政策指标（FP）

国内外金融政策的制定和实施，对中国金融市场产生着深远的影响。构建国内外金融政策维度指数，有助于全面评估国内外金融政策因素对中国金融市场的影响，为投资者和监管机构提供参考。

美国货币政策不确定性指数（X26）：该指数衡量了美国货币政策的不确定性，可以反映市场对美国未来货币政策走势的预期，进而影响其他金融市场的利率水平。

数量型货币政策：本书选取了美国 M2 同比增速（X27）、欧元区 M2 同比增速（X28）和中国 M2 同比增速（X29），该指标衡量了美国、欧元区和中国广义货币供应量 M2 的同比增速，可以反映美国、欧元区和中国货币政策的宽松程度，进而影响其他金融市场的流动性。

基准利率：本书选取了美国联邦基金利率（X30）、欧元区主要再融资利率

(X31) 和中国贷款基准利率 (X32)。王有鑫、王祎帆、杨翰方 (2021) 等认为美国、日本、英国、欧元区基准利率为外部金融冲击指标,该指标是美国联邦基金市场的基准利率,可以反映美国货币政策的宽松程度,进而影响其他金融市场的利率水平。其中,中国贷款基准利率中 2010—2019 年选取贷款基准利率,2019—2023 年选取历年 LPR 利率。

中国 SHIBOR 隔夜 (X33):该指标是中国银行间同业拆借市场隔夜利率,可以反映中国货币市场的流动性,进而影响其他金融市场的利率水平。

各部门杠杆率:本书选取了中国非金融企业部门杠杆率 (X34)、中国金融企业部门杠杆率 (负债方) (X35)、中国金融企业部门杠杆率 (资产方) (X36) 以及中国政府部门杠杆率 (X37),分别衡量了中国非金融企业部门的负债水平、中国金融企业部门的资产负债水平和中国政府部门的负债水平,可以反映中国企业、金融企业和政府的财务风险,进而影响其他金融市场的稳定性。

(四) 地缘政治指标 (GP)

地缘政治风险对金融市场的影响日益显著,如俄乌冲突、中美贸易摩擦等事件,都引发了市场波动和投资者情绪变化。构建地缘政治维度指数,有助于全面评估地缘政治风险对中国金融市场的影响,为投资者和监管机构提供参考。

本书选取了全球地缘政治风险指数 (X38) 和中国地缘政治风险报道占比 (X39),可以衡量全球地缘政治风险和中国地缘政治风险的变化,反映了地缘政治事件对金融市场的影响,特别是对避险资产的影响。

(五) 环境与气候指标 (EC)

环境与气候问题对金融市场的影响日益显著,如气候变化、环境污染、资源枯竭等事件,都引发了市场波动和投资者情绪变化。构建环境与气候维度指数,有助于全面评估环境与气候风险对中国金融市场的影响,为投资者和监管机构提供参考。

本书选取了中国碳排放水平 (X40) 和全球碳排放水平 (X41),可以衡量中国和全球碳排放的水平,反映了中国和全球环境保护政策的力度,进而影响金融市场对环保行业的投资。

(六) 科技与创新指标 (STI)

科技创新是推动经济发展的重要动力,对金融市场也产生了深远的影响。构建科技与创新维度指数,有助于全面评估科技创新对中国金融市场的影响,为投资者和监管机构提供参考。

本书选取了中国研究与试验发展经费支出占国内GDP比例（X42）和中国技术市场经济规模（X43），杨立勋、林嘉懿、孟上诗（2024）等引用研发经费比例、技术市场经济规模及当季研发投入产出比作为二级指标对金融压力指数进行测度。前者衡量了中国研发投入的力度，可以反映中国科技创新的潜力，后者衡量了中国技术市场的规模，可以反映中国科技创新的活跃程度进而影响金融市场对科技行业的投资。

第三节 外部冲击指数的计算

根据数据的可得性本书选取的数据样本为2010年1月至2023年12月的月度数据。对全部数据进行季调，并对部分数值较大的数据取对数差分后，运用主成分分析，可计算得到总外部冲击指数（TES）、国内外经济与政策冲击指数（EPI）、国际金融市场冲击指数（IFM）、国内外金融政策冲击指数（FP）、地缘政治冲击指数（GP）、环境与气候冲击指数（EC）、科技与创新冲击指数（STI）（见表4-2）。

表4-2 外部冲击指数

时间	EPI	IFM	FP	GP	EC	STI	TES
2010年1月	3.24	0.72	0.64	1.07	4.22	1.74	3.25
2010年2月	3.34	0.74	0.64	1.03	4.23	1.75	3.28
2010年3月	3.33	0.76	0.60	1.03	4.22	1.75	3.26
2010年4月	3.28	0.74	0.61	1.03	4.23	1.76	3.26
2010年5月	3.39	0.72	0.63	1.06	4.23	1.76	3.29
2010年6月	3.34	0.73	0.63	1.07	4.23	1.77	3.29
2010年7月	3.31	0.76	0.65	1.04	4.23	1.78	3.29
2010年8月	3.29	0.74	0.64	1.03	4.24	1.78	3.29
2010年9月	3.33	0.76	0.62	1.02	4.24	1.79	3.28
2010年10月	3.25	0.76	0.64	1.03	4.24	1.79	3.27
2010年11月	3.28	0.76	0.64	1.07	4.24	1.80	3.29
2010年12月	3.31	0.78	0.61	1.08	4.25	1.80	3.30
2011年1月	3.14	0.78	0.56	1.04	4.25	1.80	3.23
2011年2月	3.28	0.78	0.58	1.06	4.26	1.81	3.28
2011年3月	3.35	0.77	0.62	1.15	4.26	1.81	3.33
2011年4月	3.39	0.80	0.63	1.06	4.26	1.82	3.33

续表

时间	EPI	IFM	FP	GP	EC	STI	TES
2011年5月	3.21	0.80	0.62	1.09	4.26	1.82	3.29
2011年6月	3.28	0.80	0.62	1.04	4.26	1.83	3.30
2011年7月	3.36	0.77	0.63	1.04	4.27	1.84	3.32
2011年8月	3.42	0.76	0.68	1.06	4.27	1.84	3.36
2011年9月	3.40	0.74	0.62	1.04	4.27	1.85	3.33
2011年10月	3.40	0.80	0.60	1.07	4.27	1.86	3.34
2011年11月	3.45	0.78	0.60	1.04	4.27	1.86	3.35
2011年12月	3.43	0.78	0.61	1.05	4.27	1.87	3.35
2012年1月	3.33	0.80	0.61	1.03	4.27	1.89	3.33
2012年2月	3.20	0.79	0.62	1.07	4.25	1.89	3.30
2012年3月	3.41	0.79	0.56	1.06	4.27	1.91	3.35
2012年4月	3.41	0.78	0.64	1.06	4.27	1.91	3.37
2012年5月	3.44	0.76	0.64	1.02	4.27	1.92	3.37
2012年6月	3.48	0.80	0.67	1.04	4.27	1.92	3.40
2012年7月	3.43	0.78	0.64	1.04	4.27	1.93	3.37
2012年8月	3.40	0.80	0.64	1.01	4.27	1.94	3.37
2012年9月	3.41	0.79	0.64	1.01	4.28	1.94	3.37
2012年10月	3.43	0.78	0.64	1.08	4.28	1.94	3.39
2012年11月	3.45	0.80	0.67	1.03	4.28	1.95	3.40
2012年12月	3.42	0.79	0.65	1.04	4.28	1.95	3.38
2013年1月	3.43	0.81	0.64	1.05	4.28	1.95	3.39
2013年2月	3.42	0.78	0.65	1.04	4.29	1.96	3.39
2013年3月	3.32	0.79	0.64	1.03	4.28	1.96	3.36
2013年4月	3.42	0.78	0.61	1.06	4.28	1.96	3.38
2013年5月	3.34	0.78	0.61	1.06	4.28	1.97	3.36
2013年6月	3.32	0.76	0.61	1.05	4.29	1.97	3.35
2013年7月	3.34	0.79	0.60	1.01	4.29	1.97	3.35
2013年8月	3.37	0.78	0.63	1.05	4.29	1.98	3.38
2013年9月	3.30	0.78	0.64	1.08	4.29	1.98	3.37
2013年10月	3.38	0.79	0.69	1.04	4.29	1.98	3.40
2013年11月	3.28	0.78	0.64	1.05	4.29	1.99	3.36
2013年12月	3.35	0.79	0.66	1.01	4.29	1.99	3.38
2014年1月	3.31	0.77	0.65	1.02	4.29	2.00	3.37

续表

时间	EPI	IFM	FP	GP	EC	STI	TES
2014年2月	3.27	0.79	0.62	1.00	4.29	2.00	3.35
2014年3月	3.36	0.77	0.63	1.14	4.29	2.00	3.40
2014年4月	3.36	0.78	0.61	1.06	4.29	2.01	3.38
2014年5月	3.36	0.79	0.62	1.07	4.29	2.01	3.39
2014年6月	3.23	0.79	0.56	1.09	4.29	2.01	3.34
2014年7月	3.36	0.76	0.60	1.13	4.29	2.02	3.40
2014年8月	3.35	0.78	0.59	1.15	4.29	2.02	3.40
2014年9月	3.39	0.76	0.60	1.14	4.29	2.02	3.41
2014年10月	3.41	0.75	0.62	1.08	4.29	2.03	3.40
2014年11月	3.31	0.75	0.61	1.07	4.29	2.03	3.37
2014年12月	3.36	0.72	0.61	1.07	4.29	2.03	3.38
2015年1月	3.35	0.73	0.62	1.11	4.29	2.04	3.39
2015年2月	3.41	0.74	0.60	1.12	4.29	2.04	3.41
2015年3月	3.08	0.72	0.61	1.09	4.29	2.04	3.32
2015年4月	3.39	0.72	0.65	1.08	4.29	2.05	3.41
2015年5月	3.40	0.72	0.64	1.05	4.29	2.05	3.40
2015年6月	3.40	0.72	0.63	1.06	4.28	2.05	3.40
2015年7月	3.43	0.72	0.64	1.08	4.28	2.06	3.42
2015年8月	3.43	0.68	0.68	1.03	4.28	2.06	3.41
2015年9月	3.45	0.68	0.69	1.07	4.28	2.06	3.43
2015年10月	3.44	0.73	0.67	1.10	4.28	2.07	3.44
2015年11月	3.38	0.70	0.65	1.21	4.28	2.07	3.43
2015年12月	3.41	0.67	0.66	1.18	4.28	2.08	3.44
2016年1月	3.41	0.67	0.65	1.13	4.28	2.08	3.42
2016年2月	3.51	0.67	0.67	1.10	4.26	2.07	3.44
2016年3月	3.50	0.71	0.67	1.11	4.28	2.09	3.46
2016年4月	3.49	0.70	0.67	1.06	4.28	2.09	3.44
2016年5月	3.50	0.71	0.67	1.07	4.28	2.10	3.45
2016年6月	3.56	0.71	0.76	1.06	4.28	2.10	3.49
2016年7月	3.57	0.71	0.72	1.10	4.28	2.10	3.49
2016年8月	3.52	0.72	0.69	1.07	4.28	2.11	3.47
2016年9月	3.48	0.71	0.63	1.07	4.28	2.11	3.44
2016年10月	3.47	0.71	0.68	1.09	4.28	2.11	3.45

续表

时间	EPI	IFM	FP	GP	EC	STI	TES
2016年11月	3.31	0.72	0.75	1.08	4.28	2.12	3.43
2016年12月	3.56	0.73	0.70	1.11	4.28	2.12	3.49
2017年1月	3.62	0.73	0.70	1.10	4.29	2.12	3.51
2017年2月	3.58	0.73	0.71	1.12	4.29	2.13	3.51
2017年3月	3.61	0.73	0.68	1.08	4.29	2.13	3.50
2017年4月	3.57	0.72	0.66	1.13	4.29	2.14	3.50
2017年5月	3.56	0.72	0.68	1.11	4.29	2.14	3.49
2017年6月	3.55	0.71	0.66	1.13	4.29	2.15	3.49
2017年7月	3.49	0.72	0.63	1.09	4.29	2.15	3.46
2017年8月	3.52	0.73	0.60	1.14	4.29	2.16	3.48
2017年9月	3.53	0.74	0.63	1.13	4.30	2.16	3.49
2017年10月	3.52	0.75	0.67	1.08	4.30	2.17	3.49
2017年11月	3.48	0.74	0.62	1.10	4.30	2.18	3.47
2017年12月	3.52	0.74	0.61	1.07	4.30	2.18	3.47
2018年1月	3.47	0.76	0.62	1.08	4.30	2.20	3.47
2018年2月	3.52	0.72	0.65	0.98	4.31	2.21	3.47
2018年3月	3.51	0.73	0.62	1.12	4.31	2.21	3.50
2018年4月	3.56	0.75	0.65	1.13	4.31	2.22	3.53
2018年5月	3.57	0.75	0.63	1.13	4.31	2.23	3.53
2018年6月	3.60	0.75	0.61	1.11	4.31	2.23	3.52
2018年7月	3.60	0.75	0.67	1.10	4.31	2.24	3.54
2018年8月	3.58	0.75	0.66	1.10	4.31	2.24	3.53
2018年9月	3.60	0.76	0.57	1.02	4.31	2.25	3.50
2018年10月	3.63	0.72	0.66	1.10	4.31	2.26	3.55
2018年11月	3.64	0.72	0.68	1.06	4.31	2.26	3.55
2018年12月	3.66	0.68	0.75	1.10	4.32	2.27	3.58
2019年1月	3.63	0.75	0.73	1.05	4.32	2.27	3.56
2019年2月	3.66	0.75	0.69	1.08	4.32	2.28	3.57
2019年3月	3.65	0.74	0.67	1.05	4.32	2.29	3.56
2019年4月	3.60	0.76	0.66	1.02	4.32	2.29	3.54
2019年5月	3.64	0.71	0.69	1.09	4.32	2.30	3.57
2019年6月	3.69	0.75	0.74	1.11	4.32	2.30	3.61
2019年7月	3.65	0.73	0.72	1.09	4.32	2.31	3.59

续表

时间	EPI	IFM	FP	GP	EC	STI	TES
2019年8月	3.70	0.72	0.81	1.09	4.32	2.32	3.62
2019年9月	3.67	0.74	0.74	1.07	4.32	2.32	3.60
2019年10月	3.66	0.74	0.72	1.09	4.32	2.33	3.60
2019年11月	3.63	0.74	0.72	1.07	4.32	2.33	3.58
2019年12月	3.66	0.74	0.72	1.04	4.32	2.34	3.59
2020年1月	3.62	0.73	0.72	1.17	4.31	2.34	3.60
2020年2月	3.36	0.68	0.73	1.01	4.29	2.34	3.49
2020年3月	3.38	0.59	0.82	1.02	4.31	2.35	3.51
2020年4月	3.68	0.67	0.81	0.98	4.31	2.36	3.60
2020年5月	3.71	0.70	0.79	0.98	4.31	2.37	3.61
2020年6月	3.68	0.71	0.79	1.01	4.31	2.37	3.61
2020年7月	3.68	0.70	0.76	1.02	4.31	2.38	3.60
2020年8月	3.69	0.72	0.76	0.99	4.31	2.39	3.60
2020年9月	3.66	0.70	0.77	1.05	4.31	2.40	3.61
2020年10月	3.67	0.67	0.77	1.03	4.31	2.40	3.61
2020年11月	3.72	0.75	0.82	1.04	4.32	2.41	3.65
2020年12月	3.66	0.72	0.73	1.01	4.32	2.42	3.60
2021年1月	3.67	0.72	0.71	1.04	4.33	2.43	3.61
2021年2月	3.66	0.75	0.70	0.99	4.33	2.44	3.60
2021年3月	3.61	0.75	0.70	1.02	4.33	2.44	3.60
2021年4月	3.62	0.75	0.67	1.03	4.33	2.45	3.60
2021年5月	3.61	0.76	0.69	1.05	4.34	2.45	3.61
2021年6月	3.60	0.75	0.71	1.03	4.34	2.46	3.61
2021年7月	3.62	0.75	0.73	0.99	4.34	2.47	3.61
2021年8月	3.66	0.76	0.72	1.06	4.34	2.47	3.64
2021年9月	3.62	0.75	0.74	1.05	4.34	2.48	3.63
2021年10月	3.64	0.77	0.72	1.05	4.34	2.49	3.64
2021年11月	3.65	0.73	0.73	1.09	4.35	2.49	3.65
2021年12月	3.70	0.76	0.78	1.14	4.35	2.50	3.70
2022年1月	3.70	0.76	0.79	1.18	4.34	2.50	3.70
2022年2月	3.68	0.76	0.79	1.24	4.35	2.51	3.72
2022年3月	3.74	0.78	0.78	1.34	4.34	2.52	3.76
2022年4月	3.74	0.76	0.80	1.23	4.34	2.52	3.73

续表

时间	EPI	IFM	FP	GP	EC	STI	TES
2022 年 5 月	3.74	0.79	0.80	1.14	4.34	2.53	3.72
2022 年 6 月	3.75	0.75	0.80	1.16	4.34	2.54	3.73
2022 年 7 月	3.75	0.79	0.81	1.17	4.34	2.54	3.74
2022 年 8 月	3.70	0.76	0.81	1.17	4.34	2.55	3.72
2022 年 9 月	3.74	0.75	0.82	1.16	4.34	2.56	3.73
2022 年 10 月	3.74	0.78	0.84	1.19	4.34	2.56	3.75
2022 年 11 月	3.74	0.78	0.86	1.16	4.34	2.57	3.75
2022 年 12 月	3.70	0.75	0.83	1.15	4.34	2.57	3.73
2023 年 1 月	3.70	0.79	0.88	1.09	4.37	2.58	3.75
2023 年 2 月	3.74	0.78	0.85	1.10	4.38	2.59	3.76
2023 年 3 月	3.73	0.77	0.85	1.08	4.38	2.59	3.75
2023 年 4 月	3.68	0.77	0.85	1.08	4.39	2.60	3.74
2023 年 5 月	3.70	0.76	0.88	1.09	4.40	2.61	3.76
2023 年 6 月	3.70	0.78	0.83	1.13	4.41	2.61	3.76
2023 年 7 月	3.71	0.78	0.83	1.16	4.42	2.62	3.78
2023 年 8 月	3.70	0.78	0.85	1.09	4.43	2.63	3.77
2023 年 9 月	3.69	0.79	0.82	1.12	4.44	2.63	3.77
2023 年 10 月	3.69	0.77	0.87	1.25	4.45	2.64	3.82
2023 年 11 月	3.67	0.80	0.86	1.22	4.46	2.65	3.81
2023 年 12 月	3.69	0.78	0.87	1.22	4.47	2.65	3.82

第四节 其他指标体系构建

为了后续章节的实证检验，本书构建了三个金融市场和三条风险传染渠道的指标体系（见表4-3）。

表 4-3　金融市场与风险传导渠道指标体系构建

一级指标	二级指标	说明	指标名
外汇市场 （FX）	人民币实际有效汇率指数（REER）		y1
	人民币兑美元即期汇率（ER）		y2
	人民币离岸 NDF	美元兑人民币离岸 NDF（1 个月）	y3
	人民币汇率预期	（在岸人民币汇率 - 离岸人民币汇率）×100	y4
	中国资本账户差额		y5
	中国新增外汇储备占 GDP 的比重		y6
债券市场 （BOND）	中证综合债券指数		y7
	上证国债指数		y8
	上证企业债指数		y9
	中证综合债券指数现券结算量		y10
	上证国债成交金额		y11
	上证企业债成交金额		y12
股票市场 （STOCK）	沪深 300 指数		y13
	上证综合指数		y14
	深证成分指数		y15
	香港恒生指数	恒生中国（香港上市）100 指数	y16
	沪深 300 指数成交额		y17
	上证综合指数成交额		y18
	深证成分指数成交金额		y19
	香港恒生指数成交金额		y20
资本流动渠道 （CFC）	国际资本流动	短期国际资本流动 = 外汇储备增加额 - 当期贸易顺差 - 外商直接投资净流入	z1
情绪传染渠道 （ECC）	投资者信心指数	中国证券投资者保护基金公司发布的投资者信心指数总指数	z2
信息传播渠道 （IDC）	百度指数（金融）		z3

本章构建了中国金融市场指标共三个：外汇市场指标（FX）、债券市场指标（BOND）、股票市场指标（STOCK），以及风险传染渠道指标共三个：资本流动渠道指标（CFC）、情绪传染渠道指标（ECC）、信息传播渠道指标（IDC）。我们采用主成分分析法对外汇市场指标（FX）、债券市场指标

(BOND)、股票市场指标（STOCK）进行计算，将主成分分析法的得分结果给这三个指标赋值，即完成了这三个指标的选取。而三条传导渠道的赋值见表4-3 的说明。

（一）外汇市场指标（FX）

人民币实际有效汇率指数（REER）(y1) 衡量人民币兑其他主要货币的加权平均汇率，反映人民币的国际竞争力。汇率变动会影响进出口贸易、资本流动和投资者情绪，进而影响金融市场。

人民币兑美元即期汇率（ER）(y2) 反映美元兑人民币的强弱变化，美元是国际主要储备货币，其汇率变动会影响全球金融市场。

人民币离岸 NDF：本书选取了人民币离岸 NDF 美元兑人民币离岸 NDF（1个月）(y3)，反映市场对人民币未来走势的预期。

人民币汇率预期（y4），即在岸和离岸人民币汇率的差值，反映市场对人民币汇率的预期差异，预期差异会影响跨境资本流动和投资者情绪。

中国资本账户差额（y5）反映跨境资本流动状况，资本流动会影响外汇供求和汇率变动。

中国新增外汇储备占 GDP 的比重（y6）反映外汇储备的增长速度和规模，外汇储备规模会影响汇率稳定和货币政策。

（二）债券市场指标（BOND）

债券指数：本书选取了中证综合债券指数（y7）、上证国债指数（y8）以及上证企业债指数（y9），分别反映了中国债券市场整体走势的综合指数、上海证券交易所国债市场走势的指数以及上海证券交易所企业债市场走势的指数。债券市场走势反映宏观经济状况和投资者风险偏好；国债收益率是市场利率的重要参考指标，影响债券价格和投资者决策；企业债信用风险和收益率变化影响投资者对企业债券的需求。

中证综合债券指数现券结算量（y10），即中证综合债券指数成分券的交易量，反映债券市场的活跃程度，债券市场活跃程度可以反映投资者参与度和市场流动性。

债券成交额：本书选取了上证国债成交金额（y11）和上证企业债成交金额（y12），前者反映国债市场的交易规模，后者反映企业债市场的交易规模。分别反映了投资者对国债和企业债的需求和流动性。

（三）股票市场指标（STOCK）

股票指数：本书选取了沪深 300 指数（y13）、上证综合指数（y14）、深证成分指数（y15）、香港恒生指数（y16），分别反映了中国股市、上海股市、深圳股市和香港股市的整体走势，可以反映中国股市的整体表现。

股票成交金额：本书选取了沪深300指数成交额（y17）、上证综合指数成交额（y18）、深证成分指数成交金额（y19）和香港恒生指数成交金额（y20），分别反映了中国股市、上海股市、深圳股市和香港股市的交易规模，可以反映投资者的参与度和市场流动性。

（四）资本流动渠道（CFC）

本书选取了国际资本流动（z1），即短期国际资本流动=外汇储备增加额-当期贸易顺差-外商直接投资净流入，反映国际资本流入流出的规模和方向，是判断资本流动风险的重要指标。

（五）情绪传染渠道（ECC）

本书选取了投资者信心指数（z2），即中国证券投资者保护基金公司发布的投资者信心指数总指数，反映投资者对未来股市走势的预期和信心，是判断市场情绪的重要指标。

（六）信息传播渠道（IDC）

本书选取了百度指数（金融）（z3），即百度搜索引擎中与金融相关的关键词搜索量，反映投资者对金融信息的关注程度，是判断信息传播的重要指标。

第五章 基于藤 Copula 模型的金融市场风险传染分析

第一节 引言

　　学术界和业界经常运用 Copula 模型来分析金融市场的风险传染问题。这主要是基于以下几个方面的原因：一是捕捉非线性相依性。金融市场中的资产价格往往呈现复杂的相依结构，包括非线性和尾部相依。Copula 模型能够有效地捕捉这些相依性，这对于准确评估风险传染至关重要。二是处理多变量分布。金融市场通常涉及多个资产，Copula 模型能够将多个变量的边缘分布与它们的联合分布分离处理。这意味着可以分别建模每个资产的边缘分布，然后通过 Copula 函数将它们结合成一个联合分布，从而简化多变量建模的复杂性。三是尾部相依性分析。金融市场的极端事件（如市场崩盘）通常是由资产之间的尾部相依性驱动的。Copula 模型能够专门针对这种尾部相依性进行建模，帮助分析师识别和量化极端风险。四是灵活性和适用性。Copula 模型不假设数据遵循特定的分布形式，因此它们可以适用于各种类型的数据，包括非正态分布和厚尾分布的金融数据。

　　Copula 模型在金融市场风险传染分析中的具体应用较多。例如，风险价值（VaR）和条件风险价值（CVaR）计算是最常用的应用，这是通过 Copula 模型可以更准确地计算投资组合的风险价值，尤其是在考虑资产间相依性时。Copula 模型也经常用于信用风险分析，在评估贷款或债券的违约风险时，Copula 模型可以帮助分析多个信用事件之间的相依性。而在构建投资组合时，Copula 模型也可以帮助投资者更好地理解资产间的相依关系，从而优化资产配置。此外，Copula 模型可以用来监测金融系统中的系统性风险，即一个金融机构的失败如何影响到其他机构和整个市场。通过模拟资产间的尾部相依性，Copula 模型可以用来生成极端市场情景，帮助金融机构准备应对潜在的金融危机。总之，Copula 模型为金融市场风险传染分析提供了一个强大的工具，它能够帮助更好地理解和量化金融风险，从而作出更明智的决策。

第五章 基于藤 Copula 模型的金融市场风险传染分析

藤 Copula 模型是 Copula 方法的一种扩展，特别适用于分析金融市场中多个变量之间的复杂相依结构。近年来，藤 Copula 模型被用来分析金融风险传染。这是因为：第一，藤 Copula 模型能够很好地处理高维数据，由于在金融市场中涉及大量变量的数据集很常见，因此可能需要同时考虑许多资产或市场的风险传染情况。第二，藤 Copula 模型可以依据灵活的相依结构建模，藤 Copula 模型允许不同的相依结构，可以更精确地捕捉变量间的相依关系。例如，C-vine 和 D-vine 结构允许不同的相依性层次和条件相依性。第三，金融风险传染通常与尾部事件（即极端市场波动）相关，藤 Copula 模型可以较好地进行尾部相依性分析，该模型能够有效捕捉变量间的上尾和下尾相依性，这对于评估极端市场情况下的风险传染至关重要。第四，藤 Copula 模型通过构建条件 Copula，可以模拟在一个变量已知的情况下，其他变量之间的相依性。这在分析风险传染时非常有用，因为一个市场的危机可能在不同程度上影响其他市场。第五，与传统的 Copula 模型相比，藤 Copula 模型能够提供更精确的相依性描述，从而提高风险估计的准确性。第六，藤 Copula 模型在模型选择和诊断方面更具优势，它提供了多种结构选择，可以根据数据的特点和模型拟合的诊断结果选择最合适的藤结构，这有助于更好地理解和预测风险传染。

目前，藤 Copula 模型在金融风险传染分析中的具体应用包括但不限于以下几个类型：第一，系统性风险评估。通过藤 Copula 模型可以评估金融系统中各个部分之间的相互依赖性，从而更好地理解系统性风险。第二，投资组合风险分析。在构建投资组合时，藤 Copula 模型可以帮助投资者评估不同资产之间的相依性，优化风险分散策略。第三，市场危机模拟。藤 Copula 模型可以用来模拟市场危机期间的风险传染路径，帮助金融机构和监管者制定应对措施。第四，信用风险分析。在评估贷款组合或信用衍生品的风险时，藤 Copula 模型可以用来分析违约事件之间的相依性。第五，风险度量。藤 Copula 模型可以用于计算更精确的风险度量指标，如条件风险价值（CVaR）和期望损失（ES）。

藤 Copula 函数与复杂网络模型虽然在数学结构和应用领域上有所不同，但它们之间存在一些联系，特别是在描述和分析复杂系统的相依性和结构方面。以下是藤 Copula 函数与复杂网络模型相联系的地方：第一，相依结构的建模。藤 Copula 函数可用于描述多个随机变量之间的相依结构。藤 Copula 通过一系列的 Copula 链接来捕捉变量间的复杂相依关系。复杂网络模型可用于描述网络中节点之间的相互作用和连接模式。网络中的边代表节点间的相依或交互关系。第二，条件相依性。在藤 Copula 中，可以通过条件 Copula 来描述变量间的条件相依性，即在给定某些变量值的情况下，其他变量之间的相依关系。在复杂网络中，节点的状态可能受到其邻居节点状态的影响，这可以被视为一种条件相依性，即一个节点的状态依赖与之相连的节点的状态。第三，尾部相依性。藤Copula 强调尾部相依性，这对于描述金融风险传染等极端事件非常重要。在复杂网络中，网络传染现象，如疾病传播或市场崩溃，也与尾部相依性有关，因为它们通常涉及小概率事件的大规模影响。第四，结构化分析。藤 Copula 通过其特定的结构（如 C-vine 或 D-vine）来建模变量间的相依结构。复杂网络同样强调网络的结构特性，如度分布、聚类系数、路径长度等，这些结构特性影响网络的功能和动态行为。第五，风险传播。藤 Copula 可以用来模拟金融风险在网络中的传播，通过分析变量间的相依性来预测风险传染路径。复杂网络模型直接用于模拟风险在网络中的传播，如银行间市场的违约风险传递。第六，交叉应用。藤 Copula 的相依性分析可以用于增强复杂网络模型，如通过Copula 函数来估计网络中节点间的相依关系，进而优化网络结构的推断。反过来，复杂网络的拓扑结构可以启发藤 Copula 的设计，如利用网络理论中的算法来优化 Copula 的选择和结构。

我们可以认为复杂网络模型则是一种更通用的框架，用于描述和分析各种类型系统的结构和动态行为。而藤 Copula 是一种统计工具，用于量化变量间的相依性。因此，从某程度上看，我们可以认为藤 Copula 是复杂网络模型框架的一种特殊运用。在实际应用中，两者可以相互补充，提供更全面的理解和分析。

总的来说，藤 Copula 模型为分析金融风险传染提供了一个强大的工具，它能够处理高维数据、复杂的相依结构，并提供对尾部相依性的深入理解，这些都是传统模型难以实现的。本章分析的是基于三条不同金融风险传染渠道的情况下，不同类型的外部冲击下是如何对中国股票市场、债券市场和外汇市场造成金融风险传染的问题，该问题结合了金融高维数据、复杂网络结构以及尾部相依性等特征，分析的是金融系统中各个部分之间的相互依赖性及风险传染路径，因此，本章采用藤 Copula 模型来分析该问题较为合适。

第二节　Copula 模型的基本理论

一般在进行 Copula 模型检验之前，会对金融时间序列数据进行 GARCH（Generalized Autoregressive Conditional Heteroskedasticity）模型检验。这是因为通过 GARCH 模型，可以对金融时间序列数据进行预处理，去除波动性的影响，得到波动性调整后的残差序列，这些残差序列通常被认为是平稳且没有条件异方差的，更适合进行 Copula 相依性分析。GARCH 模型也可以提供时间序列的条件标准差,从而可以对原始数据进行标准化,使其具有单位方差,这样不同时间序列可以在同一尺度下进行比较和分析。如果直接在未处理波动性的原始数据上应用 Copula 模型,可能得到有偏的相依性估计,通过 GARCH 模型去除波动性,可以提高 Copula 模型估计的准确性和可靠性。此外,金融市场的资产回报率往往受到多种因素的影响,包括市场情绪、宏观经济变量等,这些因素可能导致波动性的变化。GARCH 模型能够考虑这些因素,使后续的 Copula 分析更加贴近实际情况。因此,在介绍 Copula 模型之前,本节先介绍 GARCH 模型。

一、GARCH 模型介绍

在传统计量模型的分析框架内,为了简化对相关性探讨的流程,常将干扰项的方差预设为常数。然而,这一假设在处理具有聚集性波动特征的时间序列时并不适用,因为其方差并非保持恒定。针对此类现象,ARCH 模型提供了一种有效的分析工具。在 ARCH 模型中,时间序列被视为条件依赖的序列,通过自回归的方式反映方差的变化特性。鉴于时间序列在不同时间点的含义各异,其条件方差也随之呈现差异。

尽管 ARCH 模型结构相对简洁,但在准确描述收益率波动过程时,往往需要引入较多的参数,甚至构建高阶模型。相比之下,GARCH 模型在合理性和适用性上展现出更大的优势。GARCH 模型不仅纳入了当前误差项的方差信息,还综合考量了过去的方差数据,从而更有效地捕捉时间序列数据的波动性和聚集性特征。因此,在处理具有聚集性波动的时间序列数据时,GARCH 模型成为一个更为优越的选择。

(一) GARCH 模型的特征

在 GARCH 模型的构建中,时点波动率(或称条件方差)是由近期若干时点的残差平方的线性组合,以及相应数量的近期波动率共同构成的。具体而言,GARCH 模型的条件方差不仅依赖滞后项的残差平方,还受到滞后条件方差的影响。假定扰动项序列 $\{u_t\}$ 具有如下结构:

$$\begin{cases} u_t = \sqrt{h_t}\varepsilon_t \\ h = a_0 + \sum_{i=1}^{q}\alpha_i u_{t-i}^2 + \sum_{i=1}^{p}\beta_i h_{t-i} \end{cases} \quad (5.1)$$

其中,$\sigma_\varepsilon^2 = 1$,$\alpha_0 > 0$,$\alpha_i \geq 0$,$\beta_i \geq 0$。因为 $\{\varepsilon_t\}$ 为白噪声过程,且与 u_{t-i} 值独立,u_t 的条件均值和无条件均值都为零。u_t 的条件方差为 $E_{t-1}u_t^2 = h_t$。将此类条件异方差中同时存在自回归项与滑动平均项的模型,记为 $GARCH(p, q)$。

若 $p=0$, $q=1$，则 GARCH (0, 1) 就是 ARCH (1) 模型。如果所有的 β_i 都为零，则 GARCH (p, q) 就相当于 ARCH (q) 模型。

引入滞后算子多项式：

$$\alpha(B) = \alpha_1 B + \cdots + \alpha_q B^q, \quad \beta(B) = \beta_1 B + \cdots + \beta_q B^q \quad (5.2)$$

则 GARCH (p, q) 模型可表示成：

$$h_t = a_0 + \alpha(B) u_t^2 + \beta(B) h_t \quad (5.3)$$

如果 $1 - \beta(B) = 0$ 的根全在单位圆以外，则：

$$h_t = \frac{\alpha_0}{1-\beta(1)} + \frac{\alpha(B)}{1-\beta(B)} u_t^2 \equiv \alpha_0^* + \sum_{j=1}^{\infty} \delta_j u_{t-j}^2 \quad (5.4)$$

其中，$\alpha_0^* = \alpha_0 / [1-\beta(1)]$，$\delta_j = \alpha(B)[1-\beta(B)]^{-1}$ 是展开式中的 B^j 的系数。由此，若某序列服从 GARCH (p, q)，那么其可用具有合理的滞后结构的 ARCH 过程来表示。

（二）GARCH 模型的估计

估计 GARCH 模型最常见的方法是极大似然方法。

$$\begin{cases} y_t = X'_t \xi + u_t \\ u_t = \sqrt{h_t} \varepsilon_t \\ h = a_0 + \sum_{i=0}^{q} \alpha_i u_{t-i}^2 + \sum_{i=0}^{p} \beta_i h_{t-i} \\ \varepsilon_t \sim iidN(0, 1) \end{cases} \quad (5.5)$$

记 $\delta = (\alpha_0, \alpha_1, \cdots, \alpha_q, \beta_1, \beta_2, \cdots, \beta_p)$，需估计的参数向量是 ξ 和 δ，将 ξ 和 δ 合并一列，因此参数向量为：

$$\theta = \begin{bmatrix} \xi \\ \delta \end{bmatrix} \quad (5.6)$$

因为 y_t 服从条件正态分布，它的条件密度函数为：

$$f(y_t | X_t, \Omega_{t-1}) = \frac{1}{\sqrt{2\pi h_t}} exp\left\{\frac{-u_t^2}{2h_t}\right\} \quad (5.7)$$

对应于观测样本 $y_1, y_2, \cdots, y_T$，样本的对数似然函数为：

$$L(\theta) = \sum_T \ln f(y_t | X_t, \Omega_{t-1}; \theta) \quad (5.8)$$

方差的方程为：

$$H = CC' + A' u_{t-1} u'_{t-1} A + B' H_{t-1} B \quad (5.9)$$

（三）GARCH 模型的检验

GARCH 模型的检验可以用拉格朗日乘数检验进行推断，根据前面关于

GARCH 模型的特征分析可知，针对服从 GARCH 模型的扰动项，扰动项的条件方差类似于 ARMA 过程。由于

$$E(u_t^2 \mid u_{t-1}, u_{t-2}, \cdots) = h_t \tag{5.10}$$

可将 h_t 写成：

$$E(u_t^2 \mid u_{t-1}, u_{t-2}, \cdots) = \alpha_0 + \sum_{i=0}^{q} \alpha_i u_{t-i}^2 + \sum_{i=0}^{p} \beta_i h_{t-i} \tag{5.11}$$

构建平方残差图方法如下：

第一步：对序列 $\{y_t\}$ 作"最佳拟合"估计，得到拟合误差的平方 $\widehat{u}_t^2$，计算样本残差方差 $\widehat{\sigma}^2$。

$$\widehat{\sigma}^2 = \sum_{t=0}^{T} \widehat{u}_t^2 (T - k) \tag{5.12}$$

第二步：计算残差平方的样本自相关系数。

$$\widehat{\rho}(i) = \frac{\sum_{t=i+1}^{T} (\widehat{u}_t^2 - \widehat{\sigma}^2)(\widehat{u}_{t-i}^2 - \widehat{\sigma}^2)}{\sum_{t=1}^{T} (\widehat{u}_t^2 - \widehat{\sigma}^2)^2} \tag{5.13}$$

第三步：在大样本情形下，$\widehat{\rho}(i)$ 的标准差可以用 $T^{-\frac{1}{2}}$ 近似。$\rho(i)$ 如果存在明显异于零的个别值，则表明有 GARCH 误差。

$$Q = T(T + 2) \sum_{i=0}^{n} \widehat{\rho}(i)/(T - i) \tag{5.14}$$

渐进服从自由度为 n 的 χ^2 分布。

二、Copula 模型的定义

金融市场构成了一个复杂的非线性系统，其间各市场间的相互作用展现出显著的非线性特征。故而，若采用线性模型对其进行研究分析，所得结论可能与真实情况存在较大的偏差。Copula 函数作为一种有效的工具，不仅能够探究金融市场间的非线性关联，而且其边缘分布与 Copula 结构相互独立，这为我们根据单个金融市场的特性，灵活选择适宜的边缘分布函数提供了可能。因此，现在 Copula 模型已经被广泛地运用到风险管理、投资组合建模中。

Copula 英文单词本意为连接，所以又称为连接函数，其核心思想是利用连接函数，将联合分布函数表示为各个边缘分布函数的组合。Copula 理论能将随机变量间的相互依赖关系转化为一个具体的 Copula 函数来表征，这一方法能够精确地刻画变量间复杂的非线性、非对称相关性。鉴于金融资产常展现出非线性与非正态的特性，Copula 理论在金融领域得以广泛应用，因为它能够准确地

描绘金融时间序列间的依赖结构。在计算随机变量的联合分布时，Copula 理论首先着手于对各随机变量的边缘分布函数进行估算，随后再对 Copula 函数的参数进行细致的估计。

定义：N 元 Copula 函数是指满足下述条件的函数 $C(u_1, u_2, \cdots, u_n)$：

(1) 定义域为 $[0, 1]^N$；

(2) $C(u_1, u_2, \cdots, u_N)$ 为 N 维递增，且有零基面；

(3) $C(u_1, u_2, \cdots, u_N)$ 有边缘分布函数 $C_i(u_i)$，$i = 1, 2, \cdots N$，且满足
$$C_i(u_i) = C(1, \cdots, 1, u_i, 1, \cdots, 1) = u_i$$

其中，$u_i \in [0, 1]$，$i = 1, 2, \cdots, N$。

N 元 Copula 函数具有以下性质：

(1) $C(u_1, u_2, \cdots, u_N)$ 关于每一个变量都是单调非降的。

(2) $C(u_1, u_2, \cdots, 0 \cdots, u_N) = 0$，$C(1, \cdots, 1, u_i, 1, \cdots, 1) = u_i$。

(3) 对任意的 $u_i, v_i \in [0, 1]$，$i = 1, 2, \cdots, N$，有
$$|C(u_1, u_2, \cdots, u_N) - C(v_1, v_2, \cdots, v_N)| \leq \sum_{i=1}^{N} |u_i - v_i|$$

Sklar（1959）给出 Copula 函数准确的定义，提供了一个新的思路和方法研究随机变量之间的相依关系。Copula 函数要求边缘分布都服从于 [0, 1] 的均匀分布，因此 Copula 函数是多个服从于 [0, 1] 均匀分布的边缘分布的联合分布函数。Sklar 定理将联合分布函数、边缘分布函数以及 Copula 函数结合起来，其中 Copula 函数为联合分布与边缘分布之间的相依关系，Sklar 定理如下所示。

定理 2.1（Sklar 定理）：令 $F(x_1, x_2, \cdots, x_N)$ 为具有边缘分布 $F_1(x_1), \cdots, F_N(x_N)$ 的 N 元联合分布函数，则存在一个 Copula 函数 $C(u_1, u_2, \cdots, u_N)$，满足：
$$F(x_1, x_2, \cdots, x_N) = C[F_1(x_1), F_2(x_2), \cdots, F_N(x_N)]$$

如果 $F_1(x_1), F_2(x_2), \cdots, F_N(x_N)$ 是连续函数，则 $C(u_1, u_2, \cdots, u_N)$ 唯一确定。如果 $F_1(x_1), F_2(x_2), \cdots, F_N(x_N)$ 为一元分布函数，$C(u_1, u_2, \cdots, u_N)$ 是一个 Copula 函数，则由上式所确定的 $F(x_1, x_2, \cdots, x_N)$ 是具有边缘分布 $F_1(x_1), \cdots, F_N(x_N)$ 的 N 元联合分布函数。

Sklar 定理指出，任何多元随机变量的联合分布函数都可以分解为多个边缘分布函数和一个描述随机变量间相依关系的 Copula 函数。Copula 模型的基本方法包括：利用随机变量的数据，分析得出边缘分布函数，然后选择适当的 Copula 函数来拟合联合分布。

三、常用的 Copula 函数

现有的 Copula 函数可分为两大类，一类是椭圆 Copula 函数族，另一类是阿基米德 Copula 函数族，两者的区别在于前者只能刻画对称的相依关系，而后者能够刻画不对称的相依性关系。

（一）椭圆 Copula 函数族

椭圆类 Copula 函数是一类具有椭圆形轮廓线分布的函数，在金融领域应用较为广泛，最普遍的是高斯（Gaussian）Copula 函数和学生 t-Copula 函数。椭圆类 Copula 函数的长处在于能够构建出相依程度各异的边缘分布所对应的 Copula 函数，然而，其短板在于分布函数缺乏明确的封闭形式表达，并且普遍具有径向对称的特性。

1. 高斯 Copula 函数

二元情况下其分布函数表达式为：

$$C(u, v; \rho) = \phi_\rho [\phi^{-1}(u), \phi^{-1}(v)]$$
$$= \int_{-\infty}^{\phi^{-1}(u)} \int_{-\infty}^{\phi^{-1}(v)} \frac{1}{2\pi\sqrt{1-\rho^2}} exp\left[\frac{-(r^2+s^2-2\rho rs)}{2(1-\rho^2)}\right] drds' \tag{5.15}$$

对应的密度函数为：

$$C(u, v; \rho) = \frac{1}{\sqrt{1-\rho^2}} exp\left[-\frac{\phi^{-1}(u)^2 + \phi^{-1}(v) - 2\rho\phi^{-1}(u)\phi^{-1}(v)}{2(1-\rho^2)}\right]$$
$$exp\left(\frac{-\phi^{-1}(u)^2 \phi^{-1}(v)^2}{2}\right) \tag{5.16}$$

其中，u，v 分别为边缘分布函数，ϕ^{-1} 为标准正态分布的逆函数，ρ 为相关系数。由于正态 Copula 函数具备对称性的分布特征，并且在尾部逐渐呈现独立性，这导致它难以精确捕捉变量间存在的非对称相关性以及尾部相依性。

2. 学生 t-Copula 函数

二元情况下其分布函数表达式为：

$$C(u_1, u_2; \rho, v) = T_{\rho, v}[T_v^{-1}(u_1), T_v^{-1}(u_2)]$$
$$= \int_{-\infty}^{T_v^{-1}(u_1)} \int_{-\infty}^{T_v^{-1}(u_2)} \frac{1}{2\pi\sqrt{1-\rho^2}} \left(1 + \frac{x_1^2 + x_2^2 + 2\rho x_1 x_2}{v(1-\rho^2)}\right)^{\frac{v+2}{2}} dx_1 dx_2' \tag{5.17}$$

对应的密度函数为：

$$C(u_1, u_2; \rho, v) = |\rho|^{-\frac{1}{2}} \frac{\Gamma\left(\frac{v+2}{2}\right)\left[\Gamma\left(\frac{v}{2}\right)\right]\left[1 + \frac{\zeta_1^2 + \zeta_1^2 + 2\rho\zeta_1\zeta_2}{v(1-\rho)^2}\right]^{-\frac{v+2}{2}}}{\left[\Gamma\left(\frac{v+1}{2}\right)\right]^2 \prod_{i=1}^{2}\left(1 + \frac{\zeta_i^2}{v}\right)^{-\frac{v+2}{2}}}$$

(5.18)

学生 t-Copula 函数同样呈现对称的分布形态，因此其捕捉能力仅限于变量间的对称相关性。不过，与高斯 Copula 函数有所区别的是，学生 t-Copula 函数在尾部并未趋于独立，而是展现出更为厚重的尾部特征，这一特性使得它对尾部相依结构的变化更为敏锐，从而在描绘变量尾部相依结构时表现出更为突出的优势。

（二）阿基米德 Copula 函数族

二元阿基米德 Copula 函数由 Genest 和 Mackay（1986）提出。

1. Gumble Copula 函数

Gumbel Copula 在二维情形下，其分布函数为：

$$C(u, v; a) = exp\{-[(-\ln u)^a + (-\ln v)^a]^{\frac{1}{a}}\} \quad (5.19)$$

其中，$a \in [0, \infty]$ 为参数。

与椭圆族 Copula 函数相比，Gumbel Copula 函数展现出非对称的分布特性，其分布函数在上尾部较为突出，而下尾部则趋于独立。因此，在描述相依结构时，Gumbel Copula 函数表现出明显的差异性，能够较为精确地衡量变量在上尾部的相依结构变化。然而，其在下尾部的分布趋于独立，导致它无法有效地刻画变量在下尾部的相依结构变化。

2. Clayton Copula 函数

二元 Clayton Copula 的分布函数为：

$$C(u, v; \theta) = (u^{-\theta} + v^{-\theta} - 1)^{-\frac{1}{\theta}} \quad (5.20)$$

其中，$\theta \in [0, \infty]$，当 $\theta \to 0$，u, v 趋向于独立；$\theta \to \infty$ 时趋向于完全相关。

Clayton Copula 函数同样展现出非对称的分布特性，但与 Gumbel Copula 函数有所不同的是，在其分布结构中，上尾部表现较为显著，而下尾部则趋向于独立。这一特性使得 Clayton Copula 函数对下尾部相依结构的变化极为敏感，而对于上尾部相依结构的变化则相对不敏感。因此，它常被应用于测量金融市场间上尾部的相依关系。

3. Frank Copula 函数

二维情形下 Frank Copula 函数可以表示为：

$$C(u, v; \beta) = -\frac{1}{\beta}\ln\left(1+\frac{(e^{-\beta u}-1)(e^{-\beta v}-1)}{(e^{-\beta}-1)}\right), \beta \in (-\infty, 0) \cup (0, +\infty) \quad (5.21)$$

在常用的阿基米德族 Copula 函数中，Frank Copula 函数的分布结构独具特色，其分布函数具有对称性，因此仅限于描述对称的相依关系。不过，Frank Copula 函数的功能并不局限于描绘变量间的正向相关性，它同样能够展现变量间的负向相关性。

四、藤 Copula 函数

在双变量建模分析中，二元 Copula 函数扮演着关键角色。然而，在处理多变量问题时，尽管二元 Copula 函数可以拓展至多元 Copula 函数，但后者受到诸多约束条件的限制，存在显著的局限性。在实际研究中，高维资产收益间的相依结构错综复杂且多变，若采用传统的多元正态 Copula 或多元 t-Copula 函数进行拟合，往往难以取得令人满意的研究成果。为了应对"维度灾难"这一挑战，20世纪90年代中期，有学者借助图论的思想，通过 Pair-Copula 函数对多维资产收益的联合分布进行了分解，进而构建了藤 Copula（Vine Copula）模型。接下来，本书将首先阐述 Pair Copula 函数的基本概念，随后详细解析 Vine Copula 的定义以及 R-Vine Copula 模型的具体内容。

（一）Pair Copula 函数

Pair Copula 函数为解决构建多元 Copula 模型时遭遇的难题提供了一种有效途径。该方法依据降维思想，将复杂的多元 Copula 函数分解为若干个二元 Pair Copula 函数来进行深入探究。

定理 2.2（条件 Sklar 定理）：$F_{X|W}$、$F_{Y|W}$ 表示在已知 $W=w$ 时随机变量 X 和 Y 的条件分布函数，$F_{XY|W}$ 表示在已知 $w \in W$ 时，随机变量 X 和 Y 的联合分布函数，若在 $w \in W$ 的条件下，对于所有的 x, y 的条件分布函数 $F_{X|W}$、$F_{Y|W}$ 连续，则存在唯一的条件 Copula 函数，表示为：

$$F_{XY|W}(x, y|w) = C(F_{X|W}(x|w), F_{Y|W}(y|w)) \quad (5.22)$$

根据概率论相关知识，多元分布函数可用边缘分布函数和条件密度函数进行表示，根据条件 Sklar 定理，多元分布函数还可以由条件 Copula 函数进行表示。设 N 维随机变量 $X = C(X_1, X_2, \cdots, X_N)$，则它的联合概率密度函数为：

$$f(x_1, x_2, \cdots, x_N) = f_N(x_N) \cdot f_{N-1|N}(x_{N-1}|x_N) \cdots f_{1|2,\cdots,N}(x_1|x_2, \cdots, x_N) \tag{5.23}$$

Pair Copula 函数的研究思路是将上式中的条件概率密度函数分解为二元 Copula 函数。从而可以推导得到 N 维情况：

$$f(x_1, x_2, \cdots, x_N) = f(x_N) \cdot f(x_{N-1}|x_N) \cdot f(x_{N-2}|x_N, x_{N-1}) \cdots f(x_1, |x_2, \cdots, x_N) \tag{5.24}$$

上述公式的右边每个函数第一因子可以用 Pair Copula 函数进行表示：

$$f(x|v) = C_{x, v_j|v_{-j}}[F(x|v_{-j}), F(v_j|v_{-j})] \cdot f(x|v_{-j}) \tag{5.25}$$

其中，$v = 1, 2, \cdots, N-1$，v_j 为 v 的一个分量，v_{-j} 为 v 去掉 v_j 后的 $N-1$ 维向量。

$C_{x, v_j|v_{-j}}$ 为一个双变量的 Copula 密度函数，$F(\cdot)$ 是边际条件分布函数：

$$F(x|v_{-j}) = \frac{\partial C_{x, v_j|v_{-j}}[F(x|v_{-j}), F(v_j|v_{-j})]}{\partial F(v_j|v_{-j})} \tag{5.26}$$

当满足以下条件时，v 为 n 维随机变量上的藤（Vine）：

(1) $v = (T_1, T_2, \cdots, T_m)$，其中 T_1 为藤上的一棵树。

(2) $N_1 = \{1, 2, \cdots, n\}$ 为树 T_1 上的节点，节点之间的连线为边，用 E_1 表示树 T_1 上所有边组成的集合。

(3) T_i 为藤上去除 T_1 的第 i 棵树，则 E_i 表示 T_i 上所有边组成的集合，N_i 为树 T_i 上的节点，并且 $N_i \subset N_1 \cup E_1 \cup E_2 \cdots \cup E_{i-1}$。

借助 Vine 结构，我们可以将复杂的多元 Copula 函数分解为多个二元 Copula 函数来进行细致分析。为了适应多样化的实际应用场景，发展出多种 Vine 结构。其中，R-Vine、C-Vine 以及 D-Vine 是三种较为常见的结构形式，值得注意的是，C-Vine 和 D-Vine 均可视为 R-Vine 的特例。在 Vine 结构图中，各个节点代表变量或条件变量，而边则代表用于描述两个相连节点间相依关系的二元 Copula 函数。针对特定的应用场景，我们可以选择恰当的 Copula 函数进行描述，从而有效解决了多元 Copula 函数难以估计且模型单一化的难题。

（二）R-Vine-Copula 结构

多元 Copula 函数的分解最初由 Jorion 提出，藤结构能够清晰地揭示不同对象间的相依关系。在每一层的树形结构中，均存在一个二元 Pair-Copula 函数将两个对象相互连接。R-Vine 结构不仅具备高度的灵活性，而且是藤结构家族中最为复杂的一种形式。接下来，我们将对 R 藤的定义进行系统的阐述。设为一个变量的 R 藤的层级数，代表 R 藤的具体结构，那么，一个符合要求的 R 藤需

要满足以下特定条件:

(1) $V = (T_1, T_2, \cdots, T_{n-1})$,R 藤结构的树为 T_i,E_i 和 N_i 代表其边集和节点集,$i = 1, 2, \cdots, n-1$。

(2) 第 $(i-1)$ 棵树的边集是第 i 棵树的节点集,记为 $N_i = E_{i-1}(i = 1, 2, \cdots, n-1)$。

(3) 若在一层树结构中存在多棵树,那么必存在一个共同的边将树 T_i 和树 T_{i+1} 相连接,两棵树之间存在共同的节点。

一个 n 维变量的 R 藤结构的连接方式共有 $C_n^2 \times (n-2) \times 2^{(n-2)/2}$ 种,根据 Kendall-τ 相关系数来选择 R 藤结构的根节点。若 $f(x_1, x_2, \cdots, x_n)$ 是联合密度函数,则 R-Vine-Copula 联合概率密度函数的表达式如下:

$$f(u_1, u_2, \cdots, u_n) = \prod_{k=1}^{n} f(u_k) \left\{ \prod_{i}^{n-1} \prod_{e \in E_i} c_{j(e), k(e) \mid D_{(e)}} [F(x_{j(e)} \mid x_{D(e)})] \right\}$$

(5.27)

其中,条件集为 $D(e)$,$k(e) \mid D(e)$ 属于边集 E_i 中的某条边,Copula 函数对应的密度函数则为 $c_{j(e), k(e) \mid D_{(e)}}$,$j(e)$ 和 $k(e)$ 为与边 e 相连的两个条件节点。

(三) C-Vine-Copula 结构

C-Vine 其实是具有特殊结构的 R-Vine,C-Vine 结构像是一系列的星形树,其结构相对 R-Vine 略微简单。令 $T_1, T_2, \cdots, T_{n-1}$ 是一个 n 变量的 C-Vine 的 $n-1$ 棵树,V 代表 C-Vine 结构,对应的 C-Vine 需要满足以下条件:

(1) $V = T_1, T_2, \cdots, T_{n-1}$,C-Vine 结构的树为 T_i,E_i 和 N_i 代表其边集和节点集,$i = 1, \cdots, n-1$。

(2) $N_1 = \{1, 2, \cdots, N\}$ 的节点为 T_1,E_1 代表边集,依此类推。

(3) 第 $(i-1)$ 棵树的边集是第 i 棵树的节点集,记为 $N_i = E_{i-1}(i = 2, \cdots, n-1)$。

(4) 每一棵树的根节点只会与树中剩余的 $(n-i)$ 个节点相互连接。

C-Vine 每一棵树的根节点可以跟多条边连接,除中心节点以外的节点只连接一条边,可根据 Kendall-τ 相关系数来选择 C-Vine 结构的根节点。若 $f(x_1, x_2, \cdots, x_n)$ 是联合密度函数,则 C-Vine-Copula 联合概率密度函数的表达式如下:

$$f(u_1, u_2, \cdots, u_n) = \prod_{k=1}^{n} f(u_k) \prod_{j=1}^{n-1} \prod_{i=1}^{n-j} c_{i, i+j \mid 1:(i-1)}$$
$$[F(u_i \mid u_1, \cdots, u_{i+j-1}), F(u_{i+j} \mid u_1, \cdots, u_{i+j-1}) \mid \theta_{i, i+j \mid 1:(i-1)}]$$

(5.28)

其中，边缘密度函数是 $f(u_k)$，$k = 1, \cdots, n$，n 代表变量数，i 代表每棵树的节点，j 代表每层树，$[1 : (i - 1)]$ 表示为 $1, \cdots, (i - 1)$，参数为 $\theta_{i, i+j | 1 : (i-1)}$ 的 Copula 密度函数为 $c_{i, i+j | 1 : (i-1)}$。

（四）D-Vine-Copula 结构

D-Vine 也是具有特殊结构的 R-Vine，D-Vine 结构像是线型结构，是三类 Vine-Copula 结构中最为简单的一种。令 $T_1, T_2, \cdots, T_{n-1}$ 是一个 n 变量的 D-Vine 的 $n-1$ 棵树，V 代表 D-Vine 结构，对应的 D-Vine 需要满足以下条件：

(1) $V = (T_1, T_2, \cdots, T_{n-1})$，D-Vine 结构的树为 T_i，E_i 和 N_i 代表其边集和节点集，$i = 1, \cdots, n - 1$。

(2) $N_1 = \{1, 2, \cdots, N\}$ 的节点为 T_1，E_1 代表边集，依此类推。

(3) N_i 属于 E_i 上的节点，且满足 $N_i \subset N_1 \cup E_1 \cup E_2 \cup \cdots \cup E_{i-1}$。$T_i (i = 2, \cdots, n - 1)$ 代表除了 T_1 以外的第 i 棵树。

根据上述 D-Vine 的定义可得，D-Vine 每一棵树的根节点最多与两条边连接，并且 D-Vine 第一棵树的连接方式能够确定整个 D-Vine 结构。对于如何选择根节点有一个判别准则：变量之间的联动性可以通过 Kendall-τ 相关系数来进行判断变量，并且根节点变量与其他变量之间的联动性是最强的。若 $f(x_1, x_2, \cdots, x_n)$ 是联合密度函数，则 D-Vine-Copula 联合概率密度函数的表达式如下：

$$f(u_1, u_2, \cdots, u_n) = \prod_{k=1}^{n} f(u_k) \prod_{j=1}^{n-1} \prod_{i=1}^{n-j} c_{i, i+j | i+1, \cdots, i+j+1} \\ [F(u_i | u_{i+1}, \cdots, u_{i+j+1}), F(u_{i+j} | u_{i+1}, \cdots, u_{i+j+1})]$$

(5.29)

其中，$f(u_k)$，$k = 1, \cdots, n$ 代表边缘密度函数，i 代表每棵树的节点，j 代表每层树。

第三节　实证分析

一、数据选取与预处理

（一）指标选取

本章选取了第四章中计算得出的外部冲击指标共七个：总外部冲击指标（TES）、国内外经济与政策指标（EPI）、国际金融市场指标（IFM）、国内外金融政策指标（FP）、地缘政治指标（GP）、环境与气候指标（EC）、科技与创新指标（STI）中国金融市场指标共三个：外汇市场指标（FX）、债券市场指标（BOND）、股票市场指标（STOCK），风险传染渠道指标共三个：资本流动渠道指标（CFC）、情绪传染渠道指标（ECC）、信息传播渠道指标（IDC）。

为了方便后续计算，外汇市场指标选用人民币实际有效汇率指数。上述数据样本为2011年1月至2023年12月的月度数据。对每个指标计算对数收益率，记第 i 个指数的月度值为 $P_{i,t}$，则相应的样本对数收益率定义为 $r_{i,t} = 100 \times \log(P_{i,t}/P_{i,t-1})$。

（二）描述性统计

为了分析各个数据的基本特征，我们给出了数据描述性统计量，如表5-1所示。

表5-1 描述性统计量

变量	样本量	均值	偏度	峰度	标准差	KS p-值
TES	155	0.0010	-0.2662	2.7884	0.0077	<0.01
EPI	155	0.0008	0.0874	6.6146	0.0218	<0.01
IFM	155	0.0005	0.2080	3.4152	0.0325	<0.01
FP	155	0.0018	0.1792	0.9644	0.0472	<0.01
GP	155	0.0008	0.2595	1.8091	0.0403	<0.01
EC	155	0.0003	0.4831	4.8595	0.0014	<0.01
STI	155	0.0025	0.3154	-0.3947	0.0026	<0.01
FX	155	0.0010	-0.2896	0.0945	0.0120	<0.01
BOND	155	0.0019	-0.1612	1.8611	0.0489	<0.01
STOCK	155	0.0005	0.4288	1.0163	0.0312	<0.01
CFC	155	0.0024	0.0958	6.6661	2.7801	<0.01
ECC	155	0.0006	-0.2520	2.3990	0.0384	<0.01
IDC	155	-0.0004	0.8644	5.9264	0.0419	<0.01

从表5-1可以观察到，KS正态检验的p值都低于0.01，这表明五个对数收益率都不符合正态分布。因此，在处理实际数据时，我们将采用GARCH模型进行拟合。同时，注意到所有对数收益率数据都具有较高的峰度，表现出尖峰厚尾的特征。因此，在建立GARCH模型时，误差项将选择能够描述厚尾特征的t分布。

（三）边缘分布建模

根据上述描述性统计分析，并考虑到AIC准则，我们首先使用AR（1）-GARCH（1,1）-t模型来拟合各个指标，然后对边缘分布进行估计。

AR(1)-GARCH(1,1)-t模型的解析式如下所示：

$$r_{i,t} = \mu + ar_{i,t-1} + e_{i,t}$$
$$e_{i,t} = \sigma_{i,t}\varepsilon_{i,t}, \varepsilon_{i,t} \sim t(\nu)$$
$$\sigma_{i,t}^2 = \omega + \alpha\varepsilon_{i,t}^2 + \beta\sigma_{i,t-1}^2$$

模型参数的估计可以通过极大似然估计方法进行，具体的估计结果如表5-2所示。

表5-2 收益率边缘分布拟合结果

变量	μ	a	ω	α	β	ν
TES	0.1024* (0.0485)	-0.2683*** (0.0725)	0.3371 (0.2114)	0.1162 (0.1131)	0.3113 (0.3495)	3.8641** (1.3189)
EPI	0.0925 (0.0898)	-0.2458** (0.0774)	3.3407 (3.6842)	1.0000 (1.1154)	0.1093 (0.1426)	2.3659*** (0.5027)
IFM	0.1277*** (0.0331)	0.8312*** (0.0440)	2.859e-04* (1.137e-04)	0.4754* (0.2157)	1.000e-08 (0.2058)	7.2910 (5.248)
FP	0.32137 (0.3191)	-0.2570** (0.0807)	1.2583 (1.7438)	0.0954 (0.0660)	0.8520*** (0.1107)	5.2098* (2.5598)
GP	-0.1298 (0.2849)	-0.34771*** (0.0812)	11.97 (8.200)	0.25751 (0.1908)	1.000e-08 (0.5609)	4.661* (1.820)
EC	-2.064e-09 (6.672)	-0.0920 —	2.052e-08 2.102e-06)	0.39461*** (7.358)	9.986e-06 (3.617e-04)	2.0010*** (3.792e-04)
STI	0.3757*** (0.0265)	-0.5156*** (0.0863)	6.904e-08 (7.907e-04)	0.01139 (0.0129)	0.9841*** (0.0193)	10 (6.599)
FX	2.0552 (1.1117)	0.9795*** (0.0117)	0.1913** (0.0619)	0.0386 (0.0561)	0.8162*** (0.0640)	10.0000* (5.0667)
BOND	0.2993 (0.2249)	-0.2833*** (0.0779)	5.4553 (3.8058)	0.5927 (0.3917)	0.4402* (0.1829)	3.0157** (0.9610)
STOCK	-0.0115 (0.1915)	-0.2386** (0.0770)	1.2012 (0.8744)	0.2427 (0.1288)	0.6550*** (0.1475)	6.1359* (2.9373)
CFC	-0.4790 (1.5235)	-0.5122*** (0.0663)	338.4067* (157.8889)	1.0000* (0.4268)	0.4287*** (0.0959)	2.4089*** (0.1944)
ECC	-0.0047 (0.2392)	-0.2764*** (0.0764)	3.6158 (3.9761)	0.1015 (0.1027)	0.6273 (0.3564)	4.9855** (1.8723)
IDC	0.0559 (0.2294)	-0.2062** (0.0699)	8.0550*** (2.3720)	0.7070* (0.3304)	1.000e-08 —	3.904** (1.2830)

注：1. 表中括号内的值为参数估计标准差。2. *** 为0.1%显著性水平，** 为1%显著性水平，* 为5%显著性水平。

（四）Ljung-Box 检验

为了衡量模型的拟合优度，我们对拟合所得的残差序列执行了两项关键的检验。首先进行的是独立性检验，利用 Ljung-Box 检验在5%的显著性水平下进行判断，结果显示大部分时间序列不存在自相关性，从而可以推断出变换后的残差序列具备独立性。接着进行的是分布假设检验，旨在验证变换后的序列是否符合 [0, 1] 区间上的均匀分布。通过 KS 检验的验证，结果显示在5%的显著性水平下，该假设检验得以成立。综合以上分析，可以得出结论：AR（1）-GARCH（1, 1）-t 模型对这些收益率时间序列的拟合效果良好（见表5-3）。

表5-3　Ljung-Box 检验 Q（10）

变量	统计量	p 值
TES	25.022	0.0053
EPI	23.875	0.0079
IFM	27.182	0.0024
FP	33.374	0.0002
GP	19.164	0.0382
EC	29.497	0.0010
STI	19.614	0.0331
FX	24.390	0.0066
BOND	31.002	0.0006
STOCK	27.029	0.0026
CFC	84.748	5.85E-14
ECC	75.865	3.23E-12
IDC	31.946	0.0004

二、基于总外部冲击

本部分通过建立总外部冲击指标、外汇市场指标、债券市场指标和股票市场指标，分别通过资本流动渠道、情绪传染渠道、信息传播渠道的 R 藤结构，对它们的相依关系进行比较分析，意在验证总外部冲击对国内某金融市场的冲击将通过三种渠道传播至其他金融市场，引发跨市场金融风险传染。

（一）资本流动渠道

为了从相依结构的角度分析在外部冲击下通过资本流动渠道的风险传

染，本部分将对总外部冲击指标、外汇市场指标、债券市场指标、股票市场指标与资本流动渠道指标之间的相依结构进行建模。首先要选取一个合适的 R 藤结构，本书选取有 5 个节点的 R 藤 Copula 结构，其矩阵如表 5-4 所示，其中 1、2、3、4、5 分别代表 TES、FX、BOND、STOCK、CFC。

表 5-4 最优 R 藤结构

1	—	—	—	—
2	3	—	—	—
3	2	2	—	—
5	5	4	4	—
4	4	5	5	5

接下来需要确定连接每个节点的 Copula 函数。我们采用最小 AIC 准则，最终确定的 Copula 函数矩阵如表 5-5 所示，其中 1、3、4、5 分别代表 Gauss-copula、Clayton copula、Frank copula、Survival Gumbel copula。

表 5-5 Copula 函数选择矩阵

—	—	—	—	—
1	—	—	—	—
5	4	—	—	—
4	1	3	—	—
4	1	1	4	—

为了对全部数据段的相依结构有一个初步的了解，通过分步极大似然法估计得到的参数值作为初值，再进行整体极大似然估计。Kendall 秩相关系数的具体估计结果如表 5-6 所示。

表 5-6 Kendall 秩相关系数矩阵

0	0	0	0	0
-0.0318	0	0	0	0
0.0010	-0.0185	0	0	0
0.0739	0.0406	-0.0414	0	0
-0.0809	0.0817	-0.1029	0.1817	0

从表 5-6 中可以看出，第三层树和第四层树的 Kendall 秩相关系数已经非常小，说明影响已经被削弱了很多，因此我们通过总结表 5-6 倒数的两行，即前

两层树的条件与非条件相关系数，得到表5-7。

表5-7 条件与非条件相关系数

外部—股票	债券—股票	外汇—资本	股票—资本
-0.0809	0.0817	-0.1029	0.1817
外部—资|股	债—资|股	外汇—股|资	
0.0739	0.0406	-0.0414	

（1）第一棵树：第一棵树表现为非条件R藤Copula结构，具体来看：①1和4之间的Kendall秩相关系数为-0.0809，表明总外部冲击和股票市场反向变化的可能性为0.0809，两者之间具有一定的波动溢出强度，说明总外部冲击加剧会导致股票下跌。②3和4之间的Kendall秩相关系数为0.0817，债券市场和股票市场之间同向变动的可能性为0.0817，说明债券市场与股票市场同涨同跌。③2和5之间的Kendall秩相关系数为-0.1029，说明外汇市场和资本流动渠道反向变化的可能性为0.1029，人民币实际汇率升值会引起资本外流，这或许是因为人民币实际汇率升值导致出口贸易减少，进口贸易增加，从而引起经常账户盈余减少。④4和5之间的Kendall秩相关系数为0.1817，说明股票市场和资本流动渠道之间同向变化的可能性为0.1817，国际资本内流会引起股票上涨，资本外流会引起股票下跌。

（2）第二棵树：第二棵树表现为条件R藤Copula结构，具体表现为两个市场之间的间接传染结构。从结果来看：①选定第四个市场作为条件市场后，1与5之间的Kendall秩相关系数达到0.0739，这一结果揭示了股票市场作为连接总外部冲击与资本流动渠道的桥梁时，两者同向变化的概率为0.0739，意味着总外部冲击所带来的风险有可能通过股票市场正向传递至资本流动渠道。②在第四个市场作为条件市场的前提下，3与5之间的Kendall秩相关系数显示为0.0406，这反映了以股票市场为中介连接债券市场和资本流动渠道时，两者呈现同向变化的概率为0.0406，进而表明债券市场中的风险有可能经由股票市场正向传递至资本流动渠道。③当第五个市场被设定为条件市场时，2与4之间的Kendall秩相关系数变为-0.0414，这表明以资本流动渠道为桥梁连接外汇市场与股票市场时，外汇市场和股票市场反向变动的可能性为0.0414，并且外汇市场所带来的风险可能经过资本流动渠道反向传导至股票市场。

总的来看，总外部冲击加剧会导致股票市场和债券市场同时下跌，并通过股票市场将风险传导至资本流动渠道，导致资本外流，而资本流动渠道又会引起外汇市场的反向变化，从而引起人民币实际汇率升值。而人民币实际汇率升值也会引起资本外流，从而引起股票市场和债券市场的下跌。

相较于第一棵树，第二棵树所涉及的市场间波动溢出强度整体呈现下降趋势，这主要是市场价格波动等关键因素在经由其他相关联市场进行间接传递的过程中，会发生一定程度的损耗，进而导致波动传导效率的降低以及波动溢出强度的减弱。但由于在这个传导过程中两棵树的风险传染过程是互为加强的，因此，在外部冲击下，资本流动渠道会作为联系三个金融市场的桥梁，使得金融风险有集聚扩大的可能性。

（二）情绪传染渠道

为了从相依结构的角度分析在外部冲击下通过情绪传染渠道的风险传染，本部分将对外部冲击和情绪传染渠道指标与外汇市场指标、债券市场指标、股票市场指标之间的相依结构进行建模。首先要选取一个合适的 R 藤结构，根据前面模型简介中介绍的算法选取的 R 藤 Copula 结构矩阵如表 5-8 所示。其中，1、2、3、4、5 分别代表 TES、FX、BOND、STOCK、ECC。

表 5-8　最优 R 藤结构

2	—	—	—	—
5	1	—	—	—
1	5	3	—	—
3	3	5	4	—
4	4	4	5	5

接下来需要确定连接每个节点的 Copula 函数。我们采用最小 AIC 准则，最终确定的 Copula 函数矩阵如表 5-9 所示，其中 1、3、4、5 分别代表 Gauss-copula、Clayton copula、Frank copula、Survival Gumbel copula。

表 5-9　Copula 函数选择矩阵

—	—	—	—	—
1	—	—	—	—
1	1	—	—	—
4	1	5	—	—
3	4	1	4	—

为了对全部数据段的相依结构有一个初步的了解，通过分步极大似然法估计得到的参数值作为初值，再进行整体极大似然估计。Kendall 秩相关系数的具体估计结果如表 5-10 所示。

表 5-10 Kendall 秩相关系数矩阵

0	0	0	0	0
0.0269	0	0	0	0
−0.0398	0.0270	0	0	0
−0.0291	0.0195	0.0543	0	0
−0.0489	−0.0805	0.0817	−0.0730	0

从表 5-10 中可以看出，第三层和第四层树的 Kendall 秩相关系数已经非常小，说明影响已经被削弱了很多，因此我们通过总结表 5-10 倒数的两行，即前两层树的条件与非条件相关系数，得到表 5-11。

表 5-11 条件与非条件相关系数

外汇—股票	外部—股票	债券—股票	情绪—股票
−0.0489	−0.0805	0.0817	−0.0730
外汇—债券丨股票	外部—债券丨股票	债券—情绪丨股票	
−0.0291	0.0195	0.0543	

（1）第一棵树：第一棵树表现为非条件 R 藤 Copula 结构，具体来看：①1 和 4 之间的 Kendall 秩相关系数为−0.0805，表明总外部冲击和股票市场反向变化的可能性为 0.0805，两者之间具有一定的波动溢出强度，说明外部冲击加剧会导致股票下跌。②3 和 4 之间的 Kendall 秩相关系数为 0.0817，债券市场和股票市场之间同向变动的可能性为 0.0817，说明债券市场与股票市场同涨同跌。③2 和 4 之间的 Kendall 秩相关系数为−0.0489，说明外汇市场和股票市场反向变化的可能性为 0.0489，人民币实际汇率升值会引起股票下跌。④4 和 5 之间的 Kendall 秩相关系数为−0.0730，说明股票市场和情绪传染渠道之间反向变化的可能性为 0.0730，情绪传染减少会引起股票上涨，情绪传染增加会引起股票下跌。

（2）第二棵树：第二棵树表现为条件 R 藤 Copula 结构，具体表现为两个市场之间的间接传染结构。从结果来看：①在设定第四个市场为条件市场的情况下，1 与 3 之间的 Kendall 秩相关系数计算结果为 0.0195，这一数值揭示了以股票市场为桥梁连接总外部冲击与债券市场时，两者同向变动的概率为 0.0195，意味着总外部冲击所蕴含的风险有可能通过股票市场正向传递至债券市场。②同样地，在第四个市场作为条件市场的前提下，3 与 5 之间的 Kendall 秩相关系数达到 0.0543，这表明以股票市场为中介连接债券市场与情绪传染渠道时，两者同向变动的概率为 0.0543，进而暗示债券市场中的风险可能通过股票市场正向传递至情绪传染渠道。③此外，在第四个市场被设定为条件市场时，2 与 3 之间的 Kendall 秩相关系数呈现为-0.0291，这反映了以股票市场为桥梁连接外汇市场与债券市场时，两者之间存在反向变动的可能性，概率为 0.0291，同时表明外汇市场中的风险可能通过股票市场反向传递至债券市场。

总的来看，情绪传染渠道对跨市场风险传染的影响不明显。总外部冲击、外汇市场和债券市场可以通过股票市场间接影响其他市场，这表明股票市场在金融体系中的传导作用，外部冲击和汇率变动可以通过股市影响债券市场和情绪传染渠道，体现了金融风险的跨市场传染效应。

(三) 信息传播渠道

为了从相依结构的角度分析在外部冲击下通过信息传播渠道的风险传染，本部分将对外部冲击和信息传播渠道指标与外汇市场指标、债券市场指标、股票市场指标之间的相依结构进行建模。首先要选取一个合适的 R 藤结构，根据前面模型简介中介绍的算法选取的 R 藤 Copula 结构矩阵如表 5-12 所示。其中，1、2、3、4、5 分别代表 TES、FX、BOND、STOCK、IDC。

表 5-12 最优 R 藤结构

1	—	—	—	—
3	2	—	—	—
5	3	3	—	—
4	5	4	4	—
2	4	5	5	5

接下来需要确定连接每个节点的 Copula 函数。我们采用最小 AIC 准则，最终确定的 Copula 函数矩阵如表 5-13 所示，其中 1、3、4、6 分别代表 Gauss-copula、Clayton copula、Frank copula、Survival Joe copula。

表 5-13 Copula 函数选择矩阵

—	—	—	—	—
1	—	—	—	—
1	4	—	—	—
4	1	3	—	—
1	6	1	1	—

为了对全部数据段的相依结构有一个初步的了解，通过分步极大似然法估计得到的参数值作为初值，再进行整体极大似然估计。Kendall 秩相关系数的具

体估计结果如表 5-14 所示。

表 5-14 Kendall 秩相关系数矩阵

0	0	0	0	0
0.0257	0	0	0	0
-0.0137	-0.0208	0	0	0
-0.0454	-0.0350	0.0158	0	0
-0.0528	-0.0594	0.1247	0.0824	0

从表 5-14 中可以看出，第三层和第四层树的 Kendall 秩相关系数已经非常小，说明影响已经被削弱了很多，因此我们通过总结表 5-14 倒数的两行，即前两层树的条件与非条件相关系数，得到表 5-15。

表 5-15 条件与非条件相关系数

外部—外汇	外汇—股票	债券—信息	信息—股票
-0.0528	-0.0594	0.1247	0.0824
外部—股票|外汇	外汇—信息|股票	债券—股票|信息	
-0.0454	-0.0350	0.0158	

（1）第一棵树：第一棵树表现为非条件 R 藤 Copula 结构，具体来看：①1 和 2 之间的 Kendall 秩相关系数为-0.0528，表明总外部冲击和外汇市场反向变化的可能性为 0.0528，两者之间具有一定的波动溢出强度，说明外部冲击加剧会导致人民币实际汇率贬值。②3 和 5 之间的 Kendall 秩相关系数为 0.1247，债券市场和信息传播渠道之间同向变动的可能性为 0.1247，说明信息传播加快会引起债券上涨。③2 和 4 之间的 Kendall 秩相关系数为-0.0594，说明外汇市场和股票市场反向变化的可能性为 0.0594，人民币实际汇率升值会引起股票下跌。④4 和 5 之间的 Kendall 秩相关系数为 0.0824，说明股票市场和信息传播渠道之间同向变化的可能性为 0.0824，信息传播加快会引起股票上涨。

（2）第二棵树：第二棵树表现为条件 R 藤 Copula 结构，具体表现为两个市场之间的间接传染结构。从结果来看：①在选定第四个市场作为条件市场的情况下，2 与 5 之间的 Kendall 秩相关系数被测定为-0.0350，这显示了以股票市场为中介连接外汇市场与信息传播渠道时，两者存在反向变动的可能性，概率为 0.0350，同时意味着外汇市场的风险有可能通过股票市场反向传递至信息传播渠道。②当第五个市场被设定为条件市场时，3 与 4 之间的 Kendall 秩相关系数计算结果为 0.0158，这一结果揭示了以信息传播渠道为桥梁连接债券市场与股票市场时，两者同向变动的概率为 0.0158，进而表明债券市场中的风险可能通过信息传播渠道正向传递至股票市场。③在第二个市场被确定为条件市场的前提下，1 与 4 之间的 Kendall 秩相关系数显示为 -0.0454，以外汇市场为条件市场连接总外部冲击和股票市场，总外部冲击和股票市场反向变动的可能性为 0.0454，并且总外部冲击所带来的风险可能经过外汇市场反向传导至股票市场。

总的来看，信息传播渠道在跨市场风险传染中起到了较大作用，信息传播加快可能同时推高债券市场和股票市场。而外部冲击和汇率变动可以间接影响其他市场，体现了金融风险的跨市场传染效应。

三、基于国内外经济与政策冲击

本部分通过建立国内外经济与政策指标、外汇市场指标、债券市场指标和股票市场指标，分别通过资本流动渠道、情绪传染渠道、信息传播渠道的 R 藤结构，对它们的相依关系进行比较分析，意在验证国内外经济与政策对国内某金融市场的冲击将通过三种渠道传递至其他金融市场，引发跨市场金融风险传染。

（一）资本流动渠道

为了从相依结构的角度分析在国内外经济与政策冲击下通过资本流动渠道的风险传染，本部分将国内外经济与政策指标和资本流动渠道指标与外汇市场指标、债券市场指标、股票市场指标之间的相依结构进行建模。首先要选取一个合适的 R 藤结构，根据前面模型简介中介绍的算法选取的 R 藤 Copula 结构矩阵如表 5-16 所示。其中，1、2、3、4、5 分别代表 EPI、FX、BOND、STOCK、CFC。

表 5-16　最优 R 藤结构

1	—	—	—	—
2	3	—	—	—
3	2	2	—	—
4	5	4	4	—
5	4	5	5	5

接下来需要确定连接每个节点的 Copula 函数。我们采用最小 AIC 准则，最终确定的 Copula 函数矩阵如表 5-17 所示，其中 1、3、4 分别代表 Gauss-copula、Clayton copula、Frank copula。

第五章 基于藤 Copula 模型的金融市场风险传染分析

表 5-17 Copula 函数选择矩阵

—	—	—	—	—
1	—	—	—	—
4	4	—	—	—
4	1	3	—	—
4	1	1	4	—

为了对全部数据段的相依结构有一个初步的了解，通过分步极大似然法估计得到的参数值作为初值，再进行整体极大似然估计。Kendall 秩相关系数的具体估计结果如表 5-18 所示。

表 5-18 Kendall 秩相关系数矩阵

0	0	0	0	0
-0.0277	0	0	0	0
-0.1069	-0.0184	0	0	0
0.0223	0.0474	-0.0421	0	0
0.3490	0.0783	-0.1011	0.1797	0

从表 5-18 中可以看出，第三层和第四层树的 Kendall 秩相关系数已经非常小，说明影响已经被削弱了很多，因此我们通过总结表 5-18 倒数的两行，即前两层树的条件与非条件相关系数，得到表 5-19。

表 5-19 条件与非条件相关系数

经济政策—资本	债券—股票	外汇—资本	资本—股票
0.3490	0.0783	-0.1012	0.1797
经济政策—股票|资本	债券—资本|股票	外汇—股票|资本	
0.0223	0.0474	-0.0421	

（1）第一棵树：第一棵树表现为非条件 R 藤 Copula 结构，具体来看：①1 和 5 之间的 Kendall 秩相关系数为 0.3490，表明国内外经济与政策冲击和资本流动渠道同向变化的可能性为 0.3490，说明国内外经济与政策冲击加剧会引起资本流动加剧。②3 和 4 之间的 Kendall 秩相关系数为 0.0783，债券市场和股票市场之间同向变动的可能性为 0.0783，说明债券市场与股票市场同涨同跌。③2 和 5 之间的 Kendall 秩相关系数为-0.1012，说明外汇市场和资本流动渠道反向变化的可能性为 0.1012，人民币实际汇率升值会引起资本外流。④4 和 5 之间

的 Kendall 秩相关系数为 0.1797，说明股票市场和资本流动渠道之间同向变化的可能性为 0.1797，国际资本内流会引起股票上涨，资本外流会引起股票下跌。

（2）第二棵树：第二棵树表现为条件 R 藤 Copula 结构，具体表现为两个市场之间的间接传染结构。从结果来看：①在将第五个市场设定为条件市场的情况下，1 与 4 之间的 Kendall 秩相关系数测定为 0.0223，这一结果表明，以资本流动渠道为桥梁连接国内外经济与政策冲击和股票市场时，两者同向变动的概率为 0.0223，进而意味着国内外经济与政策冲击所蕴含的风险有可能通过资本流动渠道正向传递至股票市场。②当第四个市场被选为条件市场时，3 与 5 之间的 Kendall 秩相关系数计算得出为 0.0474，该结果揭示了以股票市场为中介连接债券市场和资本流动渠道时，两者同向变动的概率为 0.0474，同时表明债券市场中的风险可能通过股票市场正向传递至资本流动渠道。③在第五个市场作为条件市场的前提下，2 与 4 之间的 Kendall 秩相关系数显示为 -0.0421，这一数值反映了以资本流动渠道为桥梁连接外汇市场与股票市场时，两者存在反向变动的可能性，概率为 0.0421，同时暗示外汇市场中的风险可能通过资本流动渠道反向传递至股票市场。

总的来看，国内外经济与政策冲击与资本流动渠道、债券市场与股票市场呈同向变动，而外汇市场与资本流动渠道、股票市场与资本流动渠道呈反向变动，显示了市场间的联动性和风险传递。表明国内外经济与政策冲击的加剧可能引起资本流动的加剧，债券市场和股票市场的同向变动反映了市场情绪的共鸣，人民币实际汇率升值可能导致资本外流，而国际资本的流入与流出对股市有显著影响。由此可以看出，资本流动渠道和股票市场在金融体系中的重要传导作用，国内外经济与政策冲击、债券市场和汇率变动可以通过这些市场间接影响其他市场，体现了金融风险的跨市场传染效应。

（二）情绪传染渠道

为了从相依结构的角度分析在国内外经济与政策冲击下通过情绪传染渠道的风险传染，本部分将对国内外经济与政策指标和情绪传染渠道指标与外汇市场指标、债券市场指标、股票市场指标之间的相依结构进行建模。首先要选取一个合适的 R 藤结构，根据前面模型简介中介绍的算法选取的 R 藤 Copula 结构矩阵如表 5-20 所示。其中，1、2、3、4、5 分别代表 EPI、FX、BOND、STOCK、ECC。

表 5-20　最优 R 藤结构

1	—	—	—	—
5	2	—	—	—
3	5	3	—	—
2	3	5	4	—
4	4	4	5	5

接下来需要确定连接每个节点的 Copula 函数。我们采用最小 AIC 准则，最终确定的 Copula 函数矩阵如表 5-21 所示，其中 1、3、4、5 分别代表 Gauss-copula、Clayton copula、Frank copula、Survival Gumbel copula。

表 5-21　Copula 函数选择矩阵

—	—	—	—	—
3	—	—	—	—
1	1	—	—	—
1	4	5	—	—
4	3	1	4	—

为了对全部数据段的相依结构有一个初步的了解，通过分步极大似然法估计得到的参数值作为初值，再进行整体极大似然估计。Kendall 秩相关系数的具体估计结果如表 5-22 所示。

表 5-22　Kendall 秩相关系数矩阵

0	0	0	0	0
0.0237	0	0	0	0
0.0134	0.0279	0	0	0
-0.0200	-0.0284	0.0542	0	0
-0.1160	-0.0493	0.0816	-0.0728	0

从表 5-22 中可以看出，第三层和第四层树的 Kendall 秩相关系数已经非常小，说明影响已经被削弱了很多，因此我们通过总结表 5-22 倒数的两行，即前两层树的条件与非条件相关系数，得到表 5-23。

表 5-23 条件与非条件相关系数

经济政策—股票	外汇—股票	债券—股票	情绪—股票
-0.1160	-0.0493	0.0816	-0.0728
经济政策—外汇｜股票	债券—外汇｜股票	债券—情绪｜股票	
-0.0200	-0.0284	0.0542	

（1）第一棵树：第一棵树表现为非条件 R 藤 Copula 结构，具体来看：①1 和 4 之间的 Kendall 秩相关系数为-0.1160，表明国内外经济与政策冲击和股票市场反向变化的可能性为 0.1160，两者之间具有一定的波动溢出强度，说明国内外经济与政策冲击加剧会导致股票下跌。②3 和 4 之间的 Kendall 秩相关系数为 0.0816，债券市场和股票市场之间同向变动的可能性为 0.0816，说明债券市场与股票市场同涨同跌。③2 和 4 之间的 Kendall 秩相关系数为-0.0493，说明外汇市场和股票市场反向变化的可能性为 0.0493，人民币实际汇率升值会引起股票下跌。④4 和 5 之间的 Kendall 秩相关系数为-0.0728，说明股票市场和情绪传染渠道之间反向变化的可能性为 0.0728，情绪传染减少会引起股票上涨，情绪传染增加会引起股票下跌。

（2）第二棵树：第二棵树表现为条件 R 藤 Copula 结构，具体表现为两个市场之间的间接传染结构。从结果来看：①在选定第四个市场作为条件市场的情境下，1 与 2 之间的 Kendall 秩相关系数测定为-0.0200，这一结果揭示了当股票市场作为连接国内外经济与政策冲击和外汇市场的桥梁时，两者存在反向变动的可能性，具体概率为 0.0200，同时表明国内外经济与政策冲击所带来的风险有可能通过股票市场进一步影响外汇市场，呈现正向的传导效应。②同样地，在第四个市场被确立为条件市场后，3 与 5 之间的 Kendall 秩相关系数计算结果为 0.0542，该数值清晰地表明了以股票市场为中介连接债券市场和情绪传染渠道时，两者呈现同向变动的趋势，概率为 0.0542，这进一步暗示了债券市场中的风险可能通过股票市场正向传递至情绪传染渠道。③此外，在第四个市场作为条件市场的背景下，2 与 3 之间的 Kendall 秩相关系数显示为-0.0284，这一数据反映了以股票市场为桥梁连接外汇市场与债券市场时，两者间存在反向变动的可能性，具体概率为 0.0284，同时表明外汇市场中的风险可能借助股票市场反向传递至债券市场，从而引发相应的风险传导效应。

总的来看，国内外经济与政策冲击可以通过股票市场影响外汇市场、债券市场和情绪传染渠道，这表明股市在金融体系中的枢纽作用，风险的传递和放大可能通过股市实现，对市场稳定和投资者情绪产生重要影响。国内外经济与政策冲击和情绪传染与股票市场呈反向关系，而债券市场与股票市场则同向变动，反映了市场间的波动溢出效应，表明了国内外经济和政策的不确定性、汇率变动以及市场情绪均对股市产生影响，体现了市场间的风险联动。

（三）信息传播渠道

为了从相依结构的角度分析在国内外经济与政策冲击下通过信息传播渠道的风险传染，本部分将对国内外经济与政策指标和信息传播渠道指标与外汇市场指标、债券市场指标、股票市场指标之间的相依结构进行建模。首先要选取一个合适的 R 藤结构，根据前面模型简介中介绍的算法选取的 R 藤 Copula 结构矩阵如表 5-24 所示。其中，1、2、3、4、5 分别代表 EPI、FX、BOND、STOCK、IDC。

表 5-24 最优 R 藤结构

1	0	0	0	0
3	2	0	0	0
5	3	3	0	0
2	5	4	4	0
4	4	5	5	5

接下来需要确定连接每个节点的 Copula 函数。我们采用最小 AIC 准则，最终确定的 Copula 函数矩阵如表 5-25 所示，其中 1、3、4、6 分别代表 Gauss-copula、Clayton copula、Frank copula、Survival Joe copula。

表 5-25 Copula 函数选择矩阵

—	—	—	—	—
3	—	—	—	—
1	4	—	—	—
1	1	3	—	—
4	6	1	1	—

为了对全部数据段的相依结构有一个初步的了解，通过分步极大似然法估计得到的参数值作为初值，再进行整体极大似然估计。Kendall 秩相关系数的具体估计结果如表 5-26 所示。

表 5-26　Kendall 秩相关系数矩阵

0	0	0	0	0
0.0118	0	0	0	0
-0.0540	-0.0200	0	0	0
-0.0435	-0.0361	0.0157	0	0
-0.0841	-0.0593	0.1234	0.0797	0

从表 5-26 中可以看出，第三层和第四层树的 Kendall 秩相关系数已经非常小，说明影响已经被削弱了很多，因此我们通过总结表 5-26 倒数的两行，即前两层树的条件与非条件相关系数，得到表 5-27。

表 5-27　条件与非条件相关系数

经济政策—股票	外汇—股票	债券—信息	信息—股票
-0.0841	-0.0593	0.1234	0.0797
经济政策—外汇|股票	信息—外汇|股票	债券—股票|信息	
-0.0435	-0.0361	0.0157	

（1）第一棵树：第一棵树表现为非条件 R 藤 Copula 结构，具体来看：①1 和 4 之间的 Kendall 秩相关系数为-0.0841，表明国内外经济与政策冲击和股票市场反向变化的可能性为 0.0841，两者之间具有一定的波动溢出强度，说明国内外经济与政策冲击加剧会导致股票下跌。②2 和 4 之间的 Kendall 秩相关系数为-0.0593，外汇市场和股票市场之间反向变动的可能性为 0.0593，说明人民币实际汇率升值会引起股票下跌。③3 和 5 之间的 Kendall 秩相关系数为 0.1234，说明债券市场和信息传播渠道同向变化的可能性为 0.1234，信息传播加剧会引起债券上涨。④4 和 5 之间的 Kendall 秩相关系数为 0.0797，说明股票市场和信息传播渠道之间同向变化的可能性为 0.0797，信息传播加剧会引起股票上涨。

（2）第二棵树：第二棵树表现为条件 R 藤 Copula 结构，具体表现为两个市场之间的间接传染结构。从结果来看：①在选定第四个市场作为条件市场的基础上，2 与 5 之间的 Kendall 秩相关系数被测定为-0.0361，这一数据揭示了以股票市场为桥梁连接外汇市场与信息传播渠道时，两者存在反向变动的趋势，具体概率为 0.0361，同时表明外汇市场中的风险可能通过股票市场反向传递至信息传播渠道。②当第五个市场被确立为条件市场时，3 与 4 之间的 Kendall 秩相关系数计算结果为 0.0157，该结果清晰地表明，以信息传播渠道为中介连接债券市场与股票市场时，两者同向变动的概率为 0.0157，这进一步暗示了债券市场中的风险可能借助信息传播渠道正向传递至股票市场。③此外，在第四个市场作为条件市场的情境下，1 与 2 之间的 Kendall 秩相关系数显示为-0.0435，这一数值反映了以股票市场为桥梁连接总外部冲击与外汇市场时，两者间存在反向变动的可能性，概率为 0.0435，同时表明总外部冲击中的风险可能通过股票市场反向传递至外汇市场。

总的来看，信息传播渠道在跨市场风险传染中起到了重要作用，且股票市场在金融体系中依旧扮演着风险传递的关键角色，市场间的间接联系可能放大整体金融系统的风险敞口。外汇市场可以通过信息传播渠道影响债券市场，以及经济冲击可以通过股市间接影响外汇市场。国内外经济与政策冲击、外汇市场与股票市场呈反向变动，而债券市场和信息传播渠道则与股票市场同向变动，表明市场间的波动溢出和信息传播对资产价格有显著影响。市场间的联动性反映了风险的传递和投资者情绪的相互影响，如经济不确定性增加和信息传播加剧可能导致股市波动。

四、基于国际金融市场冲击

本部分通过建立国际金融市场指标、外汇市场指标、债券市场指标和股票市场指标，分别通过资本流动渠道、情绪传染渠道、信息传播渠道的 R 藤结构，对它们的相依关系进行比较分析，意在验证国际金融市场指标对国内某金融市场的冲击将通过三种渠道传递至其他金融市场，引发跨市场金融风险传染。

（一）资本流动渠道

为了从相依结构的角度分析在国际金融市场冲击下通过资本流动渠道的风险传染，本部分将对国际金融市场指标和资本流动渠道指标与外汇市场指标、债券市场指标、股票市场指标之间的相依结构进行建模。首先要选取一个合适的 R 藤结构，根据前面模型简介中介绍的算法选取的 R Copula 结构矩阵如表 5-28 所示。其中，1、2、3、4、5 分别代表 IFM、FX、BOND、STOCK、CFC。

表 5-28　最优 R 藤结构

1	—	—	—	—
2	3	—	—	—
3	2	2	—	—
4	5	4	4	—
5	4	5	5	5

接下来需要确定连接每个节点的 Copula 函数。我们采用最小 AIC 准则，最

终确定的 Copula 函数矩阵如表 5-29 所示，其中 1、3、4 分别代表 Gauss-copula、Clayton copula、Frank copula。

表 5-29 Copula 函数选择矩阵

—	—	—	—	—
1	—	—	—	—
4	4	—	—	—
4	1	3	—	—
4	1	1	4	—

为了对全部数据段的相依结构有一个初步的了解，通过分步极大似然法估计得到的参数值作为初值，再进行整体极大似然估计。Kendall 秩相关系数的具体估计结果如表 5-30 所示。

表 5-30 Kendall 秩相关系数矩阵

0	0	0	0	0
-0.0277	0	0	0	0
-0.1069	-0.0184	0	0	0
0.0223	0.0474	-0.0421	0	0
0.3490	0.0783	-0.1012	0.1797	0

从表 5-30 中可以看出，第三层和第四层树的 Kendall 秩相关系数已经非常小，说明影响已经被削弱了很多，因此我们通过总结表 5-30 倒数的两行，即前两层树的条件与非条件相关系数，得到表 5-31。

表 5-31 条件与非条件相关系数

金融市场—资本	债券—股票	外汇—资本	资本—股票
0.3490	0.0783	-0.1011	0.1797
金融市场—股票|资本	信息—债券|股票	外汇—股票|资本	
0.0223	0.0474	-0.0421	

（1）第一棵树：第一棵树表现为非条件 R 藤 Copula 结构，具体来看：①1 和 5 之间的 Kendall 秩相关系数为 0.3490，表明国际金融市场冲击和资本流动渠道同向变化的可能性为 0.3490，说明国际金融市场冲击加剧会引起资本流动加剧。②3 和 4 之间的 Kendall 秩相关系数为 0.0783，债券市场和股票市场之间同向变动的可能性为 0.0783，说明债券市场与股票市场同涨同跌。③2 和 5 之间

的 Kendall 秩相关系数为-0.1011,说明外汇市场和资本流动渠道反向变化的可能性为0.1011,人民币实际汇率升值会引起资本外流,这或许是因为人民币实际汇率升值导致出口贸易减少,进口贸易增加,从而引起经常账户盈余减少。④4 和 5 之间的 Kendall 秩相关系数为 0.1797,说明股票市场和资本流动渠道之间同向变化的可能性为 0.1797,国际资本内流会引起股票上涨,资本外流会引起股票下跌。

(2) 第二棵树:第二棵树表现为条件 R 藤 Copula 结构,具体表现为两个市场之间的间接传染结构。从结果来看:①在选定第四个市场作为条件市场的情况下,3 与 5 之间的 Kendall 秩相关系数被测定为 0.0474,这一结果揭示了以股票市场为桥梁连接总债券市场与资本流动渠道时,两者同向变动的概率为 0.0474,同时表明债券市场中的风险可能通过股票市场正向传递至资本流动渠道。②当第五个市场被确立为条件市场时,1 与 4 之间的 Kendall 秩相关系数计算得出为 0.0223,该系数清晰地表明了以资本流动渠道为中介连接国际金融市场冲击与股票市场时,两者同向变动的可能性为 0.0223,这进一步暗示了国际金融市场冲击中的风险可能借助资本流动渠道正向传递至股票市场。③此外,在第五个市场同样作为条件市场的情况下,2 与 4 之间的 Kendall 秩相关系数显示为-0.0421,这一数据反映了以资本流动渠道为桥梁连接外汇市场与股票市场时,两者存在反向变动的趋势,概率为 0.0421,同时表明外汇市场中的风险可能通过资本流动渠道反向传递至股票市场。

总的来看,资本流动渠道在跨市场风险传染中起到了重要作用,且股票市场也是重要风险传导的中介市场。国际金融市场冲击与资本流动渠道、股票市场与资本流动渠道呈同向变动,而外汇市场与资本流动渠道则呈反向变动,反映了市场间的联动性和风险传递。国际金融市场的不稳定性会影响资本流动,汇率变动会影响国际贸易和资本流向,而股票市场的表现则与资本流动紧密相关。债券市场和外汇市场可以通过股票市场间接影响资本流动。可以看出,金融市场间的风险传染是多渠道、多层次的,一个市场的波动可能通过其他市场传递,从而影响整个金融体系的稳定性。

(二) 情绪传染渠道

为了从相依结构的角度分析在国际金融市场冲击下通过情绪传染渠道的风险传染,本部分将对国际金融市场指标和情绪传染渠道指标与外汇市场指标、债券市场指标、股票市场指标之间的相依结构进行建模。首先要选取一个合适的 R 藤结构,根据前面模型简介中介绍的算法选取的 R 藤 Copula 结构矩阵如表 5-32 所示。其中,1、2、3、4、5 分别代表 IFM、FX、BOND、STOCK、ECC。

表 5-32 最优 R 藤结构

2	—	—	—	—
5	3	—	—	—
3	5	1	—	—
1	1	5	4	—
4	4	4	5	5

接下来需要确定连接每个节点的 Copula 函数。我们采用最小 AIC 准则，最终确定的 Copula 函数矩阵如表 5-33 所示，其中 1、3、4、5 分别代表 Gauss-copula、Clayton copula、Frank copula、Survival Gumbel copula。

表 5-33 Copula 函数选择矩阵

—	—	—	—	—
1	—	—	—	—
4	3	—	—	—
1	4	1	—	—
3	1	5	4	—

为了对全部数据段的相依结构有一个初步的了解，通过分步极大似然法估计得到的参数值作为初值，再进行整体极大似然估计。Kendall 秩相关系数的具体估计结果如表 5-34 所示。

表 5-34 Kendall 秩相关系数矩阵

0	0	0	0	0
0.0258	0	0	0	0
−0.0335	0.0161	0	0	0
−0.0565	−0.0680	0.0544	0	0
−0.0499	0.0835	0.0724	−0.0799	0

从表 5-34 中可以看出，第三层和第四层树的 Kendall 秩相关系数已经非常小，说明影响已经被削弱了很多，因此我们通过总结表 5-34 倒数的两行，即前两层树的条件与非条件相关系数，得到表 5-35。

112

表 5-35 条件与非条件相关系数

外汇—股票	债券—股票	金融市场—股票	情绪—股票
-0.0499	0.0835	0.0724	-0.0799
外汇—金融市场∣股票	金融市场—债券∣股票	金融市场—情绪∣股票	
-0.0565	-0.0680	0.0544	

(1) 第一棵树：第一棵树表现为非条件 R 藤 Copula 结构，具体来看：①1 和 4 之间的 Kendall 秩相关系数为 0.0724，表明国际金融市场冲击和股票市场同向变化的可能性为 0.0724，两者之间具有一定的波动溢出强度，说明国际金融市场冲击加剧会导致股票上涨。②3 和 4 之间的 Kendall 秩相关系数为 0.0835，债券市场和股票市场之间同向变动的可能性为 0.0835，说明债券市场与股票市场同涨同跌。③2 和 4 之间的 Kendall 秩相关系数为-0.0499，说明外汇市场和股票市场反向变化的可能性为 0.0499，人民币实际汇率升值会引起股票下跌。④4 和 5 之间的 Kendall 秩相关系数为-0.0799，说明股票市场和情绪传染渠道之间反向变化的可能性为 0.0799，情绪传染减少会引起股票上涨，情绪传染增加会引起股票下跌。

(2) 第二棵树：第二棵树表现为条件 R 藤 Copula 结构，具体表现为两个市场之间的间接传染结构。从结果来看：①在选定第四个市场作为条件市场的背景下，1 与 2 之间的 Kendall 秩相关系数被测定为-0.0565，这一数据揭示了以股票市场为桥梁连接国际金融市场冲击与外汇市场时，两者存在反向变动的趋势，具体概率为 0.0565，同时表明国际金融市场冲击所带来的风险可能通过股票市场反向传递至外汇市场。②同样地，在第四个市场作为条件市场的情况下，1 与 5 之间的 Kendall 秩相关系数计算得出为 0.0544，该系数清晰地表明了以股票市场为中介连接国际金融市场冲击与情绪传染渠道时，两者呈现同向变动的可能性，概率为 0.0544，这进一步暗示了国际金融市场冲击中的风险可能借助股票市场正向传递至情绪传染渠道。③此外，在第四个市场仍作为条件市场的前提下，1 与 3 之间的 Kendall 秩相关系数显示为-0.0680，这一数值反映了以股票市场为桥梁连接国际金融市场冲击与债券市场时，两者间存在反向变动的趋势，概率为 0.0680，同时表明国际金融市场冲击中的风险可能通过股票市场反向传递至债券市场。

总的来看，情绪传染渠道对跨市场风险传染的作用不明显。国际金融市场冲击主要通过股票市场间接影响外汇市场、情绪传染渠道和债券市场。这表明股票市场在金融体系中的枢纽作用，国际金融市场的冲击可以通过股市传递到其他市场，加剧金融风险的跨市场传染，对市场稳定构成挑战。国际金融市场冲击和债券市场与股票市场呈同向变动，而外汇市场和情绪传染渠道与股票市场则呈反向变动。国际金融市场的波动会直接影响资产价格和投资者情绪，汇率变动和债券市场表现也会对股市产生重要影响，这些因素共同作用于市场稳定性和投资者预期。

（三）信息传播渠道

为了从相依结构的角度分析在国际金融市场冲击下指标通过信息传播渠道的风险传染，本部分将对国际金融市场指标和信息传播渠道指标与外汇市场指标、债券市场指标、股票市场指标之间的相依结构进行建模。首先要选取一个合适的R藤结构，根据前面模型简介中介绍的算法选取的R藤Copula结构矩阵如表5-36所示。其中，1、2、3、4、5分别代表IFM、FX、BOND、STOCK、IDC。

表5-36　最优R藤结构

2	—	—	—	—
3	1	—	—	—
1	3	3	—	—
5	5	4	4	—
4	4	5	5	5

接下来需要确定连接每个节点的Copula函数。我们采用最小AIC准则，最终确定的Copula函数矩阵如表5-37所示，其中1、3、4、5、6分别代表Gauss-copula、Clayton copula、Frank copula、Survival Gumbel copula和Survival Joe copula。

表5-37　Copula函数选择矩阵

—	—	—	—	—
4	—	—	—	—
1	1	—	—	—
1	4	3	—	—
6	5	1	1	—

为了对全部数据段的相依结构有一个初步的了解，通过分步极大似然法估计得到的参数值作为初值，再进行整体极大似然估计。Kendall秩相关系数的具体估计结果如表5-38所示。

表 5-38　Kendall 秩相关系数矩阵

0	0	0	0	0
−0.0277	0	0	0	0
−0.0656	−0.0499	0	0	0
−0.0350	−0.0372	0.0148	0	0
−0.0604	0.0666	0.1247	0.0824	0

从表 5-38 中可以看出，第三层和第四层树的 Kendall 秩相关系数已经非常小，说明影响已经被削弱了很多，因此我们通过总结表 5-38 倒数的两行，即前两层树的条件与非条件相关系数，得到表 5-39。

表 5-39　条件与非条件相关系数

外汇—股票	金融市场—股票	债券—信息	信息—股票
−0.0604	0.0666	0.1247	0.0824
外汇—信息 | 股票	金融市场—信息 | 股票	债券—股票 | 信息	
−0.0350	−0.0372	0.0148	

（1）第一棵树：第一棵树表现为非条件 R 藤 Copula 结构，具体来看：①1 和 4 之间的 Kendall 秩相关系数为 0.0666，表明国际金融市场冲击和股票市场反向变化的可能性为 0.0666，两者之间具有一定的波动溢出强度，说明国际金融市场冲击加剧会导致股票上涨。②3 和 5 之间的 Kendall 秩相关系数为 0.1247，债券市场和信息传播渠道之间同向变动的可能性为 0.1247，说明债券市场与信息传播渠道同涨同跌。③2 和 4 之间的 Kendall 秩相关系数为 −0.0604，说明外汇市场和股票市场反向变化的可能性为 0.0604，人民币实际汇率升值会引起股票下跌。④4 和 5 之间的 Kendall 秩相关系数为 0.0824，说明股票市场和信息传播渠道之间同向变化的可能性为 0.0824，信息传播加剧会引起股票上涨，信息传播减少会引起股票下跌。

（2）第二棵树：第二棵树表现为条件 R 藤 Copula 结构，具体表现为两个市场之间的间接传染结构。从结果来看：①在选定第四个市场作为条件市场的情境下，1 与 5 之间的 Kendall 秩相关系数被测定为 −0.0372，这一数据揭示了以股票市场为桥梁连接国际金融市场冲击与信息传播渠道时，两者存在反向变动的可能性，具体概率为 0.0372，同时表明国际金融市场冲击所带来的风险可能经由股票市场反向传递至信息传播渠道。②同样地，在第四个市场作为条件市场的情况下，2 与 5 之间的 Kendall 秩相关系数计算得出为 −0.0350，该系数清晰地表明了以股票市场为中介连接外汇市场与信息传播渠道时，两者也呈现反向变动的趋势，概率为 0.0350，这进一步暗示了外汇市场中的风险可能通过股票市场反向传递至信息传播渠道。③而当第五个市场被确立为条件市场时，3 与 4 之间的 Kendall 秩相关系数显示为 0.0148，这一数值反映了以信息传播渠道为桥梁连接债券市场与股票市场时，两者同向变动的可能性为 0.0148，同时表明债券市场中的风险可能借助信息传播渠道正向传递至股票市场。

总的来看，信息传播渠道在跨市场风险传染中起到了重要作用，股票市场也在金融体系中起到了桥梁作用。国际金融市场的冲击和汇率变动可以通过股市影响信息传播，进而影响市场情绪和投资决策，加剧金融风险的跨市场传染。国际金融市场冲击与股票市场、债券市场与信息传播渠道呈同向变动，而外汇市场与股票市场、股票市场与信息传播渠道则呈反向变动。国际金融市场的波动和信息传播的强度都会影响资产价格，汇率变动和债券市场表现也会对股市产生重要影响，这些因素共同作用于市场稳定性和投资者预期。

五、基于国内外金融政策冲击

本部分通过建立国内外金融政策指标、外汇市场指标、债券市场指标和股票市场指标，分别通过资本流动渠道、情绪传染渠道、信息传播渠道的 R 藤结构，对它们的相依关系进行比较分析，意在验证国内外经济与政策对国内某金融市场的冲击将通过三种渠道传递至其他金融市场，引发跨市场金融风险传染。

（一）资本流动渠道

为了从相依结构的角度分析在国内外金融政策冲击下通过资本流动渠道的风险传染，本部分将对国内外金融政策指标和资本流动渠道指标与外汇市场指标、债券市场指标、股票市场指标之间的相依结构进行建模。首先要选取一个合适的 R 藤结构，根据前面模型简介中介绍的算法选取的 R 藤 Copula 结构矩阵如表 5-40 所示。其中，1、2、3、4、5 分别代表 FP、FX、BOND、STOCK、CFC。

表 5-40 最优 R 藤结构

1	—	—	—	—
2	3	—	—	—
5	2	2	—	—
4	5	4	4	—
3	4	5	5	5

接下来需要确定连接每个节点的 Copula 函数。我们采用最小 AIC 准则，最

终确定的 Copula 函数矩阵如表 5-41 所示,其中 1、3、4、5 分别代表 Gauss-copula、Clayton copula、Frank copula、Survival Gumbel copula。

表 5-41 Copula 函数选择矩阵

—	—	—	—	—
3	—	—	—	—
5	4	—	—	—
4	1	3	—	—
4	1	1	4	—

为了对全部数据段的相依结构有一个初步的了解,通过分步极大似然法估计得到的参数值作为初值,再进行整体极大似然估计。Kendall 秩相关系数的具体估计结果如表 5-42 所示。

表 5-42 Kendall 秩相关系数矩阵

0	0	0	0	0
-0.0201	0	0	0	0
-0.0001	-0.0171	0	0	0
-0.0110	0.0406	-0.0412	0	0
0.0942	0.0817	-0.1029	0.1803	0

从表 5-42 中可以看出,第三层和第四层树的 Kendall 秩相关系数已经非常小,说明影响已经被削弱了很多,因此我们通过总结表 5-42 倒数的两行,即前两层树的条件与非条件相关系数,得到表 5-43。

表 5-43 条件与非条件相关系数

金融政策—债券	债券—股票	外汇—资本	资本—股票
0.0942	0.0817	-0.1029	0.1803
金融政策—股票|债券	债券—资本|股票	外汇—股票|资本	
-0.0110	0.0406	-0.0412	

(1)第一棵树:第一棵树表现为非条件 R 藤 Copula 结构,具体来看:①1 和 3 之间的 Kendall 秩相关系数为 0.0942,表明国内外金融政策冲击和债券市场同向变化的可能性为 0.0942,说明国内外金融政策冲击加剧会导致债券上涨。②3 和 4 之间的 Kendall 秩相关系数为 0.0817,债券市场和股票市场之间同向变动的可能性为 0.0817,说明债券市场和股票市场同涨同跌。③2 和 5 之间的

Kendall 秩相关系数为-0.1029，说明外汇市场和资本流动渠道反向变化的可能性为 0.1029，人民币实际汇率升值会引起股票下跌，人民币实际汇率升值会引起资本外流，这或许是因为人民币实际汇率升值导致出口贸易减少，进口贸易增加，从而引起经常账户盈余减少。④4 和 5 之间的 Kendall 秩相关系数为 0.1803，说明股票市场和资本流动渠道之间同向变化的可能性为 0.1803，国际资本内流会引起股票上涨，资本外流会引起股票下跌。

(2) 第二棵树：第二棵树表现为条件 R 藤 Copula 结构，具体表现为两个市场之间的间接传染结构。从结果来看：①在选定第四个市场作为条件市场的背景下，3 与 5 之间的 Kendall 秩相关系数测定结果为 0.0406，这一数据揭示了以股票市场为桥梁连接债券市场与资本流动渠道时，两者同向变动的概率为 0.0406，同时表明债券市场中的风险可能通过股票市场以反向方式传递至资本流动渠道。②当第五个市场被确立为条件市场时，2 与 4 之间的 Kendall 秩相关系数计算得出为-0.0412，该系数清晰地表明以信息传播渠道为中介连接外汇市场与股票市场时，两者存在反向变动的趋势，概率为 0.0412，这进一步暗示了外汇市场中的风险可能通过信息传播渠道反向传递至股票市场。③在第三个市场作为条件市场的情况下，1 与 4 之间的 Kendall 秩相关系数显示为-0.0454，这一数值反映了以债券市场为桥梁连接国内外金融政策冲击与股票市场时，两者反向变动的可能性为 0.0454，同时表明国内外金融政策冲击所带来的风险可能通过债券市场反向传递至股票市场。

总的来看，资本流动渠道在跨市场风险传染中起到了重要作用。国内外金融政策冲击和债券市场、股票市场与资本流动渠道呈同向变动，而外汇市场与资本流动渠道则呈反向变动，显示了市场间的联动性和风险传递。国内外金融政策的变动会影响债券市场表现，汇率变动会影响资本流动，而股市和资本流动的相互作用则反映了国际资本流动对资产价格的影响。债券市场和外汇市场可以通过股票市场间接影响资本流动渠道。这表明股票市场在金融体系中的关键作用，金融政策冲击和汇率变动可以通过股市影响资本流动，进而影响市场情绪和投资决策，体现了金融风险的跨市场传染效应。

(二) 情绪传染渠道

为了从相依结构的角度分析在国内外金融政策冲击下通过情绪传染渠道的风险传染，本部分将对国内外金融政策指标和情绪传染渠道指标与外汇市场指标、债券市场指标、股票市场指标之间的相依结构进行建模。首先要选取一个合适的 R 藤结构，根据前面模型简介中介绍的算法选取的 R 藤 Copula 结构矩阵如表 5-44 所示。其中，1、2、3、4、5 分别代表 FP、FX、BOND、

STOCK、ECC。

表 5-44 最优 R 藤结构

2	—	—	—	—
5	1	—	—	—
1	5	3	—	—
3	4	5	4	—
4	3	4	5	5

接下来需要确定连接每个节点的 Copula 函数。我们采用最小 AIC 准则，最终确定的 Copula 函数矩阵如表 5-45 所示，其中 1、3、4、5 分别代表 Gauss-copula、Clayton copula、Frank copula、Survival Gumbel copula。

表 5-45 Copula 函数选择矩阵

—	—	—	—	—
1	—	—	—	—
3	4	—	—	—
4	4	5	—	—
3	4	1	4	—

为了对全部数据段的相依结构有一个初步的了解，通过分步极大似然法估计得到的参数值作为初值，再进行整体极大似然估计。Kendall 秩相关系数的具体估计结果如表 5-46 所示。

表 5-46 Kendall 秩相关系数矩阵

0	0	0	0	0
0.0240	0	0	0	0
−0.0205	0.0574	0	0	0
−0.0272	−0.0154	0.0540	0	0
−0.0487	0.0951	0.0817	−0.0731	0

从表 5-46 中可以看出，第三层和第四层树的 Kendall 秩相关系数已经非常小，说明影响已经被削弱了很多，因此我们通过总结表 5-46 倒数的两行，即前两层树的条件与非条件相关系数，得到表 5-47。

表 5-47 条件与非条件相关系数

外汇—股票	债券—金融政策	债券—股票	情绪—股票
-0.0487	0.0951	0.0817	-0.0731
外汇—债券ǀ股票	金融政策—股票ǀ债券	债券—情绪ǀ股票	
-0.0272	-0.0154	0.0540	

(1) 第一棵树：第一棵树表现为非条件 R 藤 Copula 结构，具体来看：①1 和 3 之间的 Kendall 秩相关系数为 0.0951，表明国内外金融政策冲击和债券市场同向变化的可能性为 0.0951，两者之间具有一定的波动溢出强度，说明国内外金融政策冲击加剧会导致债券上涨。②3 和 4 之间的 Kendall 秩相关系数为 0.0817，债券市场和股票市场之间同向变动的可能性为 0.0817，说明债券市场与股票市场同涨同跌。③2 和 4 之间的 Kendall 秩相关系数为-0.0487，说明外汇市场和股票市场反向变化的可能性为 0.0487，人民币实际汇率升值会引起股票下跌。④4 和 5 之间的 Kendall 秩相关系数为-0.0731，说明股票市场和情绪传染渠道之间反向变化的可能性为 0.0731，情绪传染减少会引起股票上涨，情绪传染增加会引起股票下跌。

(2) 第二棵树：第二棵树表现为条件 R 藤 Copula 结构，具体表现为两个市场之间的间接传染结构。从结果来看：①在选定第三个市场作为条件市场的情况下，1 与 4 之间的 Kendall 秩相关系数被测定为-0.0154，这一数据揭示了以债券市场为桥梁连接国内外金融政策冲击与股票市场时，两者存在反向变动的趋势，具体概率为 0.0154，同时表明国内外金融政策冲击所带来的风险可能通过债券市场反向传递至股票市场。②当第四个市场被确立为条件市场时，3 与 5 之间的 Kendall 秩相关系数计算得出为 0.0540，该系数清晰地表明了以股票市场为中介连接债券市场与情绪传染渠道时，两者呈现同向变动的可能性，概率为 0.0540，这进一步暗示了债券市场中的风险可能借助股票市场正向传递至情绪传染渠道。③在第四个市场同样作为条件市场的前提下，2 与 3 之间的 Kendall 秩相关系数显示为-0.0272，这一数值反映了以股票市场为桥梁连接外汇市场与债券市场时，两者间存在反向变动的趋势，概率为 0.0272，同时表明外汇市场中的风险可能通过股票市场反向传递至债券市场。

总的来看，情绪传染渠道在跨市场风险传染中没有明显作用。国内外金融政策冲击和债券市场、股票市场与情绪传染渠道呈同向或反向变动，表明国内外金融政策的变化会影响债券和股票市场的表现，汇率变动会影响股市，而市场情绪的变化也会对股票价格产生影响。第二棵树中以债券市场和股票市场为条件，国内外金融政策冲击、外汇市场可以通过债券市场和股票市场间接影响情绪传染渠道。这表明债券市场和股票市场在金融体系中的传导作用，金融政策冲击和汇率变动可以通过这些市场影响情绪传染，进而影响整体市场的稳定性和投资者行为。

（三）信息传播渠道

为了从相依结构的角度分析在国内外金融政策冲击下通过信息传播渠道的风险传染，本部分将对国内外金融政策指标和信息传播渠道指标与外汇市场指标、债券市场指标、股票市场指标之间的相依结构进行建模。首先要选取一个合适的R藤结构，根据前面模型简介中介绍的算法选取的R藤Copula结构矩阵如表5-48所示。其中，1、2、3、4、5分别代表FP、FX、BOND、STOCK、IDC。

表5-48 最优R藤结构

2	—	—	—	—
4	1	—	—	—
5	4	3	—	—
3	5	4	4	—
1	3	5	5	5

接下来需要确定连接每个节点的Copula函数。我们采用最小AIC准则，最终确定的Copula函数矩阵如表5-49所示，其中1、3、4、5、6分别代表Gauss-copula、Clayton copula、Frank copula、Survival Gumbel copula和Survival Joe copula。

表5-49 Copula函数选择矩阵

—	—	—	—	—
6	—	—	—	—
1	4	—	—	—
4	4	3	—	—
3	1	1	1	—

为了对全部数据段的相依结构有一个初步的了解，通过分步极大似然法估计得到的参数值作为初值，再进行整体极大似然估计。Kendall秩相关系数的具体估计结果如表5-50所示。

表 5-50　Kendall 秩相关系数矩阵

0	0	0	0	0
-0.0534	0	0	0	0
-0.0421	-0.0203	0	0	0
-0.0211	0.0404	0.0161	0	0
-0.0260	0.0653	0.1247	0.0824	0

从表 5-50 中可以看出，第三层和第四层树的 Kendall 秩相关系数已经非常小，说明影响已经被削弱了很多，因此我们通过总结表 5-50 倒数的两行，即前两层树的条件与非条件相关系数，得到表 5-51。

表 5-51　条件与非条件相关系数

外汇—金融政策	债券—金融政策	债券—信息	信息—股票
-0.0260	0.0653	0.1247	0.0824
外汇—债券|金融政策	金融政策—信息|债券	债券—股票|信息	
-0.0211	0.0404	0.0161	

（1）第一棵树：第一棵树表现为非条件 R 藤 Copula 结构，具体来看：①1 和 2 之间的 Kendall 秩相关系数为 -0.0260，表明国内外金融政策冲击和外汇市场反向变化的可能性为 0.0260，两者之间具有一定的波动溢出强度，说明国内外金融政策冲击加剧会导致人民币实际汇率贬值。②1 和 3 之间的 Kendall 秩相关系数为 0.0653，债券市场和国内外金融政策冲击之间同向变动的可能性为 0.0653，说明国内外金融政策冲击加剧会导致债券升值。③3 和 5 之间的 Kendall 秩相关系数为 0.1247，债券市场和信息传播渠道之间同向变动的可能性为 0.1247，说明债券市场与信息传播渠道同涨同跌。④4 和 5 之间的 Kendall 秩相关系数为 0.0824，说明股票市场和信息传播渠道之间同向变化的可能性为 0.0824，信息传播加剧会引起股票上涨，信息传播减少会引起股票下跌。

（2）第二棵树：第二棵树表现为条件 R 藤 Copula 结构，具体表现为两个市场之间的间接传染结构。从结果来看：①在选定第三个市场作为条件市场的基础上，1 与 5 之间的 Kendall 秩相关系数测定为 0.0404，这一结果揭示了以债券市场为桥梁连接国内外金融政策冲击与信息传播渠道时，两者同向变动的概率为 0.0404，同时表明国内外金融政策冲击所带来的风险可能通过债券市场正向传递至信息传播渠道。②当第一个市场被确立为条件市场时，2 与 3 之间的 Kendall 秩相关系数计算得出为 -0.0211，该系数清晰地表明了以国内外金融政策冲击为中介连接外汇市场与债券市场时，两者存在反向变动的趋势，概率为

0.0211，这进一步暗示了外汇市场中的风险可能通过国内外金融政策冲击反向传递至债券市场。③在第五个市场作为条件市场的情况下，3 与 4 之间的 Kendall 秩相关系数显示为 0.0161，这一数值反映了以信息传播渠道为桥梁连接债券市场与股票市场时，两者同向变动的可能性为 0.0161，同时表明债券市场中的风险可能借助信息传播渠道正向传递至股票市场。

总的来看，信息传播渠道在风险传染中起到了重要作用。国内外金融政策冲击与外汇市场呈反向变动，而与债券市场和信息传播渠道呈同向变动，表明国内外金融政策的变化会影响汇率和债券市场，同时市场信息的传播也会影响债券和股票市场的表现。第二棵树中以债券市场和信息传播渠道为条件，金融政策冲击可以通过债券市场和信息传播渠道间接影响其他市场。这表明债券市场和信息传播渠道在金融体系中的传导作用，金融政策冲击可以通过这些市场间接影响汇率和股票市场，体现了金融风险的跨市场传染效应。

六、基于地缘政治冲击

本部分通过建立地缘政治指标、外汇市场指标、债券市场指标和股票市场指标，分别通过资本流动渠道、情绪传染渠道、信息传播渠道的 R 藤结构，对它们的相依关系进行比较分析，意在验证国内外经济与政策对国内某金融市场的冲击将通过三种渠道传递至其他金融市场，引发跨市场金融风险传染。

（一）资本流动渠道

为了从相依结构的角度分析在地缘政治冲击下通过资本流动渠道的风险传染，本部分将对地缘政治指标和资本流动渠道指标与外汇市场指标、债券市场指标、股票市场指标之间的相依结构进行建模。首先要选取一个合适的 R 藤结构，根据前面模型简介中介绍的算法选取的 R 藤 Copula 结构矩阵如表 5-52 所示。其中，1、2、3、4、5 分别代表 GP、FX、BOND、STOCK、CFC。

表 5-52　最优 R 藤结构

3	—	—	—	—
2	1	—	—	—
1	2	2	—	—
5	5	4	4	—
4	4	5	5	5

接下来需要确定连接每个节点的 Copula 函数。我们采用最小 AIC 准则，最终确定的 Copula 函数矩阵如表 5-53 所示，其中 1、3、4、6 分别代表 Gauss-copula、Clayton copula、Frank copula、Survival Joe copula。

表 5-53 Copula 函数选择矩阵

—	—	—	—	—
4	—	—	—	—
6	1	—	—	—
1	4	3	—	—
1	3	1	4	—

为了对全部数据段的相依结构有一个初步的了解，通过分步极大似然法估计得到的参数值作为初值，再进行整体极大似然估计。Kendall 秩相关系数的具体估计结果如表 5-54 所示。

表 5-54 Kendall 秩相关系数矩阵

0	0	0	0	0
-0.0139	0	0	0	0
0.0279	0.0471	0	0	0
0.0406	-0.0250	-0.0410	0	0
0.0817	-0.0014	-0.1029	0.1789	0

从表 5-54 中可以看出，第三层和第四层树的 Kendall 秩相关系数已经非常小，说明影响已经被削弱了很多，因此我们通过总结表 5-54 倒数的两行，即前两层树的条件与非条件相关系数，得到表 5-55。

表 5-55 条件与非条件相关系数

债券—股票	地缘政治—股票	外汇—资本	资本—股票
0.0817	-0.0014	-0.1029	0.1789
债券—资本丨股票	地缘政治—资本丨股票	外汇—股票丨资本	
0.0406	-0.0250	-0.0410	

（1）第一棵树：第一棵树表现为非条件 R 藤 Copula 结构，具体来看：①1 和 4 之间的 Kendall 秩相关系数为-0.0014，表明地缘政治冲击和股票市场反向变化的可能性为 0.0014，两者之间具有一定的波动溢出强度，说明地缘政治冲击加剧会导致股票下跌。②3 和 4 之间的 Kendall 秩相关系数为 0.0817，债券市场和股票市场之间同向变动的可能性为 0.0817，说明债券市场与股票市场同涨同跌。③2 和 5 之间的 Kendall 秩相关系数为-0.1029，说明外汇市场和资本流

动渠道反向变化的可能性为 0.1029，人民币实际汇率升值会引起资本外流，这或许是因为人民币实际汇率升值导致出口贸易减少，进口贸易增加，从而引起经常账户盈余减少。④4 和 5 之间的 Kendall 秩相关系数为 0.1789，说明股票市场和资本流动渠道之间同向变化的可能性为 0.1789，国际资本内流会引起股票上涨，资本外流会引起股票下跌。

（2）第二棵树：第二棵树表现为条件 R 藤 Copula 结构，具体表现为两个市场之间的间接传染结构。从结果来看：①在选定第四个市场作为条件市场的情境下，1 与 5 之间的 Kendall 秩相关系数被测定为-0.0250，这一数据揭示了以股票市场为桥梁连接地缘政治冲击与资本流动渠道时，两者存在反向变动的趋势，具体概率为 0.0250，同时表明地缘政治冲击所带来的风险可能通过股票市场反向传递至资本流动渠道。②在第四个市场作为条件市场的前提下，3 与 5 之间的 Kendall 秩相关系数计算得出为 0.0406，该系数清晰地表明了以股票市场为中介连接债券市场与资本流动渠道时，两者呈现同向变动的可能性，概率为 0.0406，这进一步暗示了债券市场中的风险可能借助股票市场正向传递至资本流动渠道。③而当第五个市场被确立为条件市场时，2 与 4 之间的 Kendall 秩相关系数显示为-0.0410，这一数值反映了以资本流动渠道为桥梁连接外汇市场与股票市场时，两者间存在反向变动的趋势，概率为 0.0410，同时表明外汇市场中的风险可能通过资本流动渠道反向传递至股票市场。

总的来看，资本流动渠道对跨市场风险传染起到了重要作用。地缘政治冲击与股票市场呈反向变动，债券市场与股票市场呈同向变动，而外汇市场与资本流动渠道呈反向变动，显示了市场间的联动性和风险传递。表明了地缘政治事件会影响股市和资本流动，汇率变动会影响国际贸易和资本流动，而债券市场和股票市场的同向变动反映了投资者对市场风险的共同反应。第二棵树中以股票市场和资本流动渠道为条件，地缘政治冲击、债券市场和外汇市场可以通过股票市场间接影响资本流动渠道。这表明股票市场和资本流动渠道在金融体系中的传导作用，地缘政治冲击和债券市场的风险可以通过这些市场间接影响资本流动，体现了金融风险的跨市场传染效应。

（二）情绪传染渠道

为了从相依结构的角度分析在地缘政治冲击下通过情绪传染渠道的风险传染，本部分将对地缘政治指标和情绪传染渠道指标与外汇市场指标、债券市场指标、股票市场指标之间的相依结构进行建模。首先要选取一个合适的 R 藤结构，根据前面模型简介中介绍的算法选取的 R 藤 Copula 结构矩阵如表 5-56 所示。其中，1、2、3、4、5 分别代表 GP、FX、BOND、STOCK、ECC。

表 5-56 最优 R 藤结构

1	—	—	—	—
5	2	—	—	—
3	5	3	—	—
4	3	5	4	—
2	4	4	5	5

接下来需要确定连接每个节点的 Copula 函数。我们采用最小 AIC 准则，最终确定的 Copula 函数矩阵如表 5-57 所示，其中 1、2、3、4、5 分别代表 Gauss-copula、T-copula、Clayton copula、Frank copula、Survival Gumbel copula。

表 5-57 Copula 函数选择矩阵

—	—	—	—	—
3	—	—	—	—
4	1	—	—	—
1	4	5	—	—
2	3	1	4	—

为了对全部数据段的相依结构有一个初步的了解，通过分步极大似然法估计得到的参数值作为初值，再进行整体极大似然估计。Kendall 秩相关系数的具体估计结果如表 5-58 所示。

表 5-58 Kendall 秩相关系数矩阵

0	0	0	0	0
−0.0475	0	0	0	0
−0.0103	0.0309	0	0	0
−0.0156	−0.0284	0.0551	0	0
0.0351	−0.0501	0.0817	−0.0719	0

从表 5-58 中可以看出，第三层和第四层树的 Kendall 秩相关系数已经非常小，说明影响已经被削弱了很多，因此我们通过总结表 5-58 倒数的两行，即前两层树的条件与非条件相关系数，得到表 5-59。

表 5-59　条件与非条件相关系数

地缘政治—外汇	外汇—股票	债券—股票	情绪—股票
0.0351	-0.0501	0.0817	-0.0719
地缘政治—股票|外汇	外汇—债券|股票	债券—情绪|股票	
-0.0156	-0.0284	0.0551	

（1）第一棵树：第一棵树表现为非条件 R 藤 Copula 结构，具体来看：①1 和 2 之间的 Kendall 秩相关系数为 0.0351，表明地缘政治冲击和外汇市场同向变化的可能性为 0.0351，两者之间具有一定的波动溢出强度，说明地缘政治冲击加剧会导致人民币实际汇率升值。②3 和 4 之间的 Kendall 秩相关系数为 0.0817，债券市场和股票市场之间同向变动的可能性为 0.0817，说明债券市场与股票市场同涨同跌。③2 和 4 之间的 Kendall 秩相关系数为-0.0501，说明外汇市场和股票市场反向变化的可能性为 0.0501，人民币实际汇率升值会引起股票下跌。④4 和 5 之间的 Kendall 秩相关系数为-0.0719，说明股票市场和情绪传染渠道之间反向变化的可能性为 0.0719，情绪传染减少会引起股票上涨，情绪传染增加会引起股票下跌。

（2）第二棵树：第二棵树表现为条件 R 藤 Copula 结构，具体表现为两个市场之间的间接传染结构。从结果来看：①在选定第二个市场作为条件市场的情况下，1 与 4 之间的 Kendall 秩相关系数被测定为-0.0156，这一数据揭示了以外汇市场为桥梁连接地缘政治冲击与股票市场时，两者存在反向变动的趋势，具体概率为 0.0156，同时表明地缘政治冲击所带来的风险可能通过外汇市场反向传递至股票市场。②当第四个市场被确立为条件市场时，3 与 5 之间的 Kendall 秩相关系数计算得出为 0.0551，该系数清晰地表明了以股票市场为中介连接债券市场与情绪传染渠道时，两者呈现同向变动的可能性，概率为 0.0551，这进一步暗示了债券市场中的风险可能通过股票市场正向传递至情绪传染渠道。③在第四个市场作为条件市场的前提下，2 与 3 之间的 Kendall 秩相关系数显示为-0.0284，这一数值反映了以股票市场为桥梁连接外汇市场与债券市场时，两者间存在反向变动的趋势，概率为 0.0284，同时表明外汇市场中的风险可能通过股票市场反向传递至债券市场。

总的来看，情绪传染对跨市场风险传染没有明显的影响。地缘政治冲击与外汇市场呈同向变动，债券市场与股票市场呈同向变动，而外汇市场和股票市场、股票市场与情绪传染渠道呈反向变动，表明了地缘政治事件会影响汇率和金融市场，债券和股票市场的同向变动反映了市场风险的共同反应，而情绪传染的变化则对股票价格有反向影响。第二棵树中以外汇市场和股票市场为条件，地缘政治冲击、债券市场和情绪传染渠道可以通过这些市场间接影响其他市场。这表明外汇市场和股票市场在金融体系中的传导作用，地缘政治冲击和债券市场的风险可以通过这些市场间接影响股票市场和情绪传染，体现了金融风险的跨市场传染效应。

（三）信息传播渠道

为了从相依结构的角度分析在地缘政治冲击下通过信息传播渠道的风险传染，本部分将对地缘政治指标和信息传播渠道指标与外汇市场指标、债券市场指标、股票市场指标之间的相依结构进行建模。首先要选取一个合适的 R 藤结构，根据前面模型简介中介绍的算法选取的 R 藤 Copula 结构矩阵如表 5-60 所示。其中，1、2、3、4、5 分别代表 GP、FX、BOND、STOCK、IDC。

表 5-60 最优 R 藤结构

2	—	—	—	—
1	1	—	—	—
3	4	3	—	—
5	3	4	4	—
4	5	5	5	5

接下来需要确定连接每个节点的 Copula 函数。我们采用最小 AIC 准则，最终确定的 Copula 函数矩阵如表 5-61 所示，其中 1、2、3、4、5、6 分别代表 Gauss-copula、T-copula、Clayton copula、Frank copula、Survival Gumbel copula 和 Survival Joe copula。

表 5-61 Copula 函数选择矩阵

—	—	—	—	—
2	—	—	—	—
4	1	—	—	—
4	1	3	—	—
6	5	1	1	—

为了对全部数据段的相依结构有一个初步的了解，通过分步极大似然法估计得到的参数值作为初值，再进行整体极大似然估计。Kendall 秩相关系数的具体估计结果如表 5-62 所示。

表 5-62　Kendall 秩相关系数矩阵

0	0	0	0	0
0.0142	0	0	0	0
−0.0134	−0.0101	0	0	0
−0.0350	−0.0522	0.0156	0	0
−0.0632	0.1433	0.1247	0.0824	0

从表 5-62 中可以看出，第三层和第四层树的 Kendall 秩相关系数已经非常小，说明影响已经被削弱了很多，因此我们通过总结表 5-62 倒数的两行，即前两层树的条件与非条件相关系数，得到表 5-63。

表 5-63　条件与非条件相关系数

股票—外汇	地缘政治—信息	债券—信息	信息—股票
−0.0632	0.1433	0.1247	0.0824
外汇—信息∣股票	地缘政治—债券∣信息	债券—股票∣信息	
−0.0350	−0.0522	0.0156	

（1）第一棵树：第一棵树表现为非条件 R 藤 Copula 结构，具体来看：①1 和 5 之间的 Kendall 秩相关系数为 0.1433，表明地缘政治冲击和信息传播渠道同向变化的可能性为 0.1433，说明地缘政治冲击加剧会导致信息传播加剧。②3 和 5 之间的 Kendall 秩相关系数为 0.1247，债券市场和信息传播渠道之间同向变动的可能性为 0.1247，说明债券市场与信息传播渠道同涨同跌。③4 和 5 之间的 Kendall 秩相关系数为 0.0824，说明股票市场和信息传播渠道之间同向变化的可能性为 0.0824，信息传播加剧会引起股票上涨，信息传播减少会引起股票下跌。④2 和 4 之间的 Kendall 秩相关系数为 −0.0632，说明外汇市场和股票市场反向变化的可能性为 0.0632，人民币实际汇率升值会引起股票下跌。

（2）第二棵树：第二棵树表现为条件 R 藤 Copula 结构，具体表现为两个市场之间的间接传染结构。从结果来看：①在选定第五个市场作为条件市场的背景下，1 与 3 之间的 Kendall 秩相关系数被测定为 −0.0522，这一数据揭示了以信息传播渠道为桥梁连接地缘政治冲击与债券市场时，两者存在反向变动的趋势，具体概率为 0.0522，同时表明地缘政治冲击所带来的风险可能借助信息传播渠道反向传递至债券市场。②当第四个市场被确立为条件市场时，2 与 5 之间的 Kendall 秩相关系数计算得出为 −0.0350，该系数清晰地表明了以股票市场为中介连接外汇市场与信息传播渠道时，两者呈现反向变动的可能性，概率为 0.0350，这进一步暗示了外汇市场中的风险可能通过股票市场反向传递至信息传播渠道。③在第五个市场同样作为条件市场的情况下，3 与 4 之间的 Kendall 秩相关系数显示为 0.0156，这一数值反映了以信息传播渠道为桥梁连接债券市场与股票市场时，两者同向变动的可能性为 0.0156，同时表明债券市场中的风险可能通过信息传播渠道正向传递至股票市场。

总的来看，信息传播渠道在跨市场风险传染中起到了重要作用。地缘政治冲击、债券市场和股票市场与信息传播渠道呈同向变动，而外汇市场与股票市场呈反向变动，表明了地缘政治事件和信息传播会影响金融市场，债券和股票市场的同向变动反映了市场对信息的共同反应，而汇率变动对股票市场有反向影响。第二棵树中以信息传播渠道和股票市场为条件，地缘政治冲击、外汇市场和债券市场可以通过这些市场间接影响其他市场，这表明信息传播渠道和股票市场在金融体系中的传导作用，地缘政治冲击和外汇市场的风险可以通过这些市场间接影响债券市场和信息传播，体现了金融风险的跨市场传染效应。

七、基于环境与气候冲击

本部分通过建立环境与气候指标、外汇市场指标、债券市场指标和股票市场指标，分别通过资本流动渠道、情绪传染渠道、信息传播渠道的 R 藤结构，对它们的相依关系进行比较分析，意在验证国内外经济与政策对国内某金融市场的冲击将通过三种渠道传递至其他金融市场，引发跨市场金融风险传染。

（一）资本流动渠道

为了从相依结构的角度分析在环境与气候冲击下通过资本流动渠道的风险传染，本部分将对环境与气候指标和资本流动渠道指标与外汇市场指标、债券市场指标、股票市场指标之间的相依结构进行建模。首先要选取一个合适的 R 藤结构，根据前面模型简介中介绍的算法选取的 R 藤 Copula 结构矩阵如表 5-64 所示。其中，1、2、3、4、5 分别代表 EC、FX、BOND、STOCK、CFC。

表 5-64 最优 R 藤结构

3	—	—	—	—
2	1	—	—	—
1	2	2	—	—
5	5	4	4	—
4	4	5	5	5

接下来需要确定连接每个节点的 Copula 函数。我们采用最小 AIC 准则，最终确定的 Copula 函数矩阵如表 5-65 所示，其中 1、3、4、6 分别代表 Gauss-copula、Clayton copula、Frank copula、Survival Joe copula。

表 5-65　Copula 函数选择矩阵

—	—	—	—	—
4	—	—	—	—
6	1	—	—	—
1	4	3	—	—
1	3	1	4	—

为了对全部数据段的相依结构有一个初步的了解，通过分步极大似然法估计得到的参数值作为初值，再进行整体极大似然估计。Kendall 秩相关系数的具体估计结果如表 5-66 所示。

表 5-66　Kendall 秩相关系数矩阵

0	0	0	0	0
-0.0139	0	0	0	0
0.0279	0.0471	0	0	0
0.0406	-0.0250	-0.0410	0	0
0.0817	-0.0014	-0.1029	0.1789	0

从表 5-66 中可以看出，第三层和第四层树的 Kendall 秩相关系数已经非常小，说明影响已经被削弱了很多，因此我们通过总结表 5-66 倒数的两行，即前两层树的条件与非条件相关系数，得到表 5-67。

表 5-67　条件与非条件相关系数

股票—债券	环境气候—股票	外汇—资本	资本—股票
0.0817	-0.0014	-0.1029	0.1789
债券—资本｜股票	环境气候—资本｜股票	外汇—股票｜资本	
0.0406	-0.0250	-0.0410	

（1）第一棵树：第一棵树表现为非条件 R 藤 Copula 结构，具体来看：①1 和 4 之间的 Kendall 秩相关系数为-0.0014，表明环境与气候冲击和股票市场反向变化的可能性为 0.0014，两者之间具有一定的波动溢出强度，说明环境与气候冲击加剧会导致股票下跌。②3 和 4 之间的 Kendall 秩相关系数为 0.0817，债券市场和股票市场之间同向变动的可能性为 0.0817，说明债券市场与股票市场同涨同跌。③2 和 5 之间的 Kendall 秩相关系数为-0.1029，说明外汇市场和资

本流动渠道反向变化的可能性为 0.1029，人民币实际汇率升值会引起资本外流，这或许是因为人民币实际汇率升值导致出口贸易减少，进口贸易增加，从而引起经常账户盈余减少。④4 和 5 之间的 Kendall 秩相关系数为 0.1789，股票市场和资本流动渠道之间同向变化的可能性为 0.1789，说明国际资本内流会引起股票上涨，资本外流会引起股票下跌。

(2) 第二棵树：第二棵树表现为条件 R 藤 Copula 结构，具体表现为两个市场之间的间接传染结构。从结果来看：①在选定第四个市场作为条件市场的情境下，1 与 5 之间的 Kendall 秩相关系数被测定为 -0.0250，这一数据揭示了以股票市场为桥梁连接环境与气候冲击和资本流动渠道时，两者存在反向变动的趋势，具体概率为 0.0250，同时表明环境与气候冲击所带来的风险可能通过股票市场反向传递至资本流动渠道。②在第四个市场作为条件市场的前提下，3 与 5 之间的 Kendall 秩相关系数计算得出为 0.0406，该系数清晰地表明了以股票市场为中介连接债券市场与资本流动渠道时，两者呈现同向变动的可能性，概率为 0.0406，这进一步暗示了债券市场中的风险可能通过股票市场正向传递至资本流动渠道。③当第五个市场被确立为条件市场时，2 与 4 之间的 Kendall 秩相关系数显示为 -0.0410，这一数值反映了以资本流动渠道为桥梁连接外汇市场与股票市场时，两者间存在反向变动的趋势，概率为 0.0410，同时表明外汇市场中的风险可能通过资本流动渠道反向传递至股票市场。

总的来看，资本流动渠道是跨市场风险传染的重要渠道。环境与气候冲击与股票市场呈反向变动，债券市场与股票市场呈同向变动，而外汇市场与资本流动渠道、股票市场与资本流动渠道分别呈反向和同向变动。第二棵树中以股票市场和资本流动渠道为条件，揭示了环境与气候冲击、债券市场和外汇市场可以通过这些市场间接影响其他市场。这表明股票市场和资本流动渠道在金融体系中的传导作用，环境与气候冲击和债券市场的风险可以通过这些市场间接影响资本流动，体现了金融风险的跨市场传染效应。

(二) 情绪传染渠道

为了从相依结构的角度分析在环境与气候冲击下通过情绪传染渠道的风险传染，本部分将对环境与气候指标和情绪传染渠道指标与外汇市场指标、债券市场指标、股票市场指标之间的相依结构进行建模。首先要选取一个合适的 R 藤结构，根据前面模型简介中介绍的算法选取的 R 藤 Copula 结构矩阵如表 5-68 所示。其中，1、2、3、4、5 分别代表 EC、FX、BOND、STOCK、ECC。

表 5-68　最优 R 藤结构

1	—	—	—	—
5	2	—	—	—
3	5	3	—	—
2	3	5	4	—
4	4	4	5	5

接下来需要确定连接每个节点的 Copula 函数。我们采用最小 AIC 准则，最终确定的 Copula 函数矩阵如表 5-69 所示，其中 1、3、4、5、6 分别代表 Gauss-copula、Clayton copula、Frank copula、Survival Gumbel copula 和 Survival Joe copula。

表 5-69　Copula 函数选择矩阵

—	—	—	—	—
3	—	—	—	—
6	1	—	—	—
1	4	5	—	—
3	3	1	4	—

为了对全部数据段的相依结构有一个初步的了解，通过分步极大似然法估计得到的参数值作为初值，再进行整体极大似然估计。Kendall 秩相关系数的具体估计结果如表 5-70 所示。

表 5-70　Kendall 秩相关系数矩阵

0	0	0	0	0
-0.0159	0	0	0	0
0.0246	0.0268	0	0	0
0.0489	-0.0264	0.0519	0	0
-0.0008	-0.0491	0.0817	-0.0741	0

从表 5-70 中可以看出，第三层和第四层树的 Kendall 秩相关系数已经非常小，说明影响已经被削弱了很多，因此我们通过总结表 5-70 倒数的两行，即前两层树的条件与非条件相关系数，得到表 5-71。

表 5-71 条件与非条件相关系数

环境气候—股票	外汇—股票	债券—股票	情绪—股票
-0.0008	-0.0491	0.0817	-0.0741
环境气候—外汇丨股票	外汇—债券丨股票	债券—情绪丨股票	
0.0489	-0.0264	0.0519	

(1) 第一棵树：第一棵树表现为非条件 R 藤 Copula 结构，具体来看：①1 和 4 之间的 Kendall 秩相关系数为-0.0008，表明环境与气候冲击和股票市场反向变化的可能性为 0.0008，两者之间呈弱相关关系，说明环境与气候冲击加剧会导致股票下跌。②3 和 4 之间的 Kendall 秩相关系数为 0.0817，债券市场和股票市场之间同向变动的可能性为 0.0817，说明债券市场与股票市场同涨同跌。③2 和 4 之间的 Kendall 秩相关系数为-0.0491，说明外汇市场和股票市场反向变化的可能性为 0.0491，人民币实际汇率升值会引起股票下跌。④4 和 5 之间的 Kendall 秩相关系数为-0.0741，说明股票市场和情绪传染渠道之间反向变化的可能性为 0.0741，情绪传染减少会引起股票上涨，情绪传染增加会引起股票下跌。

(2) 第二棵树：第二棵树表现为条件 R 藤 Copula 结构，具体表现为两个市场之间的间接传染结构。从结果来看：①在选定第四个市场作为条件市场的背景下，1 与 2 之间的 Kendall 秩相关系数被测定为 0.0489，这一数据揭示了以股票市场为桥梁连接环境与气候冲击和外汇市场时，两者同向变动的概率为 0.0489，同时表明环境与气候冲击所带来的风险可能通过股票市场正向传递至外汇市场。②在第四个市场作为条件市场的前提下，3 与 5 之间的 Kendall 秩相关系数计算得出为 0.0519，该系数清晰地表明了以股票市场为中介连接债券市场与情绪传染渠道时，两者呈现同向变动的趋势，概率为 0.0519，这进一步暗示了债券市场中的风险可能通过股票市场正向传递至情绪传染渠道。③当第四个市场被确立为条件市场时，2 与 3 之间的 Kendall 秩相关系数显示为 -0.0264，这一数值反映了以股票市场为桥梁连接外汇市场与债券市场时，两者间存在反向变动的趋势，概率为 0.0264，同时表明外汇市场中的风险可能通过股票市场反向传递至债券市场。

总的来看，情绪传染渠道没有在跨市场风险传染中起到明显作用。环境与气候冲击与股票市场、外汇市场与股票市场、股票市场与情绪传染渠道均呈反向变动，而债券市场与股票市场呈同向变动，表明了环境与气候事件可能对股市产生负面影响，债券和股票市场的同向变动反映了市场风险的共同反应，汇率变动影响股市,而市场情绪的变化也会对股票价格产生影响。第二棵树中以股票市场为条件,环境与气候冲击、外汇市场、债券市场可以通过股票市场间接影响其他市场。这表明股票市场在金融体系中的传导作用,环境与气候冲击和汇率变动可以通过股市影响债券市场和情绪传染渠道,体现了金融风险的跨市场传染效应。

(三)信息传播渠道

为了从相依结构的角度分析在环境与气候冲击下通过信息传播渠道的风险传染,本部分将对环境与气候指标和信息传播渠道指标与外汇市场指标、债券市场指标、股票市场指标之间的相依结构进行建模。首先要选取一个合适的 R 藤结构,根据前面模型简介中介绍的算法选取的 R 藤 Copula 结构矩阵如表 5-72 所示。其中,1、2、3、4、5 分别代表 EC、FX、BOND、STOCK、IDC。

表 5-72 最优 R 藤结构

2	—	—	—	—
1	1	—	—	—
3	4	3	—	—
5	3	4	4	—
4	5	5	5	5

接下来需要确定连接每个节点的 Copula 函数。我们采用最小 AIC 准则,最终确定的 Copula 函数矩阵如表 5-73 所示,其中 1、3、4、6 分别代表 Gauss-copula、Clayton copula、Frank copula、Survival Joe copula。

表 5-73 Copula 函数选择矩阵

—	—	—	—	—
1	—	—	—	—
4	3	—	—	—
1	6	3	—	—
6	3	1	1	—

为了对全部数据段的相依结构有一个初步的了解,通过分步极大似然法估计得到的参数值作为初值,再进行整体极大似然估计。Kendall 秩相关系数的具体估计结果如表 5-74 所示。

表 5-74　Kendall 秩相关系数矩阵

0	0	0	0	0
0.0299	0	0	0	0
−0.0188	0.0427	0	0	0
−0.0350	0.0668	0.0153	0	0
−0.0602	−0.0416	0.1247	0.0824	0

从表 5-74 中可以看出，第三层和第四层树的 Kendall 秩相关系数已经非常小，说明影响已经被削弱了很多，因此我们通过总结表 5-74 倒数的两行，即前两层树的条件与非条件相关系数，得到表 5-75。

表 5-75　条件与非条件相关系数

外汇—股票	环境气候—信息	债券—信息	信息—股票
−0.0602	−0.0416	0.1247	0.0824
信息—外汇|股票	环境气候—债券|信息	债券—股票|信息	
−0.0350	0.0668	0.0153	

（1）第一棵树：第一棵树表现为非条件 R 藤 Copula 结构，具体来看：①1 和 5 之间的 Kendall 秩相关系数为−0.0416，表明环境与气候冲击和信息传播渠道反向变化的可能性为 0.0416，说明环境与气候冲击加剧会导致信息传播减少。②3 和 5 之间的 Kendall 秩相关系数为 0.1247，债券市场和信息传播渠道之间同向变动的可能性为 0.1247，说明债券市场与信息传播渠道同涨同跌。③4 和 5 之间的 Kendall 秩相关系数为 0.0824，说明股票市场和信息传播渠道之间同向变化的可能性为 0.0824，信息传播加剧会引起股票上涨，信息传播减少会引起股票下跌。④2 和 4 之间的 Kendall 秩相关系数为−0.0602，说明外汇市场和股票市场反向变化的可能性为 0.0602，人民币实际汇率升值会引起股票下跌。

（2）第二棵树：第二棵树表现为条件 R 藤 Copula 结构，具体表现为两个市场之间的间接传染结构。从结果来看：①在选定第五个市场作为条件市场的情境下，1 与 3 之间的 Kendall 秩相关系数被测定为 0.0668，这一数据揭示了以信息传播渠道为桥梁连接环境与气候冲击和债券市场时，两者同向变动的概率为 0.0668，同时表明环境与气候冲击所带来的风险可能通过信息传播渠道正向传递至债券市场。②当第四个市场被确立为条件市场时，2 与 5 之间的 Kendall 秩相关系数计算得出为−0.0350，该系数清晰地表明了以股票市场为中介连接外汇市场与信息传播渠道时，两者呈现反向变动的趋势，概率为 0.0350，这进一步暗示了外汇市场中的风险可能通过股票市场反向传递至信息传播渠道。③在第五个市场同样作为条件市场的情况下，3与4之间的Kendall秩相关系数显示为0.0153，这一数值反映了以信息传播渠道为桥梁连接债券市场与股票市场时，两者同向变动的可能性为0.0153，同时表明债券市场中的风险可能通过信息传播渠道正向传递至股票市场。

总的来看，信息传播渠道在跨市场风险传染中起到了主要作用。环境与气候冲击与信息传播渠道、外汇市场与股票市场呈反向变动，而债券市场和股票市场与信息传播渠道呈同向变动，表明了环境与气候事件可能影响信息传播和市场情绪，债券和股票市场的同向变动反映了市场情绪的共同反应，而汇率变动对股市有反向影响。第二棵树中以信息传播渠道和股票市场为条件，环境与气候冲击、外汇市场和债券市场可以通过这些渠道间接影响其他市场。这表明信息传播渠道和股票市场在金融体系中的传导作用，环境与气候冲击和汇率变动可以通过这些渠道间接影响债券市场和投资者情绪，体现了金融风险的跨市场传染效应。

八、基于科技创新冲击

本部分通过建立科技与创新指标、外汇市场指标、债券市场指标和股票市场指标，分别通过资本流动渠道、情绪传染渠道、信息传播渠道的R藤结构，对它们的相依关系进行比较分析，意在验证国内外经济与政策对国内某金融市场的冲击将通过三种渠道传递至其他金融市场，引发跨市场金融风险传染。

（一）资本流动渠道

为了从相依结构的角度分析在科技创新冲击下通过资本流动渠道的风险传染，本部分将对科技与创新指标和资本流动渠道指标与外汇市场指标、债券市场指标、股票市场指标之间的相依结构进行建模。首先要选取一个合适的R藤结构，根据前面模型简介中介绍的算法选取的R藤Copula结构矩阵如表5-76所示。其中，1、2、3、4、5分别代表STI、FX、BOND、STOCK、CFC。

表5-76 最优R藤结构

1	—	—	—	—
2	3	—	—	—
3	2	2	—	—
4	5	4	4	—
5	4	5	5	5

接下来需要确定连接每个节点的Copula函数。我们采用最小AIC准则，最

终确定的 Copula 函数矩阵如表 5-77 所示，其中 1、3、4 分别代表 Gauss-copula、Clayton copula、Frank copula。

表 5-77 Copula 函数选择矩阵

—				
—	—	—	—	—
3	—	—	—	—
3	4	—	—	—
1	1	3	—	—
4	1	1	4	—

为了对全部数据段的相依结构有一个初步的了解，通过分步极大似然法估计得到的参数值作为初值，再进行整体极大似然估计。Kendall 秩相关系数的具体估计结果如表 5-78 所示。

表 5-78 Kendall 秩相关系数矩阵

0	0	0	0	0
0.0189	0	0	0	0
0.0646	-0.0133	0	0	0
-0.0062	0.0418	-0.0436	0	0
-0.1013	0.0786	-0.1055	0.1803	0

从表 5-78 中可以看出，第三层和第四层树的 Kendall 秩相关系数已经非常小，说明影响已经被削弱了很多，因此我们通过总结表 5-78 倒数的两行，即前两层树的条件与非条件相关系数，得到表 5-79。

表 5-79 条件与非条件相关系数

科技创新—资本	债券—股票	外汇—资本	资本—股票
-0.1013	0.0786	-0.1055	0.1803
科技创新—股票∣资本	债券—资本∣股票	外汇—股票∣资本	
-0.0062	0.0418	-0.0436	

（1）第一棵树：第一棵树表现为非条件 R 藤 Copula 结构，具体来看：①1 和 5 之间的 Kendall 秩相关系数为-0.1013，表明科技创新冲击和资本流动渠道反向变化的可能性为 0.1013，说明科技创新冲击加剧会引起资本流动加剧。②3 和 4 之间的 Kendall 秩相关系数为 0.0786，债券市场和股票市场之间同向变动的可能性为 0.0786，说明债券市场与股票市场同涨同跌。③2 和 5 之间的

Kendall 秩相关系数为-0.1055，说明外汇市场和资本流动渠道反向变化的可能性为 0.1055，人民币实际汇率升值会引起资本外流，这或许是因为人民币实际汇率升值导致出口贸易减少，进口贸易增加，从而引起经常账户盈余减少。④4 和 5 之间的 Kendall 秩相关系数为 0.1803，说明股票市场和资本流动渠道之间同向变化的可能性为 0.1803，国际资本内流会引起股票上涨，资本外流会引起股票下跌。

（2）第二棵树：第二棵树表现为条件 R 藤 Copula 结构，具体表现为两个市场之间的间接传染结构。从结果来看：①在选定第四个市场作为条件市场的背景下，3 与 5 之间的 Kendall 秩相关系数测定为 0.0418，这一数据揭示了以股票市场为桥梁连接总债券市场与资本流动渠道时，两者同向变动的概率为 0.0418，同时表明债券市场中的风险可能通过股票市场正向传递至资本流动渠道。②当第五个市场被确立为条件市场时，1 与 4 之间的 Kendall 秩相关系数计算得出为-0.0062，该系数清晰地表明了以资本流动渠道为中介连接科技创新冲击与股票市场时，两者呈现反向变动的趋势，概率为 0.0062，这进一步暗示了科技创新冲击所带来的风险可能通过资本流动渠道反向传递至股票市场。③在第五个市场同样作为条件市场的情况下，2 与 4 之间的 Kendall 秩相关系数显示为-0.0436，这一数值反映了以资本流动渠道为桥梁连接外汇市场与股票市场时，两者间存在反向变动的可能性，概率为 0.0436，同时表明外汇市场中的风险可能通过资本流动渠道反向传递至股票市场。

总的来看，资本流动渠道在跨市场风险传染中起到了主要作用。科技创新冲击与资本流动渠道、外汇市场与资本流动渠道、股票市场与资本流动渠道分别呈反向和同向变动，而债券市场与股票市场呈同向变动，显示了市场间的联动性和风险传递。表明了科技创新事件可能影响资本流动，债券和股票市场的同向变动反映了市场情绪的共同反应，汇率变动影响资本流动，而资本流动的变化又会影响股市。第二棵树中以股票市场和资本流动渠道为条件，科技创新冲击、外汇市场和债券市场可以通过这些渠道间接影响其他市场。这表明股票市场和资本流动渠道在金融体系中的传导作用，科技创新冲击和汇率变动可以通过这些渠道间接影响债券市场和股市，体现了金融风险的跨市场传染效应。

（二）情绪传染渠道

为了从相依结构的角度分析在科技创新冲击下通过情绪传染渠道的风险传染，本部分将对科技与创新指标和情绪传染渠道指标与外汇市场指标、债券市场指标、股票市场指标之间的相依结构进行建模。首先要选取一个合适的 R 藤结构，根据前面模型简介中介绍的算法选取的 R 藤 Copula 结构矩阵如表 5-80

所示。其中，1、2、3、4、5分别代表STI、FX、BOND、STOCK、ECC。

表5-80 最优R藤结构

2	—	—	—	—
5	1	—	—	—
1	5	3	—	—
3	3	5	4	—
4	4	4	5	5

接下来需要确定连接每个节点的Copula函数。我们采用最小AIC准则，最终确定的Copula函数矩阵如表5-81所示，其中1、3、4、5分别代表Gauss-copula、Clayton copula、Frank copula、Survival Gumbel copula。

表5-81 Copula函数选择矩阵

—	—	—	—	—
1	—	—	—	—
3	3	—	—	—
4	4	5	—	—
3	3	1	4	—

为了对全部数据段的相依结构有一个初步的了解，通过分步极大似然法估计得到的参数值作为初值，再进行整体极大似然估计。Kendall秩相关系数的具体估计结果如表5-82所示。

表5-82 Kendall秩相关系数矩阵

0	0	0	0	0
0.0283	0	0	0	0
0.0202	-5.0000E-05	0	0	0
-0.0235	0.0372	0.0540	0	0
-0.0513	-0.0195	0.0817	-0.0723	0

从表5-82中可以看出，第三层和第四层树的Kendall秩相关系数已经非常小，说明影响已经被削弱了很多，因此我们通过总结表5-82倒数的两行，即前两层树的条件与非条件相关系数，得到表5-83。

表 5-83 条件与非条件相关系数

外汇—股票	科技创新—股票	债券—股票	情绪—股票
-0.0513	-0.0195	0.0817	-0.0723
债券—外汇|股票	科技创新—债券|股票	债券—情绪|股票	
-0.0235	0.0372	0.0540	

（1）第一棵树：第一棵树表现为非条件 R 藤 Copula 结构，具体来看：①1 和 4 之间的 Kendall 秩相关系数为-0.0195，表明科技创新冲击和股票市场反向变化的可能性为 0.0195，两者之间具有一定的波动溢出强度，说明科技创新冲击加剧会导致股票下跌。②3 和 4 之间的 Kendall 秩相关系数为 0.0817，债券市场和股票市场之间同向变动的可能性为 0.0817，说明债券市场与股票市场同涨同跌。③2 和 4 之间的 Kendall 秩相关系数为-0.0513，说明外汇市场和股票市场反向变化的可能性为 0.0513，人民币实际汇率升值会引起股票下跌。④4 和 5 之间的 Kendall 秩相关系数为-0.0723，说明股票市场和情绪传染渠道之间反向变化的可能性为 0.0723，情绪传染减少会引起股票上涨，情绪传染增加会引起股票下跌。

（2）第二棵树：第二棵树表现为条件 R 藤 Copula 结构，具体表现为两个市场之间的间接传染结构。从结果来看：①在选定第四个市场作为条件市场的情境下，1 与 3 之间的 Kendall 秩相关系数被测定为 0.0372，这一数据揭示了以股票市场为桥梁连接科技创新冲击与债券市场时，两者同向变动的概率为 0.0372，同时表明科技创新冲击所带来的风险可能借助股票市场正向传递至债券市场。②在第四个市场作为条件市场的前提下，3 与 5 之间的 Kendall 秩相关系数计算得出为 0.0540，该系数清晰地表明了以股票市场为中介连接债券市场与情绪传染渠道时，两者呈现同向变动的趋势，概率为 0.0540，这进一步暗示了债券市场中的风险可能通过股票市场正向传递至情绪传染渠道。③在第四个市场同样作为条件市场的情况下，2 与 3 之间的 Kendall 秩相关系数显示为-0.0235，这一数值反映了以股票市场为桥梁连接外汇市场与债券市场时，两者间存在反向变动的可能性，概率为 0.0235，同时表明外汇市场中的风险可能通过股票市场反向传递至债券市场。

总的来看，情绪传染渠道对跨市场风险传染没有明显影响。科技创新冲击、外汇市场与股票市场、股票市场与情绪传染渠道分别呈反向变动，而债券市场与股票市场呈同向变动，显示了市场间的联动性和风险传递。表明了科技创新事件可能对股市产生负面影响，债券和股票市场的同向变动反映了市场情绪的共同反应，汇率变动影响股市，而情绪传染的变化也会影响股市表现。第二棵树中以股票市场为条件，科技创新冲击、外汇市场和债券市场可以通过股票市场间接影响其他市场。这表明股票市场在金融体系中的桥梁作用，科技创新冲击和汇率变动可以通过股市影响债券市场和情绪传染渠道，体现了金融风险的跨市场传染效应。

（三）信息传播渠道

为了从相依结构的角度分析在科技创新冲击下通过信息传播渠道的风险传染，本部分将对科技与创新指标和信息传播渠道指标与外汇市场指标、债券市场指标、股票市场指标之间的相依结构进行建模。首先要选取一个合适的 R 藤结构，根据前面模型简介中介绍的算法选取的 R 藤 Copula 结构矩阵如表 5-84 所示。其中，1、2、3、4、5 分别代表 STI、FX、BOND、STOCK、IDC。

表 5-84 最优 R 藤结构

2	—	—	—	—
1	1	—	—	—
3	3	3	—	—
5	4	4	4	—
4	5	5	5	5

接下来需要确定连接每个节点的 Copula 函数。我们采用最小 AIC 准则，最终确定的 Copula 函数矩阵如表 5-85 所示，其中 1、3、4、6 分别代表 Gauss-copula、Clayton copula、Frank copula、Survival Joe copula。

表 5-85 Copula 函数选择矩阵

—	—	—	—	—
3	—	—	—	—
4	3	—	—	—
1	3	3	—	—
6	6	1	1	—

为了对全部数据段的相依结构有一个初步的了解，通过分步极大似然法估计得到的参数值作为初值，再进行整体极大似然估计。Kendall 秩相关系数的具体估计结果如表 5-86 所示。

表 5-86　Kendall 秩相关系数矩阵

0	0	0	0	0
0.02043	0	0	0	0
−0.0169	−0.0217	0	0	0
−0.0350	−0.0221	0.0155	0	0
−0.0607	0.0774	0.1247	0.0824	0

从表 5-86 中可以看出，第三层和第四层树的 Kendall 秩相关系数已经非常小，说明影响已经被削弱了很多，因此我们通过总结表 5-86 倒数的两行，即前两层树的条件与非条件相关系数，得到表 5-87。

表 5-87　条件与非条件相关系数

外汇—股票	科技创新—信息	债券—信息	信息—股票
−0.0607	0.0774	0.1247	0.0824
信息—外汇丨股票	科技创新—股票丨信息	债券—股票丨信息	
−0.0350	−0.0221	0.0155	

（1）第一棵树：第一棵树表现为非条件 R 藤 Copula 结构，具体来看：①1 和 5 之间的 Kendall 秩相关系数为 0.0774，表明科技创新冲击和信息传播渠道同向变化的可能性为 0.0774，说明科技创新冲击加剧会导致信息传播加剧。②3 和 5 之间的 Kendall 秩相关系数为 0.1247，债券市场和信息传播渠道之间同向变动的可能性为 0.1247，说明债券市场与信息传播渠道同涨同跌。③4 和 5 之间的 Kendall 秩相关系数为 0.0824，说明股票市场和信息传播渠道之间同向变化的可能性为 0.0824，信息传播加剧会引起股票上涨，信息传播减少会引起股票下跌。④2 和 4 之间的 Kendall 秩相关系数为−0.0607，说明外汇市场和股票市场反向变化的可能性为 0.0607，人民币实际汇率升值会引起股票下跌。

（2）第二棵树：第二棵树表现为条件 R 藤 Copula 结构，具体表现为两个市场之间的间接传染结构。从结果来看：①在选定第五个市场作为条件市场的背景下，1 与 4 之间的 Kendall 秩相关系数被测定为−0.0221，这一数据揭示了以信息传播渠道为桥梁连接科技创新冲击与股票市场时，两者反向变动的概率为 0.0221，同时表明科技创新冲击所带来的风险可能通过信息传播渠道反向传递至股票市场。②在第四个市场被确立为条件市场的情况下，2 与 5 之间的 Kendall 秩相关系数计算得出为−0.0350，该系数清晰地表明了以股票市场为中介连接外汇市场与信息传播渠道时，两者呈现反向变动的趋势，概率为 0.0350，这进一步暗示了外汇市场中的风险可能通过股票市场反向传递至信息传播渠道。

③在第五个市场同样作为条件市场的前提下，3与4之间的Kendall秩相关系数显示为0.0155，这一数值反映了以信息传播渠道为桥梁连接债券市场与股票市场时，两者同向变动的可能性为0.0155，同时表明债券市场中的风险可能通过信息传播渠道正向传递至股票市场。

总的来看，信息传播渠道是跨市场风险传染中的重要渠道。科技创新冲击、债券市场和股票市场与信息传播渠道呈同向变动，而外汇市场与股票市场呈反向变动，显示了市场间的联动性和风险传递。表明了科技创新事件和信息传播之间存在正向关联，债券和股票市场的同向变动反映了市场情绪的共鸣，而汇率变动对股市有反向影响。第二棵树中以信息传播渠道和股票市场为条件，科技创新冲击、外汇市场和债券市场可以通过这些渠道间接影响其他市场。这表明信息传播渠道和股票市场在金融体系中的传导作用，科技创新冲击和汇率变动可以通过这些渠道间接影响债券市场和股市，体现了金融风险的跨市场传染效应。这些发现有助于理解市场间的复杂互动，对于风险管理、投资策略和信息传播政策的制定具有重要意义。

第四节　本章小结

本章采用了第四章中提出的总外部冲击、国内外经济与政策冲击、国际金融市场冲击、国内外金融政策冲击、地缘政治冲击、环境与气候冲击以及科技创新冲击共七种冲击，分别探讨了不同冲击下资本流动渠道、情绪传染渠道和信息传播渠道对外汇市场、债券市场和股票市场的跨市场风险传染。本章采用R藤Copula模型进行了实证检验，并得出以下结论。

1. 金融市场在面临不同外部冲击时，跨市场金融风险传染仍然存在。资本流动渠道和信息传播渠道是跨市场金融风险传染的主要渠道，而情绪传染渠道对跨市场金融风险传染的作用不明显，情绪传染渠道仅对股票市场起作用。

2. 不同的外部冲击对股票市场的表现不太一致，大部分情况下外部冲击与股票市场是反向关系，即外部冲击加剧会引起股票价格下跌，但也有部分情况外部冲击与股票市场是正向关系，即外部冲击加剧会引起股票价格上涨。

3. 股票市场与债券市场在不同冲击和渠道下均呈现正相关关系，而股票市场与外汇市场呈现负相关关系。

总的来看，在不同外部冲击下，金融风险通过不同渠道在金融市场间跨市场传播，且传导过程较为不同。本章详细梳理了这些传导过程，为后续的政策建议提供了理论依据。

第六章 基于复杂网络模型的金融市场风险传染分析

第一节 复杂网络基本知识

近二十年间,利用复杂网络理论探究现实复杂系统已成为研究热点。众多现实世界的复杂系统,如社交网络、生态系统和金融市场网络等,均可通过复杂网络进行有效描述与分析。金融危机的频发促使管理者深刻认识到,网络节点间的高度互联是风险迅速传播与扩散的重要途径。因此,学者与金融监管机构开始聚焦于网络结构特征及其变动对风险传播的影响,并将复杂网络理论引入金融市场,以探究市场各主体间的相互作用。这一研究方法逐渐获得广泛认可。基于此,本节将围绕网络的概念演进、网络的统计属性、复杂网络模型等维度,对复杂网络理论及其相关研究进行系统梳理与回顾。

一、网络的概念与发展

网络可以视为一种独特的图形架构,因此能够借助图论的相关概念来阐释复杂网络。一般而言,网络被定义为由节点与边构成的集合,其中节点是网络的基本组成单元,代表现实系统中的各个实体,而节点间的关联则通过网络中的连线来体现,这些节点是对现实系统中实体的抽象化表达。从图论视角出发,网络中的所有节点与边的集合可被视为一个图,其中 V 代表节点的全集,E 代表边的全集。依据边是否具有方向性,网络可分为有向网络和无向网络两类。

对于无向网络 G_1,$e_{ij}=e_{ji}(i \neq j)$,而对于有向网络 G_2,$e_{ij} \neq e_{ji}(i \neq j)$。在无向网络中,如果两节点之间存在边,则两个节点为相邻节点。另外,如果网络中存在 $e_{ij}(i \neq j)$ 拥有权重 $\omega_{ij}(i \neq j)$,则网络为加权网络。网络可以根据是否有方向和是否有权重分为四种基本类型。如图6-1所示,(a) 代表加权有向网络,(b) 代表加权无向网络,(c) 代表无权有向网络,(d) 代表无权无向网络。

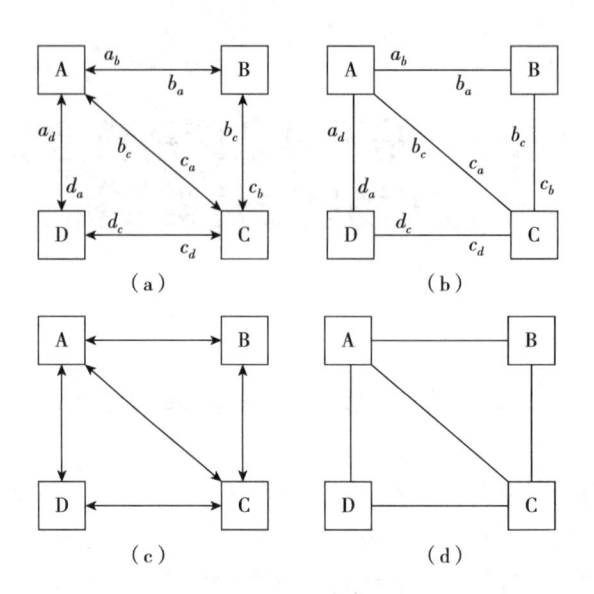

图 6-1　四种网络简图

简而言之,复杂网络相较于普通网络呈现更高的复杂性。以下从几个维度阐述了复杂网络与普通网络之间的区别。

(1) 结构层面,复杂网络囊括了更多的节点,且这些节点的结构特征各异。

(2) 网络演变过程中,复杂网络的节点存在产生与消失的动态变化。

(3) 在连接关系上,复杂网络中的节点间存在差异,这包括连接的权重不同或方向相异。

(4) 动力学层面,复杂网络可能具有复杂性,其节点集合的变化可能遵循非线性动力学规律。

(5) 在覆盖范围上,复杂网络具有广泛性,其节点可以代表现实世界中的任何实体,而节点间的边则蕴含着丰富的意义。

目前,复杂网络研究的起点通常被认为是 20 世纪末由 Watts 等提出的"小世界网络"模型和 Barabási 等提出的"无标度网络"模型。随着复杂网络理论的持续发展和相关应用研究的蓬勃兴起,它已成为描述现实世界中复杂系统的一种通用范式,并赢得了全球范围内各领域学者的广泛认同。在科学研究的网络时代背景下,复杂网络的定量化与定性化特征已成为一个极为重要且充满挑战的新领域,被誉为"网络科学的新篇章"。

二、复杂网络的统计特征

近年来,研究人员通过刻画复杂网络的特征、特点,概括出一些网络的特征性质，以及提出了许多与网络性质相关的概念和方法。主要包括节点的度、网络密度、聚集系数以及平均最短路径等。

1. 节点的度与度分布

节点度是分析网络特性时的重要统计量之一。具体来说，一个节点 i 的度 k_i 是指与其相连的边的数量。在不同的网络中，节点度的具体含义可能有所差异。例如，在社交网络分析中，若将个体视为节点，个体间的相识关系作为节点间的连接依据，那么节点的度就体现了该个体社交圈的广度，度值越大，意味着其社交范围越广泛。

简而言之，节点的度是指直接与该节点相连的边的数量，以节点 i 为例，其度的计算公式为：

$$k_i = \sum_j a_{ij} \tag{6.1}$$

其中，a_{ij} 表示连边集合中的元素，如果 i，j 之间存在连边，则 $a_{ij}=1$，否则 $a_{ij}=0$。度分布是另一个用于描述网络特性的重要统计量，度分布 $p(k)$ 定义为随机选择一个节点，其度为 k 的概率，即网络中度为 k 的节点数量占网络节点总数量的比例。在理论探讨与实证分析中，常见的度分布类型涵盖泊松分布、指数分布以及幂律分布。针对有向网络，节点的度被进一步细化为"出度"与"入度"，相应地，网络的度分布也被细化为"出度分布"与"入度分布"。在实际操作中，为了提升计算的精确性并减少误差，网络度分布常采用累积分布函数进行表征，具体形式如式（6.2）所示。

$$p(k) = \sum_{k' \geq k} p(k') \tag{6.2}$$

该式描述了网络中节点度大于某一特定值的概率。近年来，众多研究表明，众多真实网络的度分布往往遵循幂律分布这一规律，数学表达式为 $p(k) \sim k^{-r}$，其中 r 的大致范围为：$2 < r < 3$。

2. 聚集系数与平均路径长度

在复杂网络分析中，节点的聚集系数是衡量网络集团化或聚类程度的核心指标，它本质上反映了网络的一种局部特性。以社会网络为例，聚集系数可以这样诠释：若某人的朋友同时也是另一人的朋友，则这三个人形成了一个三元组，可视作一个小团体。在解析网络结构特征时，通常采用 Watts 和 Strogatz 于 1998 年首次提出的方法来计算聚集系数：具体而言，节点的聚集系数是通过计算其邻接节点间实际存在的边数与所有可能存在的边数之比来获得的，其计算公式为：

$$C_i = 2e_i / k_i(k_i - 1) \tag{6.3}$$

式 (6.3) 中，e_i 表示节点 i 与其最近邻节点之间实际存在的边的数量，而 k_i 表示节点 i 的度。基于此，可以得出整个网络的聚集系数 C，其为网络中所有节点的聚集系数的平均值，即：

$$C = \frac{1}{N} \sum_i C_i \qquad (6.4)$$

平均最短路径长度是复杂网络中任意两个节点间最短连接路径所含边数的均值。而网络中任意两点间边数的最大数值被定义为网络的直径，通常使用特定变量来标识。整个网络的平均距离则是通过计算所有节点对之间距离的平均值得出，其具体的计算公式表述如下：

$$L = \frac{2}{N(N-1)} \sum_{i>j} d_{ij} \qquad (6.5)$$

3. 度相关性与同型系数

度相关性在统计学领域内，描述的是网络中高度数节点是否更倾向与高或低度数的节点相连。若高度数节点倾向于连接其他高度数节点，则称该网络具有正相关特性；反之，若倾向于连接低度数节点，则称其具有负相关特性。本书重点介绍 Newman（2002）提出的一种度数相关性计算方法，该方法基于网络中所有边两端节点度数的 Pearson 相关系数来构建。具体的计算公式如下：

$$r = \frac{M^{-1} \sum_{ji=1}^{M} j_i k_i - \left[M^{-1} \sum_{i=1}^{M} \frac{1}{2}(j_i + k_i) \right]^2}{M^{-1} \sum_{i=1}^{M} \frac{1}{2}(j_i^2 + k_i^2) - \left[M^{-1} \sum_{i=1}^{M} \frac{1}{2}(j_i + k_i) \right]^2} \qquad (6.6)$$

当 $r > 0$ 时，意味着网络中的高度数节点更倾向与高度数节点相连，展现出网络的正相关性；而当 $r < 0$ 时，则表明高度数节点更倾向与低度数节点相连，此时网络呈现负相关性。

网络的同配性系数是复杂网络的另一重要拓扑特性，它用于量化在节点类型多样的网络中，同类节点间形成连接的概率较高的"同类匹配"结构特征。显然，上述正相关性网络是同类匹配的一种特定表现形式。至于同类匹配的计算方法，Newman（2003）针对无特殊属性的普通网络提出的方法具有较高的普适性。假设在一个具有 N 个节点的网络中，节点具有 T 种不同的类型，定义网络中的类型混配矩阵 $M = (m_{st})_{T \times T}$，其中矩阵的元素是网络中连接类型为 s 的节点和类型为 t 的节点的边数目。下一步将矩阵进行标准化处理：$\overline{M} = M/\|M\|$，其中 $\|M\|$ 表示对矩阵 M 中的所有元素求和，继而，同型系数计算公式为：

$$Q = \frac{Tr(\overline{M}) - \|\overline{M}^2\|}{1 - \|\overline{M}^2\|} \qquad (6.7)$$

三、复杂网络的基本类型

在当前的学术文献中,运用复杂网络模型来模拟真实复杂系统的运作机制已成为数学、生物学及经济学等多个领域的广泛实践。与此同时,众多实证研究与实际案例均揭示,各国的实体经济与金融市场网络很可能具备显著的小世界特性、无标度特性以及高度的聚类结构特征。鉴于此背景,本节将围绕节点属性和网络结构特征两大维度,系统梳理复杂网络模型的分类及其发展脉络。

1. 规则网络

规则网络作为复杂网络模型中最传统且基础的形式,其特征在于节点间的连接遵循明确的规则。依据节点连接方式与网络架构的差异,规则网络可被细分为全局耦合网络、邻近耦合网络和星形网络三大类。具体而言,若网络中每个节点均直接与其他所有节点相连,形成任意两点间无须中介节点的直接通路,这样的网络被称作全局耦合网络。同时,若网络中存在相连的节点 v_i 与 v_j,且这些节点的其他相邻节点也相互连接,则该网络被归为邻近耦合网络。此外,若网络中有一个中心节点 v_i,其余所有节点仅与该中心节点相连,而节点间无直接连接,这样的网络结构称为星形网络。这三种规则网络的具体构型如图 6-2 所示。

(a) 全局耦合网络　　　　(b) 最邻近耦合网络　　　　(c) 星形网络

图 6-2　规则网络示意图

2. 随机网络

是由匈牙利数学家 Erdős 与 Rényi 于 1960 年共同提出的。该模型构建于以下前提之上:网络中设有 N 个节点,最多有 $N(N-1)/2$ 条边,节点间的连接是通过两种随机方式形成的。具体来说,第一种方式是假定网络中的 N 个节点,以概率 p 随机与其他节点连接;第二种方式是在可能存在的 $N(N-1)/2$ 条边中,随机选择 M 条边进行连接。基于这两种随机方法构建的随机网络具有以下特征:

$$k = p(N-1) \tag{6.8}$$

$$C \approx p \tag{6.9}$$

$$L \approx \frac{\ln(N)}{\ln(k)} \tag{6.10}$$

其中，k 是随机网络的平均度，C 代表随机网络的聚类系数，L 表示随机网络的平均路径长度。可以观察到，随着网络节点数量 N 的增加，随机网络的平均路径长度往往较短，这一特性限制了该模型在模拟真实网络场景时的适用性。然而，利用随机性来模拟节点间连接的策略，为后续研究者开发小世界网络模型奠定了理论基石。

3. 小世界网络

规则网络与随机网络在模拟现实复杂系统时所依据的基本假设显得过于极端。实际上，多数真实网络往往介于规则网络与随机网络之间，它们既可能展现出较高的聚类系数，又可能具备较短的平均路径长度。鉴于此，Watts 和 Strogatz（1998）以及 Newman 和 Watts（1999）针对这些结构特性对现实网络进行了抽象化处理，并分别提出了小世界网络模型。值得注意的是，这两种小世界网络模型之间存在着显著的差异。具体而言，Watts 和 Strogatz（1998）是从一个包含 N 个节点的最邻近耦合网络出发，在保持网络中存在一个环路的基础上，对原有的节点连接进行了重排。这些重排的节点会以一定的随机概率与其他节点建立新的连接，因此，这类网络也被称为 WS 小世界网络。相比之下，Newman 和 Watts（1999）同样以一个包含特定数量节点的最邻近耦合网络为基础，但他们并未打乱原有的连接，而是直接以概率 p 添加随机边来构建小世界网络，因此，这类网络也被称为 NW 小世界网络。两种小世界网络的构建流程如图 6-3 所示。

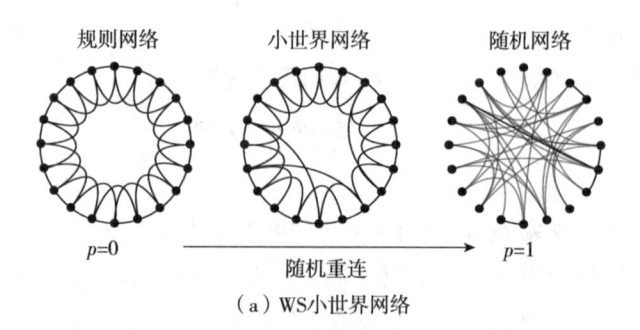

（a）WS小世界网络

图 6-3 小世界网络示意图

（b）NW小世界网络

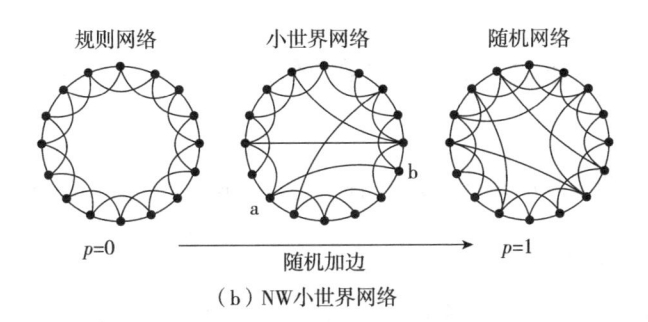

图6-3 小世界网络示意图（续）

4. 无标度网络

在随机网络及小世界网络模型中，随着节点数量的增多，网络节点的度分布遵循泊松分布规律，表现为节点度达到峰值后会迅速以对数形式衰减。然而，这一特性限制了随机网络和小世界网络模型在模拟具有幂律度分布特性的通信网络时的有效性。针对这一局限，Barabási 和 Albert（1999）依据网络的动态增长机制和优先连接原则，提出了无标度网络模型，该模型也因此被称为 BA 模型。具体来说，假定存在一个包含 N 个节点的复杂网络，每次引入一个新增节点 j，并且，新增节点 j 会与该网络中 n 个节点相连接，形成 n 条新增边。同时，要求 n 与 N 之间的数量关系满足约束 $n < N$。与此同时，新增节点 j 与原有节点 i 的连接概率 p_i，受节点 j 与 i 的度 k_i 与 k_j 影响，其具体形式如式（6.11）所示：

$$p_i = \frac{k_i}{\sum_j k_j} \tag{6.11}$$

可以注意到，BA 模型在构建复杂网络模型时，主要通过纳入新节点来体现其动态增长特性，并且，通过引入随机连接概率 p_i 来刻画复杂网络的连接局限性。为了直观展现无标度网络模型的形成机制，图 6-4 详细描绘了一个历经 8 个阶段的无标度网络构建过程。

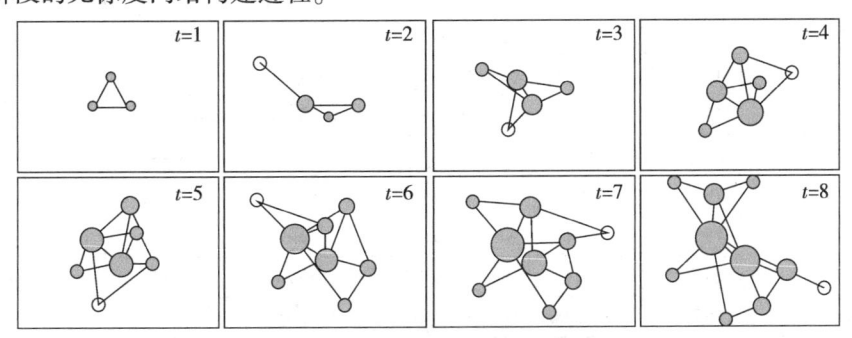

图6-4 无标度网络形成过程

第二节　金融风险的复杂网络构建和拓扑结构分析

一、构建外部冲击下不同传染渠道的金融市场风险传染网络

（一）数据选取

与第五章一样，本章选取了第四章计算得出的外部冲击指标共七个：总外部冲击指标（TES）、国内外经济与政策指标（EPI）、国际金融市场指标（IFM）、国内外金融政策指标（FP）、地缘政治指标（GP）、环境与气候指标（EC）、科技与创新指标（STI），中国金融市场指标共三个：外汇市场指标（FX）、债券市场指标（BOND）、股票市场指标（STOCK），风险传染渠道指标共三个：资本流动渠道指标（CFC）、情绪传染渠道指标（ECC）、信息传播渠道指标（IDC）。为了方便计算，外汇市场指标选用人民币实际有效汇率指数。上述数据样本为2011年1月至2023年12月的月度数据。

（二）数据处理与描述性统计

对每个指标计算对数收益率，记第 i 个指数的月度值为 $P_{i,t}$，则相应的样本对数收益率定义为 $r_{i,t} = 100 \times \log(P_{i,t}/P_{i,t-1})$。为了分析各个数据的基本特征，我们给出了数据描述性统计量，如表6-1所示。

表6-1　描述性统计量

变量	样本量	均值	偏度	峰度	标准差	KS p-值
TES	155	0.0010	-0.2662	2.7884	0.0077	<0.01
EPI	155	0.0008	0.0874	6.6146	0.0218	<0.01
IFM	155	0.0005	0.2080	3.4152	0.0325	<0.01
FP	155	0.0018	0.1792	0.9644	0.0472	<0.01
GP	155	0.0008	0.2595	1.8091	0.0403	<0.01
EC	155	0.0003	0.4831	4.8595	0.0014	<0.01
STI	155	0.0025	0.3154	-0.3947	0.0026	<0.01
FX	155	0.0010	-0.2896	0.0945	0.0120	<0.01
BOND	155	0.0019	-0.1612	1.8611	0.0489	<0.01
STOCK	155	0.0005	0.4288	1.0163	0.0312	<0.01
CFC	155	0.0024	0.0958	6.6661	2.7801	<0.01
ECC	155	0.0006	-0.2520	2.3990	0.0384	<0.01
IDC	155	-0.0004	0.8644	5.9264	0.0419	<0.01

由表 6-1 可以看出，资本流动渠道的标准差较大。偏度反映了各指标的总体变化趋势，大于 0 表示收益率在研究期间大多为正值，小于 0 则表明收益率大多为负值。可以看出，大于 0 的指标数量多于小于 0 的指标数量，表明在样本期间内，大多数指标的变动都为正值。

（三）复杂网络构建

研究金融市场复杂网络时，"节点"可以被用来描述不同市场、不同冲击和不同传染渠道之间的关联性，通过将节点连接起来，可以构建出一个复杂的网络，从而更好地分析市场的性质和特征。相关系数法是一种用于研究股票市场的网络构建方法，它最初由 Karl Pearson 于 1985 年提出，也被称为简单相关系数法。Pearson 相关系数法用于衡量两个时间序列之间的线性关联性，其取值范围为 [-1, 1]，可以用来描述两个变量之间的相关性。本书选用该方法来构建金融网络。

给定指标 i 在 t 期的对数收益率为 $R_{i,t}$，则指标 i 和指标 j 的相关系数为：

$$C_{i,j} = \frac{E(R_i R_j) - E(R_i)E(R_j)}{\sqrt{Var(R_i)Var(R_j)}} \tag{6.12}$$

其中，$E(R_i)$ 是指标 i 在 t 期内的平均收益率，$Var(R_i)$ 是指标 i 在 t 期内的收益率的方差。如果 $C_{i,j}$ 大于 0，则表示这两个指标之间存在正相关性，即两个指标的值同时变大或变小；如果 $C_{i,j}$ 小于 0，则表示这两个指标之间存在负相关性，即一个因素的变化与另一个因素的变化是相反的；如果 $C_{i,j}$ 等于 0，则说明这两个变量之间没有相关性。此外，如果 $C_{i,j}$ 的绝对值较大，则说明这两个变量相互之间具有明显的线性关系，但仍未达到因果关系的程度。由于相关系数存在正负之分，在构建无向网络时我们需要忽略方向性。而且在采用阈值法时，会将小于阈值的数据删除，因此相关系数取绝对值处理。通过选择收益率的相关系数，即可构造出对称的邻接矩阵，而去掉自身相关系数 1，就能得到用于构建金融市场网络的相关系数矩阵。然而，由于初始网络是完全网络，任何两个节点之间都有一个边，这会导致网络系统中含有大量冗余信息。因此，为了解决这个问题，通常的方法是选择适当的阈值，将低于阈值的相关系数去除，从而得到新的相关系数矩阵，以便更好地描述网络系统的结构和功能，并有效地提高网络系统的可靠性和可用性。通过二值化，将相关系数大于阈值的取 1，小于阈值的取 0，生成一个新的邻接矩阵。

设置合适的阈值是构建一个真实金融网络的关键，不同的阈值会产生不同的结果。低阈值可以保留较多的市场信息，但会导致大量冗余节点，从而产生较高的噪声。而高阈值可以有效抑制噪声，但也会导致孤立点的产生，特别是当阈值过高时，会破坏市场之间的联系。不过目前学术界还没有统一的方法来选取阈值，大部分阈值法研究都基于固定的阈值易受作者的主观评判影响。Albert（2000）、汪涛（2010）等运用最大连通子图构建网络，在此基础上王芮（2018）提出了一种新的方法来确定最佳阈值，即采用最大连通子图（MCS）方法。当节点数量从剧烈变化转变为较为平稳时，网络的拓扑结构也会变得更加稳定，此时，构建的复杂网络可以被确定为最佳阈值。本书将沿用王芮的思想进行阈值设定，通过阈值法来构建七个外部冲击变量、三个金融市场和三个传染渠道的金融市场网络图，并对金融市场网络拓扑性质进行分析其存在的动力学特征。本书使用 matplotlib+networkx 通过 python 对网络进行可视化处理，见图6-5。

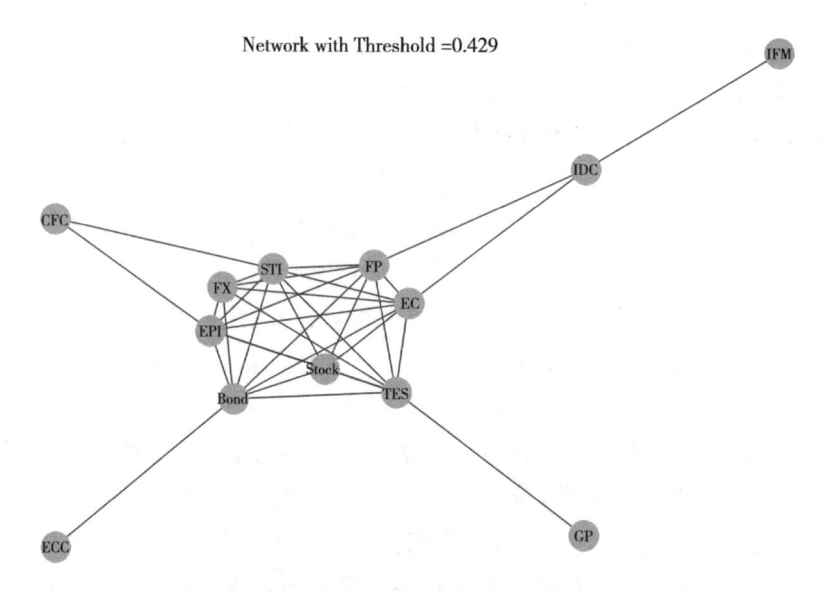

图6-5 外部冲击下不同传染渠道的金融市场风险传染网络

图6-5中显示了各变量之间的网络连接，其中每个节点代表一个变量，而边代表变量之间的相关性超过所确定的最佳阈值，本书计算出最佳阈值 $d=0.429$。每个节点都有标签，显示了它是哪个变量。从图6-5可以大致看出，IFM、GP、ECC、CFC、IDC 与其他节点的联系不太多，其余节点的联系较为紧密。接下来我们对该网络的拓扑结构进行详细的分析。

二、基于风险传染网络的拓扑结构分析

（一）平均路径与聚类系数

平均路径长度越小，金融网络中节点之间的连接越紧密。平均聚类系数是

金融网络结构的一个重要特征，聚类系数越高表示金融网络更倾向群体结构，层次结构越不明显。利用阈值法构建的股票市场复杂网络表现出一些复杂网络的拓扑性质。研究表明，小世界效应是金融复杂网络的基本特征之一，通过观察网络的聚类系数和平均路径长度，可以判断该网络是否具有小世界性质。具体而言，如果一个网络的聚类系数远大于一个随机网络的聚类系数，并且该网络的平均路径长度与同等大小的随机网络的平均路径长度相似，那么该网络就具有小世界性质。

平均路径长度是衡量网络中节点之间连接紧密程度的指标，由表 6-2 可以看出，随机网络的平均路径长度为 1.2051，表明节点之间连接较为紧密，信息传递效率较高。而金融网络的平均路径长度相对较高为 1.7949，可能意味着信息传递的效率相对较低，网络结构更为复杂。

同时，在平均聚类系数上，金融网络和随机网络的平均聚类系数非常相近，分别为 0.5971 和 0.7809，都具有群体结构特征。

综上所述，金融网络与随机网络相比，具有较长的平均路径长度和较低的平均聚类系数，这可能反映了金融网络特有的复杂性和信息传递的特定模式。随机网络的特性则显示出一种更加均匀和紧密的连接结构，这在社交网络或者某些通信网络中较为常见。

表 6-2　平均路径长度与平均聚类系数

网络类型	平均路径长度	平均聚类系数
金融网络	1.7949	0.5971
随机网络	1.2051	0.7809

（二）度与中心性

以下是对该金融网络拓扑结构和动态行为的进一步分析。

1. 度分布

度分布展示了网络中节点的连接数（度）的分布情况。一个网络的度分布可以揭示其拓扑结构的重要特征。例如，如果度分布呈现幂律分布，则该网络可能是一个无标度网络。

无标度网络的特点是高度鲁棒性（Robustness）和脆弱性（Vulnerability）并存，因为去除枢纽节点会极大地影响网络的连通性，但网络中的大多数节点对网络整体结构的影响较小。

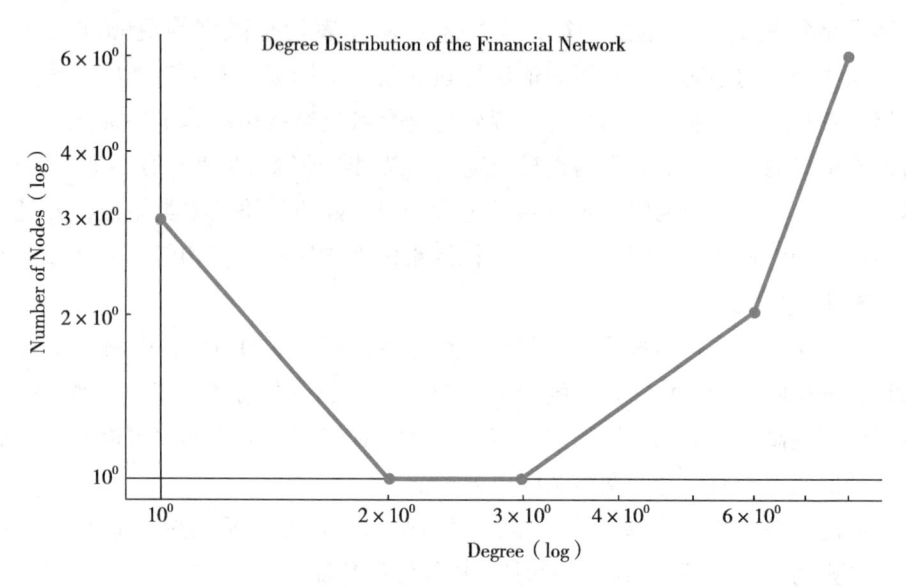

Degree Distribution of the Financial Network

图 6-6　度分布图

从图 6-6 度分布图中可以看出，金融网络的度分布呈现一定的幂律分布特征，这表明网络可能具有无标度（Scale-free）特性。幂律分布的特点是少数节点（枢纽节点）拥有大量的连接，而大多数节点则只有少数连接。

2. 网络中心性分析

度中心性、紧密中心性和介数中心性分别从不同角度评估了节点在网络中的重要性。度中心性高的节点表示它直接连接了较多的其他节点，而紧密中心性高的节点则表示它到网络中所有其他节点的平均路径较短，介数中心性高的节点则表示它位于许多节点对之间最短路径上。

表 6-3　度中心性、紧密中心性和介数中心性

节点	度中心性	介数中心性	紧密中心性
TES	8	0.1692	0.7059
EPI	8	0.0783	0.7059
IFM	1	0.0000	0.3429
FP	8	0.1389	0.7500
GP	1	0.0000	0.4286
EC	8	0.1389	0.7500
STI	8	0.0783	0.7059
FX	6	0.0000	0.6316

第六章 基于复杂网络模型的金融市场风险传染分析

续表

节点	度中心性	介数中心性	紧密中心性
Bond	8	0.1692	0.7059
Stock	6	0.0000	0.6316
CFC	2	0.0000	0.4444
ECC	1	0.0000	0.4286
IDC	3	0.1667	0.5000

通过表6-3我们发现，度中心性最高的节点：TES（总外部冲击指标）、EPI（国内外经济与政策指标）、FP（国内外金融政策指标）、EC（环境与气候指标）、STI（科技与创新指标）和Bond（债券市场指标）的度中心性最高为8，FX（外汇市场指标）和Stock（股票市场指标）的度中心性也较高为6，说明这些指标与网络中其他指标联系的最多。而IFM（国际金融市场指标）、GP（地缘政治指标）、ECC（情绪传染渠道指标）这三个指标的度中心性均为1，CFC（资本流动渠道指标）的度中心性为2，IDC（信息传播渠道指标）的度中心性为3，这些指标的度中心性均比较低，说明这些指标与网络中其他指标联系非常少。可以发现，度中心性较高的指标大多是外部冲击指标，以及三个金融市场指标，而度中心性较低的指标为部分外部冲击指标和三条风险传染渠道指标，这说明大部分的外部冲击与我国的三大金融市场均有较强关联性，而三条风险传染渠道与外部冲击和金融市场的直接关联性不强，这一点从图6-5也可以看出。

在这个网络中，TES（总外部冲击指标）和Bond（债券市场指标）的介数中心性最高，而IDC（信息传播渠道指标）、FP（国内外金融政策指标）、EC（环境与气候指标）均具有较高的介数中心性。而FP（国内外金融政策指标）、EC（环境与气候指标）的紧密中心性最高，TES（总外部冲击指标）、EPI（国内外经济与政策指标）、STI（科技与创新指标）、Bond（债券市场指标）、FX（外汇市场指标）、Stock（股票市场指标）的紧密中心性也较高。这表明它们在网络中起到了重要的中介作用。

总的来看，TES（总外部冲击指标）、FP（国内外金融政策指标）、EC（环境与气候指标）以及Bond（债券市场指标）的度中心性、紧密中心性和介数中心性都较高，说明其在网络中扮演着重要角色，是风险传播的关键节点。

(三) 聚类系数

1. 社区检测

通过 Girvan-Newman 算法，我们检测到了以下两个社区。

第一个社区包含以下节点：TES、EPI、IFM、FP、EC、STI、FX、Bond、Stock、CFC、ECC、IDC。

第二个社区包含以下节点：GP。

社区检测表明网络中存在两个紧密连接的群体，这可能表示市场间的某种关联性或聚类行为。

2. 聚类系数

在无权无向网络中，聚类系数可以量化描述与节点 i 相邻的两个节点之间相互连接的概率。直观来看，如果一个节点的邻居节点之间的连接强度较高，那么这个节点的聚类系数就会更好，对于金融市场来说，如果与某个指标相关波动的其他指标之间的相关性较高，那么这个指标就具有较高的聚类系数。通过计算，可以得到七个外部冲击指标、三个金融市场以及三条风险传染渠道的聚类系数，如表 6-4 所示。

表 6-4 聚类系数

节点	聚类系数
TES	0.7143
EPI	0.7500
IFM	0.0000
FP	0.7500
GP	0.0000
EC	0.7500
STI	0.7500
FX	1.0000
Bond	0.7143
Stock	1.0000
CFC	1.0000
ECC	0.0000
IDC	0.3333

通过表 6-4 可知，整个网络的平均聚类系数为 0.5971，这表明整体上网络中的节点之间的连接较为紧密。其中最大值为 FX（外汇市场指标）、Stock（股

票市场指标）和 CFC（资本流动渠道指标）的 1.0，意味着外汇市场、股票市场以及资本流动渠道与周围的邻居节点之间形成了完全的连接，即每个邻居节点都与其他邻居节点相连。最小值为 IFM（国际金融市场指标）、GP（地缘政治指标）以及 ECC（情绪传染渠道指标）的 0，表明它们周围的邻居节点之间没有形成任何连接，这从这三个节点的介数中心性为 0 也可以得出同样的结论。

因此，可以看出，聚类系数的分布较为分散，既有像 FX、Stock 和 CFC 这样的高聚类系数节点，也有像 IFM、GP 和 ECC 这样的低聚类系数节点。

第三节 本章小结

综合以上分析，我们可以得出以下结论。

第一，本书研究的金融网络具有小世界特性，因为它具有较高的聚类系数和相对较短的平均路径长度。金融网络中节点之间连接紧密，存在大量群体结构和层次结构，表明金融市场内部存在着较强的关联性和相互影响。信息在金融网络中传递效率较高，风险传播速度快，需要加强对风险预警和防控机制的建立。

第二，金融网络可能同时具有无标度特性，因为其度分布呈现幂律分布，金融网络中存在少量枢纽节点，拥有大量连接，而大多数节点连接较少，表明金融市场存在着显著的"马太效应"。枢纽节点对网络结构具有重要影响，一旦受到冲击，容易引发系统性风险。但网络中大量普通节点对整体结构影响较小，具有一定的鲁棒性。

第三，总外部冲击、国内外金融政策、环境与气候条件以及债券市场的度中心性、紧密中心性和介数中心性都较高，说明其在网络中扮演着重要角色，是风险传播的关键节点。

第四，该金融网络中存在两个紧密连接的社区，这可能反映了市场间的关联性或聚类行为。

这些发现对于理解金融市场的动态行为和系统性风险具有重要意义，特别是在识别可能导致风险传播的关键节点和路径方面，有一定的借鉴意义。

第七章 基于复杂网络传染病模型的金融市场风险传染分析

第一节 传染病模型简介

传染病动力学是对传染病在人群中传播规律进行定量研究的重要理论，它基于复杂网络理论，通过对疾病传播过程中的各种因素进行数学建模，揭示疾病传播的本质特征。复杂网络理论为传染病动力学建模提供了全新的视角，使得研究者能够更深入地理解疾病传播机制，为防控策略的制定提供科学依据。

在传染病动力学建模中，复杂网络的应用尤为突出：在疾病传播研究中，其中患者被视为网络中的节点，而患者之间的接触关系则被视为网络中的连接。通过这种方式，可以建立起一个复杂网络模型，从而研究疾病的传播机制。复杂网络可以用于描述人群之间的接触模式，从而建立更贴近实际的传染病传播模型。复杂网络理论还可以分析网络中的关键节点和关键路径，并研究传染病在动态网络中的传播规律，这对于理解传染病的传播机制和制定有效的防控策略具有重要意义。

传染病模型最早由 Kermack 和 McKendrick 在 1927 年提出，他们是为研究 17 世纪"黑死病"在伦敦的流行规模以及在孟买的流行规律而提出。该模型主要是研究自然网络、社会网络等不同种类的复杂网络上的传播机制，并探究可行有效的控制流行病传播的方法。

基于传染病传播模型，科学家设计了多种网络传播模型，其中包括 SI 模型、SIS 模型、SIR 模型、SIRS 模型、SEIR 模型和 SEIRS 模型等。上述传染病模型是基于传染病动力学原理构建的，考虑了种群的生长特性、疾病在种群内的传播规律以及相关社会因素。通过定性和定量分析以及仿真模拟，这些模型能够揭示疾病的发生过程、传播规律，并有效预测其未来趋势。它们还帮助分析疾病在特定种群中流行的原因，以寻找最佳防控策略，并为制定合理的防控决策提供理论依据和数据支持。由于在现实种群中无法进行实际的传染病实验，因此采用传染病动力学方法构建数学模型，对传染病的传播规律进行理论研究和仿真模拟，显得尤为关键。

近年来，传染病动力学的研究在各领域的应用均得到迅速发展。例如，赵剑华和万克文（2017）利用经典传染病动力学 SIR 模型，综合考量用户心理特征和行为，构建网络舆情信息传播模型，并进一步利用 PSO 算法求解模型最优解。刘建华和程伟彬等（2019）通过构建广州市互联网型 MSM 传染病动力学模型，收集广州市 2010—2017 年 MSM 相关数据，对模型参数进一步调优，评估广州市"互联网+艾滋病综合预防服务体系"防治效果。此外，传染病模型在经济金融领域的应用也尤为广泛，尤其是在金融风险传染领域得到了广泛应用。例如，Allen 和 Gale（2000）是最早将传染病动力学应用于银行间风险传播研究的学者。他们发现，银行间风险传播的最主要影响因素是银行间的紧密程度。增加银行节点间的紧密程度可以降低单个银行的风险，但同时也提高了整个银行系统网络的风险。Cao 与 Zhu（2012）基于传染病动力学理论，深入剖析了银行间风险的传播机制，并强调了传染概率、传染阈值以及网络拓扑结构对风险规模与传播范围的决定性作用。姚登宝（2017）则运用复杂网络中的 SIR 模型，探讨了流动性风险在银行体系中的传播效应，发现感染延迟时间与银行间关联性是影响风险扩散范围的关键因素。米传明和钱媛媛（2019）在研究互联网金融时采用了 SEIS 模型，他们指出，相较于感染率，治愈率对金融风险的影响更为显著。王俊勇等（2021）则利用 SIRS 模型模拟了金融子市场间的风险传播过程，并认为金融风险容易在各个市场间发生交叉感染。

总的来说，运用传染病模型分析金融风险传染是复杂网络理论在金融风险领域的重要应用，其分析逻辑和分析框架均值得研究者深入探究。

第二节　传染病模型原理

通常将传染病流行范围内的人群分为以下几个类别。

S 类，易感者（Susceptible），是指尚未患病但缺乏免疫保护的人群，他们与感染者接触后容易受到感染。

E 类，暴露者（Exposed），是指已经接触过感染者但暂时没有传染能力的人群，这种情况适用于潜伏期较长的传染病。

I 类，感染者（Infectious），是指已经感染传染病并能够将疾病传播给 S 类人群，使其转变为 E 类或 I 类的人群。

R 类，免疫者（Recovered），是指因隔离或康复而具有免疫力的人群。如果免疫期有限，R 类人群可能在一段时间后重新变为 S 类。

接下来，我们一一介绍六大典型的传染病模型，包括 SI 模型、SIS 模型、SIR 模型、SIRS 模型、SEIR 模型和 SEIRS 模型。

一、SI 模型

在 SI 模型中，个体被划分为两大类别：易感者 S 与感染者 I。病毒暴发的初始阶段，网络中少数个体已被病毒感染，并按照特定概率向其邻近个体传播病毒。一旦 S 类个体遭受感染，便会转变为 I 类个体，进而成为新的感染源头，继续在网络系统中对其他个体进行感染。

SI 模型是病毒传播中最基础的模型，通常用于描述那些感染后无法治愈的疾病或病毒，如艾滋病等。

该模型有以下假设条件。

1. 所有个体均处于易感状态，即缺乏对病毒的免疫力，均存在被感染的可能性。

2. 个体一旦遭受感染，即会进入已感染状态（即 S 状态）。

3. 在系统模型中，我们假设个体总数维持恒定。这一假设基于传染病早期模型中，短期内出生、死亡及迁移人数对总人数影响甚微，因此可忽略不计，从而合理设定总人数为常数。

令 N 为系统个体总个数，$S(t)$ 和 $I(t)$ 分别表示网络在 t 时刻处于 S 状态和 I 状态的个体的数量。$s(t)$ 和 $i(t)$ 分别表示网络在 t 时刻处于 S 状态和 I 状态的个体的密度（占个体总数的比例），α 为 S 类个体被感染为 I 类个体的概率。则每个感染个体会使 $\alpha s(t)$ 个个体被感染，在该网络中已感染个体的个数为 $Ni(t)$，则已感染 I 类个体的密度随时间的变化率为：

$$\frac{dNi(t)}{dt} = Ni(t) \cdot \alpha s(t) \Rightarrow \frac{di(t)}{dt} = \alpha i(t) s(t) \tag{7.1}$$

系统中所有个体只有 S 和 I 两种状态，故易感染 S 类个体随时间的变化率为：

$$\frac{ds(t)}{dt} = -\alpha i(t) s(t) \tag{7.2}$$

因此，在 SI 模型中，病毒传播的动力学行为可以用如下的微分方程组描述：

$$\begin{cases} \dfrac{ds(t)}{dt} = -\alpha i(t) s(t) \\ \dfrac{di(t)}{dt} = \alpha i(t) s(t) \end{cases} \tag{7.3}$$

由于在该系统中所有的个体只有两种状态,即:

$$s(t) + i(t) = 1 \tag{7.4}$$

假设初始时刻,感染个体的密度初值 $i(0) = i_0$,则式(7.3)的求解可以转化为如下的微分方程求解问题,即:

$$\begin{cases} \dfrac{di(t)}{dt} = \alpha i(t)s(t) = \alpha i(t)[1 - i(t)] \\ i(0) = i_0 \end{cases} \tag{7.5}$$

式(7.5)分离变量,得:

$$\frac{di(t)}{i(t)[1 - i(t)]} = \alpha dt \Rightarrow \frac{di(t)}{i(t)} + \frac{di(t)}{[1 - i(t)]} = \alpha dt \tag{7.6}$$

两边积分,得:

$$\ln \frac{[1 - i(t)]}{i(t)} = -\alpha t + c \tag{7.7}$$

代入初值,求解该微分方程,得:

$$i(t) = \frac{1}{1 + (1/i_0 - 1)e^{-\alpha t}} \tag{7.8}$$

由式(7.8)可以看出,当时间 t 充分时,SI 模型的最终状态是系统中的所有个体都被感染为 I 类节点。该模型可用于描述传染病初期的传播过程。

二、SIS 模型

SIS 模型与 SI 模型具有相似性,其系统节点同样被划分为易感状态 S 与感染状态 I 两种。然而,两者之间的关键差异在于,SIS 模型中已感染的个体在将病毒传播至易感个体之后,存在一定概率能够康复并重新回归易感状态。针对如感冒这类治愈后仍可能复发的疾病,SIS 模型常被用作描述其传播特性的工具。

记 α 为 S 类个体被感染为 I 类个体的概率,β 为 I 类个体恢复为 S 类个体的治愈概率,$s(t)$、$i(t)$ 分别表示系统在 t 时刻处于 S 状态和 I 状态的个体的密度。则在 SIS 模型中病毒传播的动力学行为可以用如下的微分方程组描述:

$$\begin{cases} \dfrac{ds(t)}{dt} = -\alpha i(t)s(t) + \beta i(t) \\ \dfrac{di(t)}{dt} = \alpha i(t)s(t) - \beta i(t) \end{cases} \tag{7.9}$$

令有效传染率 $\lambda = \alpha/\beta (\lambda > 0)$,即从整体来看健康个体的总数有 α/β 的概率转变为被感染个体。

结合式 (7.4)，上述微分方程组的求解问题可以转化为如下的微分方程求解，即：

$$\begin{cases} \dfrac{di(t)}{\beta dt} = i(t)[(\lambda-1)-\lambda i(t)] \\ i(0) = i_0 \end{cases} \quad (7.10)$$

可以解得：

$$i(t) = \dfrac{\lambda-1}{\lambda + \left(\dfrac{\lambda-1-\lambda i_0}{i_0}\right)e^{-(\lambda-1)\beta t}} = \dfrac{1-1/\lambda}{1+\left(\dfrac{\lambda-1-\lambda i_0}{\lambda i_0}\right)e^{-\alpha(1-1/\lambda)\beta t}} \quad (7.11)$$

该方程存在阈值 $\lambda_c = 1$，令 T 代表达到稳态所经历的时间。当 $\lambda < \lambda_c$ 时，稳态解 $i(T) = 0$，这是由于传染期内经有效接触从而使易感染个体变为感染个体的数目不超过初始感染个体的数目；而当 $\lambda \geq \lambda_c$ 时，$i(t)$ 的增减取决于 i_0 的大小，其极限值 $i(\infty) = 1 - \dfrac{1}{\lambda}$ ($\lambda > 0$)。随 λ 的增加而增加，其稳态解 $i(T) = c > 0$。

三、SIR 模型

在 SIR 模型中，除了易感个体与感染个体之外，还存在一类被称为免疫个体 R 的群体。免疫个体 R 具体指的是那些已经康复并获得免疫保护的个体，这类节点既不具备传播疾病的能力，也不会再次受到感染。对于那些如水痘这般治愈后能形成长期免疫的传染病，该模型常被用于对其传播特性进行描述。

记 α 为 S 类个体被感染为 I 类个体的概率，β 为 I 类个体被治愈并获得免疫成为 R 类个体的概率，$s(t)$、$i(t)$、$r(t)$ 分别表示系统在 t 时刻处于 S 状态、I 状态和 R 状态的个体的密度。则在 SIR 模型中病毒传播的动力学行为可以用如下的微分方程组描述：

$$\begin{cases} \dfrac{ds(t)}{dt} = -\alpha i(t)s(t) \\ \dfrac{di(t)}{dt} = \alpha i(t)s(t) - \beta i(t) \\ \dfrac{dr(t)}{dt} = \beta i(t) \end{cases} \quad (7.12)$$

其中，

$$s(t) + i(t) + r(t) = 1 \quad (7.13)$$

仍然令有效传染率 $\lambda = \alpha/\beta$ ($\lambda > 0$)，即从整体来看健康个体的总数有 α/β

的概率转变为被感染个体。结合式（7.13），上述微分方程组的求解问题可以转化为如下的微分方程求解，即：

$$\begin{cases} \dfrac{di(t)}{\beta dt} = i(t)[(\lambda-1)-\lambda i(t)] - \lambda i(t)r(t) \\ \dfrac{ds(t)}{\beta dt} = -i(t)[\lambda-\lambda i(t)] + \lambda i(t)r(t) \\ \dfrac{dr(t)}{\beta dt} = i(t) \\ i(0) = i_0 \\ s(0) = s_0 \\ r(0) = r_0 \end{cases} \quad (7.14)$$

该方程组可以解得：

$$\begin{cases} i(t) = \dfrac{\dfrac{i_0}{(\lambda-1)-\lambda i_0}(\lambda-1)e^{\beta(\lambda-1)t}}{1+\lambda\dfrac{i_0}{(\lambda-1)-\lambda i_0}e^{\beta(\lambda-1)t}} \\ r(t) = \dfrac{1}{\beta\lambda}\ln\left[\dfrac{1+\lambda Ce^{\beta(\lambda-1)t}}{\lambda C}\right], \text{其中 } C = \dfrac{i_0}{(\lambda-1)-\lambda i_0} \\ s(t) = 1 - \dfrac{\dfrac{i_0}{(\lambda-1)-\lambda i_0}(\lambda-1)e^{\beta(\lambda-1)t}}{1+\lambda\dfrac{i_0}{(\lambda-1)-\lambda i_0}e^{\beta(\lambda-1)t}} - \dfrac{1}{\beta\lambda}\ln\left[\dfrac{1+\lambda Ce^{\beta(\lambda-1)t}}{\lambda C}\right] \end{cases} \quad (7.15)$$

可以看出，随着时间的推移，上述模型中的感染个体 I 数量将逐渐上升。然而，经过足够长的时间后，由于易感个体 S 的不足使得感染个体 I 也开始减少，直至感染个体数降至 0，传染过程随之结束。SIR 模型还存在一个阈值 $\lambda_c = 1$。当 $\lambda < \lambda_c$ 时，风险无法扩散；而当 $\lambda > \lambda_c$ 时，风险传染爆发，最终系统中所有个体市场都处于治愈状态，而感染市场的数目为零。

四、SIRS 模型

在 SIRS 模型中，具有免疫能力的个体，其免疫能力只是暂时性的，最终将丧失免疫力并参与到传染过程当中。因此在感染个体 I 被治愈后，处于暂时免疫状态的个体 R 将以 δ 的概率重新回到易感状态 S 参与传染，且仍有可能在一段时间后再次被感染。SIRS 模型动力学模型表示如下：

$$\begin{cases} \dfrac{ds(t)}{dt} = -\alpha i(t)s(t) + \delta r(t) \\ \dfrac{di(t)}{dt} = \alpha i(t)s(t) - \beta i(t) \\ \dfrac{dr(t)}{dt} = \beta i(t) - \delta r(t) \end{cases} \quad (7.16)$$

其中，$s(t) + i(t) + r(t) = 1$。

五、SEIR 模型

众所周知，不少传染病都有潜伏期，如肝炎、艾滋病、埃博拉等。当一个易感者在初期被感染以后，疾病在易感个体中有一定的潜伏时间，这里易感者在发病之前就变成潜伏者。对于这类传染病建立的模型就是 SEIR 传染病动力学模型。

相比于 SIR 模型，SEIR 模型网络中的个体会有一种新的状况，即将已感染但处于潜伏期个体，称为潜伏者 E。当易感个体 S 与传染个体 I 相接触时，会有概率 α 变成潜伏状况 E，而 μ 则为 E 状态变成感染状态 I 的概率，β 为 I 类个体被治愈并获得免疫成为 R 类个体的概率。根据以上构建 SEIR 模型。假定在 t 时刻，体系中的个体密度依次为 $s(t)$、$e(t)$、$i(t)$ 和 $r(t)$，那么 SEIR 模型应该用微分方程来表达：

$$\begin{cases} \dfrac{ds(t)}{dt} = -\alpha i(t)s(t) \\ \dfrac{de(t)}{dt} = \alpha i(t)s(t) - \mu e(t) \\ \dfrac{di(t)}{dt} = \mu e(t) - \beta i(t) \\ \dfrac{dr(t)}{dt} = \beta i(t) \end{cases} \quad (7.17)$$

其中，

$$s(t) + e(t) + i(t) + r(t) = 1 \quad (7.18)$$

六、SEIRS 模型

基于 SEIR 模型，SEIRS 模型表示那些由于免疫力衰减而再次变为易感状态的个体。

同样地，α 为 S 类个体被感染变成潜伏状况 E 的概率，μ 为 E 状态变成传染状况 I 的概率，β 为 I 类个体被治愈并获得免疫成为 R 类个体的概率，δ 为在免疫状态 R 的情况下转变为易感染状态 S 的概率。由于 $s(t)+e(t)+i(t)+r(t)=1$，因此，考虑下面的微分方程：

$$\begin{cases}\dfrac{ds(t)}{dt}=-\alpha i(t)s(t)+\delta r(t)\\ \dfrac{de(t)}{dt}=\alpha i(t)s(t)-\mu e(t)\\ \dfrac{di(t)}{dt}=\mu e(t)-\beta i(t)\\ \dfrac{dr(t)}{dt}=\beta i(t)-\delta r(t)\end{cases} \quad (7.19)$$

第三节 金融风险的传染病模型仿真分析

一、SI 模型仿真分析

（一）模型假设

金融风险传染可以看作是金融网络中风险扩散的动态行为。风险在金融市场网络中的传播机理类似于传染病的传播机理。与传染病的传播相似，在金融市场体系中，存在易受风险影响的个体。当某一个金融子市场爆发风险时，在国际资本流动、投资者情绪、信息传播等因素的作用下，这些风险通过一定的途径使得其他子市场也可能暴露在风险中。这一过程与金融风险传染的急速爆发期相似，如全球性的金融危机。因此，我们假设跨市场金融风险传染的爆发期遵循 SI 模型。

SI 模型将金融市场分为两类：$S(t)$ 表示易感染市场，即在 t 时刻属于未被感染状态，但之后可能转变为潜伏状态的市场数量；$I(t)$ 表示已感染市场，即在 t 时刻已经被感染风险且能够将风险传染给其他易感染市场的市场数量。

模型假设：

1. 考察的总市场数 N 不变；

2. 市场分为易感市场（S 类）和感染市场（I 类）两类；

3. 易感市场（S 类）与感染市场（I 类）有效接触即被感染，变为感染市场，无潜伏期、无治愈情况、无免疫力；

4. 每个感染市场每天传染给易感市场的平均数是 α，称为风险传染率；

5. 将第 t 天 S 类、I 类市场的占比记为 $s(t)$、$i(t)$，数量为 $S(t)$、$I(t)$；初始日期 $t=0$ 时，S 类、I 类市场占比的初值为 s_0、i_0。

（二）SI 模型仿真模拟结果

首先，设置模型参数。本章考察的市场变量共 66 个，包含了外部冲击的所有指标，股票市场、债券市场和外汇市场的所有指标，以及三条传染渠道指标，故设定总市场数 $N=66$。假定风险传染率 $\alpha=0.2$，患病者比例的初值 $i_0=0.015(1/66)$，预测日期长度 tEnd = 200 天。仿真模拟结果见图 7-1。

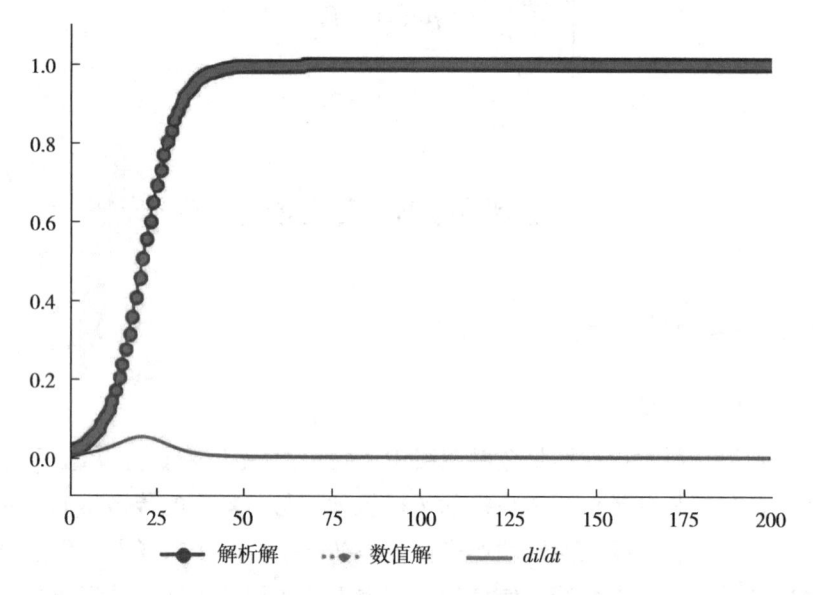

图 7-1 SI 模型中 $i(t)$ 数值解与解析解的比较

在图 7-1 中，我们可以发现解析解与数值解的差异不明显，表明数值解的误差很小。图中 di/dt 为 $i(t)$ 曲线的斜率。可以看到 di/dt 逐渐增加，在第 20 日左右达到最大值，表明 $i(t)$ 的增速在此时达到最大。此后 di/dt 逐渐减小，但 $i(t)$ 继续增长，增速开始放缓，直至 $i(t)$ 增长到 100%，表明所有市场都被传染成为感染市场（I）。

这是特定参数的结果，还是模型的必然趋势，需要对不同参数的影响进行更详细的研究。

首先，考察风险传染率 α 对 SI 模型的影响。保持参数 $i_0=0.015$ 不变，当 $\alpha=[0.1, 0.2, 0.3, 0.4, 0.5, 0.6]$ 时，$i(t)$ 曲线如图 7-2 所示。从图 7-2 可以看出，当风险传染率 α 越高时，$i(t)$ 曲线的斜率越大，表明感染市场比例的增长速度越快，说明金融风险传染的速度越快。

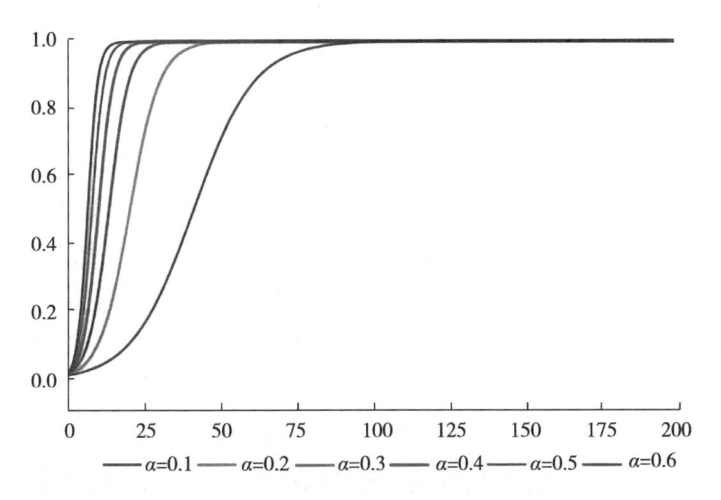

图 7-2　SI 模型中风险传染率 α 对 $i(t)$ 曲线的影响

其次，考察初始感染市场比例 i_0 对 SI 模型的影响。在图 7-3 中，每条曲线代表不同初始感染市场比例 i_0 下的 $i(t)$ 曲线。可以看出，初始感染市场的比例越高，$i(t)$ 曲线的斜率越大，表明感染市场比例的增长速度越快，说明金融风险传染的速度越快。

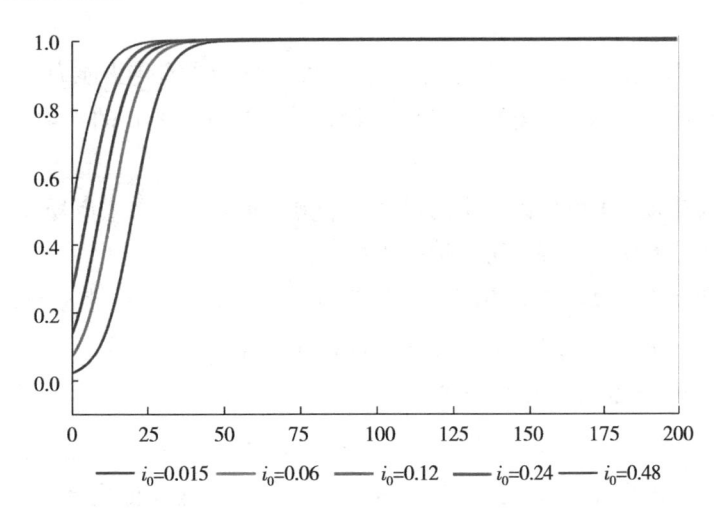

图 7-3　SI 模型中初始感染市场比例 i_0 对 $i(t)$ 曲线的影响

二、SIS 模型仿真分析

(一) 模型假设

在前面我们已经指出，风险在金融市场网络中的传播机理类似于传染病的传播机理。与传染病的传播相似，在金融市场体系中，存在易受风险影响的个体。当某一个金融子市场爆发风险时，在国际资本流动、投资者情绪、信息传播等因素的作用下，这些风险通过一定的途径使其他子市场也可能暴露在风险当中。而已感染的市场可以通过政策和市场的共同调节作用下消除风险（治愈）并重新变为易感市场。如果治愈后市场不具有免疫力，可能再次被感染成为感染市场。这一过程与金融市场中风险的周期性特征相符，如金融市场波动、恐慌情绪等，都可能引发风险的周期性传播。这种金融风险的周期性传播特征符合 SIS 模型的设定。因此，我们假设金融风险的周期性传染过程遵循 SIS 模型。

SIS 模型将金融市场分为两类：$S(t)$ 表示易感染市场，即在 t 时刻属于未被感染状态但之后可能转变为潜伏状态的市场数量；$I(t)$ 表示感染市场，即在 t 时刻已经被感染风险且能够将风险传染给其他易感染市场的市场数量。

模型假设：

1. 考察的总市场数 N 不变；

2. 市场分为易感市场（S 类）和感染市场（I 类）两类；

3. 易感市场（S 类）与感染市场（I 类）有效接触即被感染，变为感染市场；

4. 模型不考虑潜伏期，即感染市场（I 类）立即具有传染能力；

5. 每个感染市场（I 类）每天传染给易感市场（S 类）的平均数是 α，称为风险传染率；

6. 感染市场（I 类）以一定的概率 β 治愈并重新变为易感市场（S 类），但治愈后不具有免疫力，可能再次被感染；

7. 将第 t 天 S 类、I 类市场的占比记为 $s(t)$、$i(t)$，数量为 $S(t)$、$I(t)$；初始日期 $t=0$ 时，S 类、I 类市场占比的初值为 s_0、i_0。

（二）SIS 模型仿真模拟结果

首先设置模型参数。本书考察的市场变量同上共 66 个，故总市场数 $N = 66$。假定风险传染率 $\alpha = 0.2$，治愈率 $\beta = 0.1$。令有效传染率 $\lambda = \alpha/\beta$（$\lambda > 0$），此时 $\lambda = 2$。假定感染市场比例的初值 $i_0 = 0.015(1/66)$，预测日期长度 tEnd = 200 天。仿真模拟结果见图 7-4。

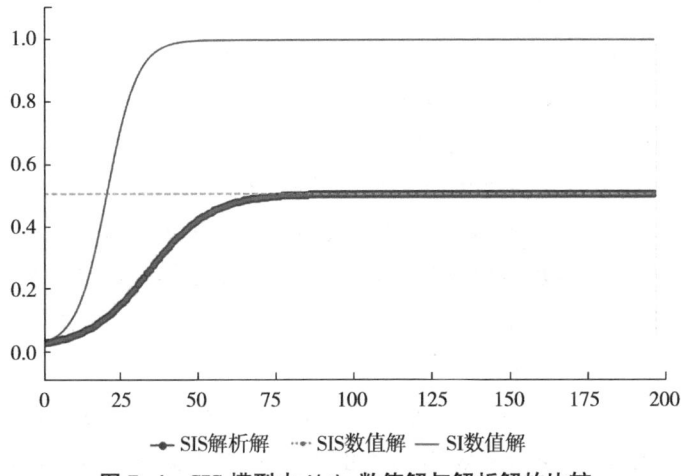

图 7-4 SIS 模型中 $i(t)$ 数值解与解析解的比较

图 7-4 绘制了 SIS 模型下感染市场比例 $i(t)$ 随时间 t 变化的曲线,并比较了 $i(t)$ 的解析解和数值解。其中,点线是 SIS 模型的解析解曲线,展示了感染市场比例随时间的理论变化趋势。虚线是 SIS 模型的数值解曲线,通过求解微分方程得到的感染市场比例随时间的变化趋势。实线是 SI 模型的数值解曲线,用于比较 SIS 模型中无治愈者的情况。

从图 7-4 中可以看出,$i(t)$ 的解析解和数值解在大多数情况下吻合得很好。SI 模型的 $i(t)$ 曲线始终高于 SIS 模型的 $i(t)$ 曲线,说明考虑治愈率后,金融风险传播的速度会减慢,最终感染市场的比例会降低。从图 7-4 中可以看到,$i(t)$ 最终趋向于一个稳定值 i_e,该值取决于风险传染率 α 和有效传染率 λ。同时,SIS 模型的 $i(t)$ 曲线在 90 日附近达到稳定值,而 SI 模型的 $i(t)$ 曲线在 40 日附近就达到最大值,同样也说明考虑治愈率后金融风险的传播速度减慢了。

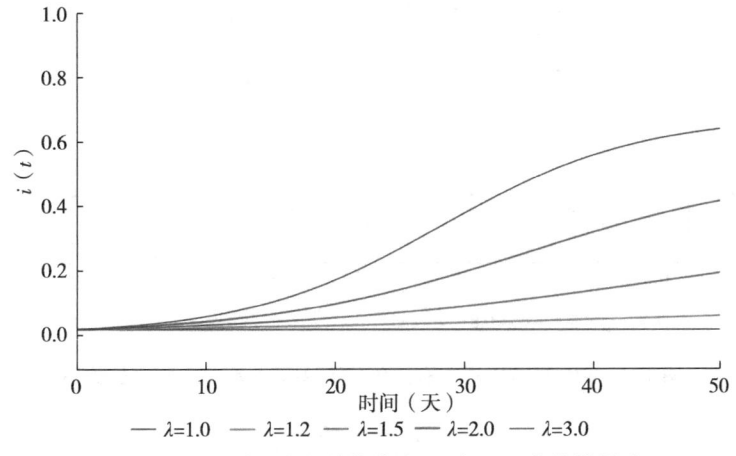

图 7-5 SIS 模型中有效传染率 λ 对 $i(t)$ 曲线的影响

171

图 7-5 描绘了 SIS 模型在有效传染率 λ 取不同值时，感染市场比例 $i(t)$ 随时间 t 变化的情况。图 7-5 展示了感染者数量与感染者数量变化率之间的关系，有效传染率 λ 越大，$i(t)$ 曲线的斜率越陡峭，表明感染市场比例增长得越快，说明金融风险传播的速度越快。

图 7-6 绘制了 SIS 模型中感染市场比例 $i(t)$ 与其变化率 di/dt 的关系曲线，并展示了不同有效传染率 λ 对该关系的影响。从图 7-6 可以看出，有效传染率 $\lambda=1$ 为该关系曲线的临界值。不同 λ 值下 $i(t)$ 曲线在横坐标上的位置不同，说明 λ 影响了 $i(t)$ 的最终稳定值。不同 λ 值下关系曲线的斜率不同，说明 λ 影响了 di/dt 随 $i(t)$ 变化。

当 $\lambda > 1.0$ 时，表明风险传染率高于治愈率，此时 $i(t)$ 与其变化率 di/dt 的关系曲线均处于第一象限，表明二者正相关，并呈现抛物线形状，说明此时 di/dt 随 $i(t)$ 先增加后减少，最终趋向于 0，这说明 $i(t)$ 曲线会先快速上升然后减速上升，最终趋于一个稳定值，这与图 7-4 的结论是一致的。且从图中可以看出，当 λ 值越大的时候，$i(t)$ 的最终稳定值也越大，说明最终被感染的市场占比越高。当 λ 值越大的时候，关系曲线斜率的绝对值也越大，说明 di/dt 随 $i(t)$ 变化的越快。

而当 $\lambda < 1.0$ 时，表明风险传染率小于治愈率，$i(t)$ 与其变化率 di/dt 的关系曲线位于第四象限，且为短暂的线性负相关，因为此时感染市场会被快速治愈从而使得所有感染市场均被治愈。

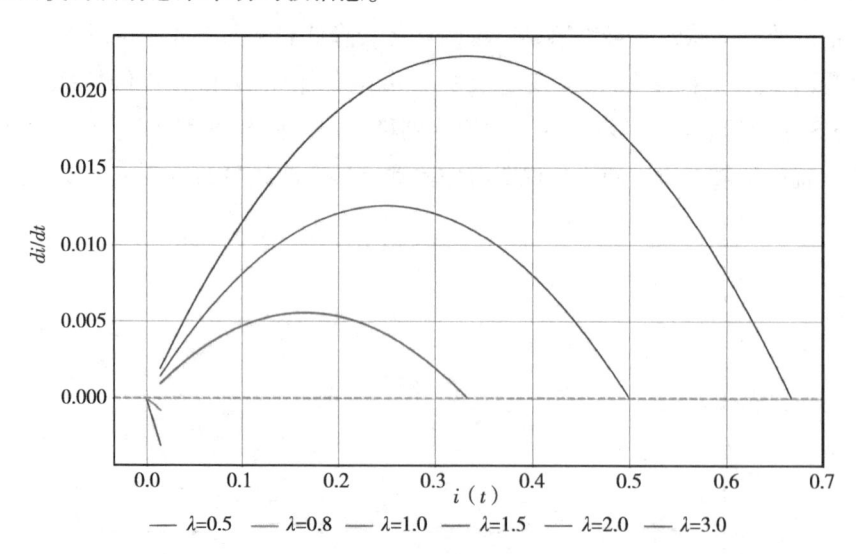

图 7-6 SIS 模型中不同有效传染率 λ 下 $i(t)$ 与 di/dt 的关系

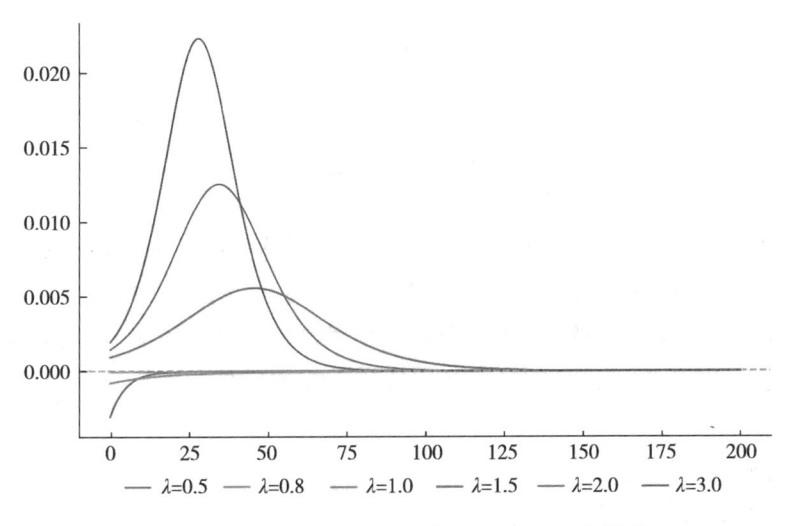

图 7-7 SIS 模型中有效传染率 λ 对 di/dt 的影响

图 7-7 绘制了 SIS 模型中感染市场比例的变化率 di/dt 随时间 t 变化的曲线，并展示了不同传染期接触数 λ 对该变化率的影响。从图 7-6 可以看出，有效传染率 λ = 1 为该关系曲线的临界值。不同 λ 值下 di/dt 曲线在纵坐标上的位置不同，说明有效传染率 λ 影响了 di/dt 的最大值和出现最大值的时间。不同 λ 值下 di/dt 曲线的斜率不同，说明有效传染率 λ 影响了 di/dt 随时间 t 变化的速率。

当 λ > 1.0 时，表明风险传染率高于治愈率，此时 di/dt 曲线位于第一象限，且都呈现先上升后下降的趋势，说明 di/dt 随时间 t 先增加后减少，最终趋向于 0。且从图 7-7 中可以看出，当 λ 值越大的时候，di/dt 的最大值越大，出现最大值的时间越早。当 λ 值越大的时候，关系曲线斜率的绝对值也越大，说明 di/dt 随时间 t 变化的速度越快。

而当 λ < 1.0 时，表明风险传染率小于治愈率，此时 di/dt 曲线位于第四象限，且呈现出单调上升的趋势，且快速趋向于 0。表明此时感染市场 $i(t)$ 快速减少，直到所有感染市场均被治愈。这一结论与图 7-4 至图 7-6 的结论是保持一致的。

三、SIR 模型仿真分析

（一）模型假设

在前面两个模型的假设中，我们已经知道当某一个金融子市场爆发风险时，在国际资本流动、投资者情绪、信息传播等因素的作用下，这些风险通过一定的途径使其他子市场也可能暴露在风险当中，并且感染市场可以治愈并重新变为易感市场。有些市场被治愈后具有免疫力，不再具有传染能力。这与金融市场中一些风险可以通过采取措施化解的特征相符，如金融机构通过提高资本充足率、加强风险管理等方式来化解风险。因而在这种情况下，我们认为金融风险传染符合 SIR 模型的特征。

SIR 模型将金融市场分为三类：$S(t)$ 表示易感染市场，即在 t 时刻属于未被感染状态但之后可能转变为感染状态的市场数量；$I(t)$ 表示感染市场，即在 t 时刻已经被感染风险且能够将风险传染给其他易感染市场的市场数量；$R(t)$ 表示免疫市场，即在 t 时刻已经被感染风险影响但采取措施化解风险且不再具有传染能力的市场数量。

模型假设：

1. 考察的总市场数 N 不变；

2. 市场分为易感市场（S 类）、感染市场（I 类）和免疫市场（R 类）三类；

3. 易感市场（S 类）与感染市场（I 类）有效接触即被感染，变为感染市场；

4. 模型不考虑潜伏期，即感染市场（I 类）立即具有传染能力；

5. 每个感染市场（I 类）每天传染给易感市场（S 类）的平均数是 α，称为风险传染率；

6. 感染市场（I 类）以一定的概率 β 治愈并转变为免疫市场（R 类），获得免疫力，不再具有传染能力；

7. 将第 t 天 S 类、I 类和 R 类市场的占比记为 $s(t)$、$i(t)$ 和 $r(t)$，数量为 $S(t)$、$I(t)$ 和 $R(t)$；初始日期 $t=0$ 时，S 类、I 类和 R 类市场占比的初值分别为 s_0、i_0 和 r_0。

（二）SIR 模型仿真模拟结果

首先设置模型参数。本书考察的市场变量同上共 66 个，故总市场数 $N = 66$。假定风险传染率 $\alpha = 0.2$，治愈率 $\beta = 0.1$。令有效传染率 $\lambda = \alpha/\beta$（$\lambda > 0$），此时 $\lambda = 2$。假定感染市场比例的初值 $i_0 = 0.015(1/66)$，预测日期长度 tEnd = 200 天。仿真模拟结果见图 7-8。

图 7-8 绘制了 SIR 模型下感染市场比例 $i(t)$、易感市场比例 $s(t)$ 和免疫市场比例 $r(t)$ 随时间 t 变化的曲线。在 SIR 模型中随着 t 的增加，感染市场比例 $i(t)$ 曲线先上升后下降，在 35 日左右达到峰值，在 110 日左右趋于 0；易感市场比例 $s(t)$ 先加速下降，后减速下降，在 110 日左右稳定在一个最小值；免疫

市场比例 $r(t)$ 先加速上升，后减速上升，在 110 日左右稳定在一个最大值。可以发现，这三条曲线的数值之和为 1，即 $s(t) + i(t) + r(t) = 1$，符合式 (7.13)，且 $s(t)$ 曲线与 $r(t)$ 曲线有明显的反向关系。

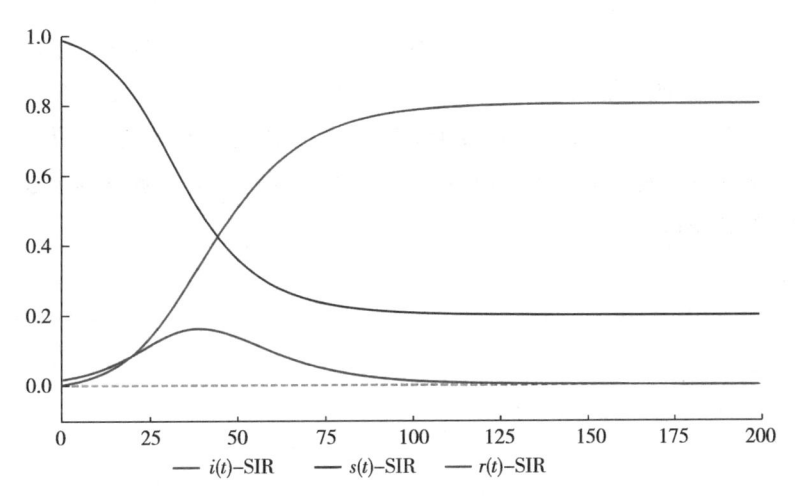

图 7-8　SIR 模型的仿真模拟

图 7-9 中绘制了不同初始感染市场比例 i_0 下，SIR 模型中感染市场比例 $i(t)$、易感市场比例 $s(t)$ 和免疫市场比例 $r(t)$ 随时间 t 变化的曲线，其中实线代表 $i(t)$ 曲线，虚线代表 $s(t)$ 曲线，点线代表 $r(t)$ 曲线。可以看出，$s(t)$ 曲线与 $r(t)$ 曲线在不同 i_0 取值时均有明显的反向关系。

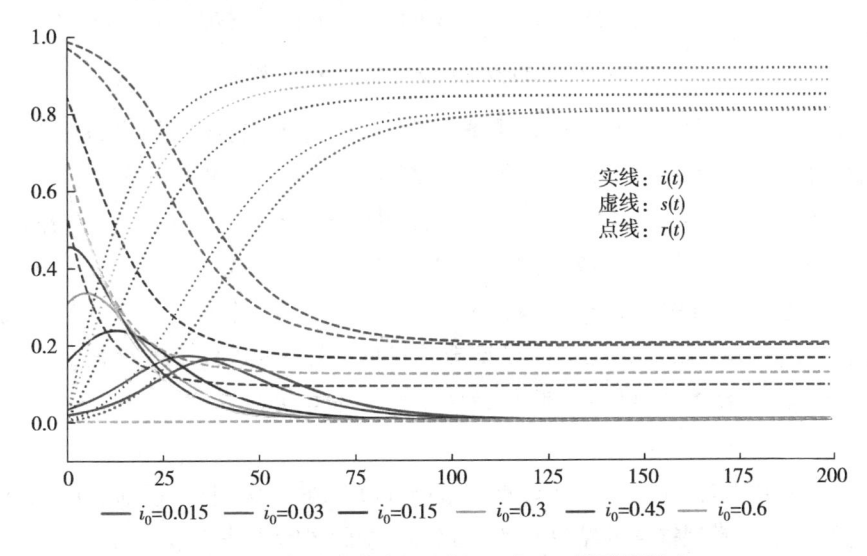

图 7-9　初始感染市场比例 i_0 对 SIR 模型的影响

图 7-9 在不同 i_0 取值下的关系均与图 7-8 保持一致，这三条曲线的数值之和为 1，即 $s(t) + i(t) + r(t) = 1$，符合式 (7.13)。随着 i_0 的增加，感染市场比例 $i(t)$ 在 y 轴的截距位置更高，且峰值也更高，i_0 越小，$i(t)$ 达到峰值的时间越晚，但最终 $i(t)$ 都下降到 0。随着时间 t 的增加，易感市场比例 $s(t)$ 一直下降，最终稳定在一个非 0 值；且 i_0 越小，s_0 越大，$s(t)$ 的值也越大，且 $s(t)$ 曲线更晚下降到稳态值。免疫市场比例 $r(t)$ 一直上升，最终稳定在一个小于 1 的值；且 $r_0 = 0$，当 i_0 越小时，$r(t)$ 的值越大，且更快达到最大值。这说明在既定条件下，无论初始感染市场比例为多少，均无法实现所有市场都恢复正常，金融风险无法被消除。

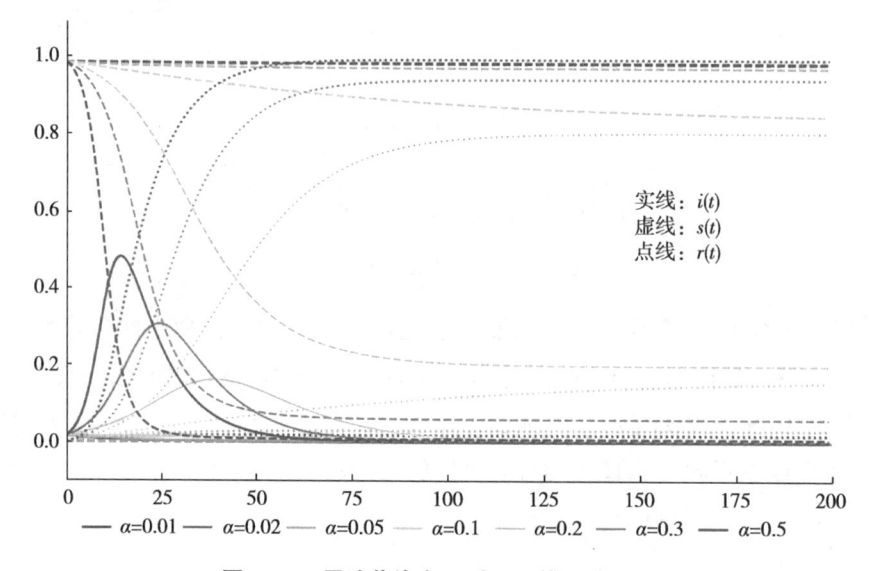

图 7-10 风险传染率 α 对 SIR 模型的影响

图 7-10 中绘制了不同风险传染率 α 下，SIR 模型中感染市场比例 $i(t)$、易感市场比例 $s(t)$ 和免疫市场比例 $r(t)$ 随时间 t 变化的曲线，其中实线代表 $i(t)$，虚线代表 $s(t)$，点线表示 $r(t)$。该图在不同 α 取值下的关系均与图 7-8 保持一致，这三条曲线的数值之和为 1，即 $s(t) + i(t) + r(t) = 1$，符合式 (7.13)。且 $s(t)$ 曲线与 $r(t)$ 曲线在不同 α 取值时均有明显的反向关系，与前面的结论保持一致。根据第二节的模型推导我们可知，SIR 模型也存在一个阈值 $\lambda_c = \alpha/\beta = 1$。在图 7-11 中，我们设定治愈率 $\beta = 0.1$，因此，我们讨论 $\alpha < 0.1$、$\alpha = 0.1$ 和 $\alpha > 0.1$ 的情况。

当 $\alpha < 0.1$ 时，$\lambda_c < 1$，此时感染市场 $i(t)$ 几乎为 0，易感市场 $s(t)$ 几乎为 1，与第二节中模型推导的结论一致。此时，金融风险无法扩散出去，几乎没有

感染市场。

当 $\alpha = 0.1$ 时，$\lambda_c = 1$，此时感染市场 $i(t)$ 几乎为0，但易感市场 $s(t)$ 从1一直下降并稳定到一个较大的比例，$r(t)$ 一直上升并最终稳定在一个较小的比例，此时 $r(t) \approx 1 - s(t)$。

当 $\alpha > 0.1$ 时，$\lambda_c > 1$，此时随着风险传染率 α 的增加，有效传染率 λ 越大，感染市场比例 $i(t)$ 先上升后下降，α 越大 $i(t)$ 的峰值越大，且达到峰值的时间越早，持续时间也越短，但最终都会下降到0。说明风险传染率越高，风险爆发得越快，感染市场比例急速上升，但风险消失得也更快。随着时间 t 的增加，易感市场比例 $s(t)$ 一直下降，α 越大，$s(t)$ 的值也越大；$s(t)$ 最终趋于一个稳定值，且风险传染率 α 越大，易感市场的稳态值越小；当 $\alpha = 0.5$ 时，$s(t)$ 最终趋于0。随着时间 t 的增加，免疫市场比例 $r(t)$ 一直上升，最终趋于一个稳定值。当 α 越大时，免疫市场 $r(t)$ 的值越大，且更快达到最大值；当 $\alpha = 0.5$ 时，$r(t)$ 最终趋于1。这些结论说明在其他条件不变时，若风险传染率 α 越大，风险爆发的越快，感染市场比例也越大，但免疫的也越快，当 $\alpha \geq 0.5$ 时，最终可以实现全体免疫，金融风险最终被消除，所有市场恢复正常。

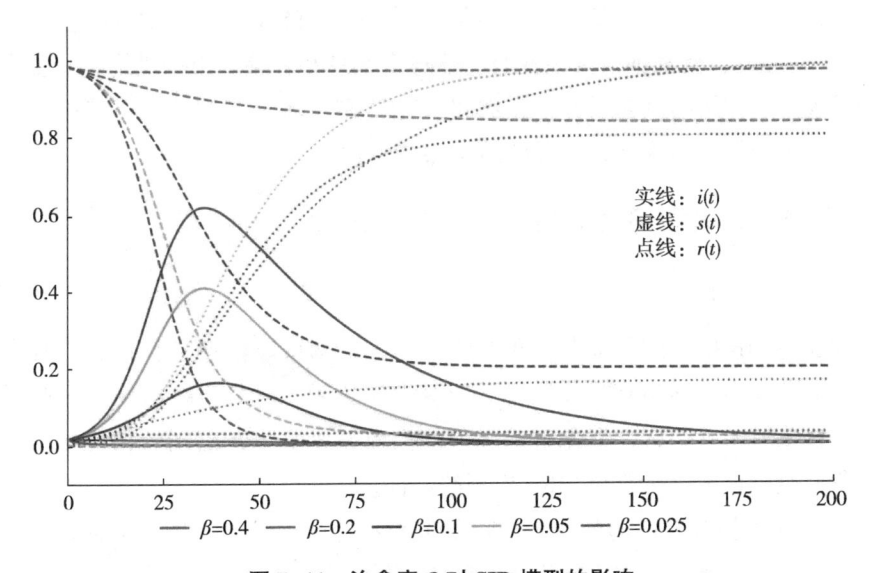

图 7-11　治愈率 β 对 SIR 模型的影响

图 7-11 绘制了不同治愈率 β 下，SIR 模型中感染市场比例 $i(t)$、易感市场比例 $s(t)$ 和免疫市场比例 $r(t)$ 随时间 t 变化的曲线，其中实线代表 $i(t)$，粗虚线代表 $s(t)$，点划线表示 $r(t)$。该图在不同 α 取值下的关系均与图 7-8 保持一致，这三条曲线的数值之和为1，即 $s(t) + i(t) + r(t) = 1$，符合式 (7.13)。且

$s(t)$ 曲线与 $r(t)$ 曲线在不同 α 取值时均有明显的反向关系，与前面的结论保持一致。根据第二节的模型推导我们可知，SIR 模型也存在一个阈值 $\lambda_c = \alpha/\beta = 1$。在图 7-11 中，我们设定风险传染率 $\alpha = 0.2$，因此，我们讨论 $\beta<0.2$、$\beta=0.2$ 和 $\beta>0.2$ 的情况。

当 $\beta>0.2$ 时，$\lambda_c < 1$。此时感染市场 $i(t)$ 几乎为 0，易感市场 $s(t)$ 几乎为 1，与第二节中模型推导的结论一致。此时，金融风险无法扩散出去，几乎没有感染市场。

当 $\beta=0.2$ 时，$\lambda_c = 1$。此时感染市场 $i(t)$ 几乎为 0，但易感市场 $s(t)$ 从 1 一直下降并稳定到一个较大的比例，$r(t)$ 一直上升并最终稳定在一个较小的比例，此时 $r(t) \approx 1 - s(t)$。

当 $\beta<0.2$ 时，$\lambda_c > 1$。此时随着治愈率 β 的减小，有效传染率 λ 越大，感染市场比例 $i(t)$ 的值越大、峰值越大，且持续时间更长，不同 β 时 $i(t)$ 曲线达到峰值的时间差不多，最终都趋近于 0。随着时间 t 的增加，易感市场比例 $s(t)$ 一直下降，β 越小，$s(t)$ 的值也越小；易感市场比例 $s(t)$ 最终趋于一个稳定值，且 β 越小，这个稳态值越小。治愈率 β 越小时，免疫市场比例 $r(t)$ 均较大，并最终趋于一个稳定值，当 β 足够小时，$r(t)$ 趋近于 1。总的来看，当 $\beta<0.2$ 时，$\lambda_c > 1$，且其他条件不变时，治愈率 β 越小，整个市场最终会被感染的比例越大，且持续时间越长，但最终可能是所有市场全部被治愈，感染市场数目为零，这与第二节中模型推导的结论保持一致。

四、SIRS 模型仿真分析

（一）模型假设

在前述 SIR 模型的基础上，我们假设感染市场可以治愈，且治愈后具有免疫力，但免疫力会逐渐衰减，最终重新变为易感者。这与金融市场中一些风险可以通过采取措施化解，但化解措施可能失效，风险重新出现的特征相符。因此，我们假设金融风险符合 SIRS 模型的特征。

SIRS 模型将金融市场分为三类：$S(t)$ 表示易感染市场，即在 t 时刻属于未被感染但之后可能转变为感染状态的市场数量；$I(t)$ 表示感染市场，即在 t 时刻已经被感染风险且能够将风险传染给其他易感染市场的市场数量；$R(t)$ 表示免疫市场，即在 t 时刻已经被感染风险影响但采取措施化解风险且不再具有传染能力的市场数量。

模型假设：

1. 考察的总市场数 N 不变；

2. 市场分为易感市场（S类）、感染市场（I类）和免疫市场（R类）三类；

3. 易感市场（S类）与感染市场（I类）有效接触即被感染，变为感染市场；

4. 模型不考虑潜伏期，即感染市场（I类）立即具有传染能力；

5. 每个感染市场（I类）每天传染给易感市场（S类）的平均数是 α，称为风险传染率；

6. 感染市场（I类）以一定的概率 β 治愈并转变为免疫市场（R类）；

7. 免疫市场（R类）以一定的概率 δ 丧失免疫力并重新变为易感市场（S类）；

8. 将第 t 天 S 类、I 类和 R 类市场的占比记为 $s(t)$、$i(t)$ 和 $r(t)$，数量为 $S(t)$、$I(t)$ 和 $R(t)$；初始日期 $t=0$ 时，S 类、I 类和 R 类市场占比的初值分别为 s_0、i_0 和 r_0。

（二）SIRS 模型仿真模拟结果

首先设置模型参数。本书考察的市场变量同上共 66 个，故总市场数 $N = 66$。假定风险传染率 $\alpha = 0.2$，治愈率 $\beta = 0.1$，复感染率 $\delta = 0.05$（即免疫后又被感染的概率）。令有效传染率 $\lambda = \alpha/\beta(\lambda > 0)$，此时 $\lambda = 2$。假定感染市场比例的初值 $i_0 = 0.015(1/66)$，预测日期长度 tEnd = 200 天。仿真模拟结果见图 7-12。

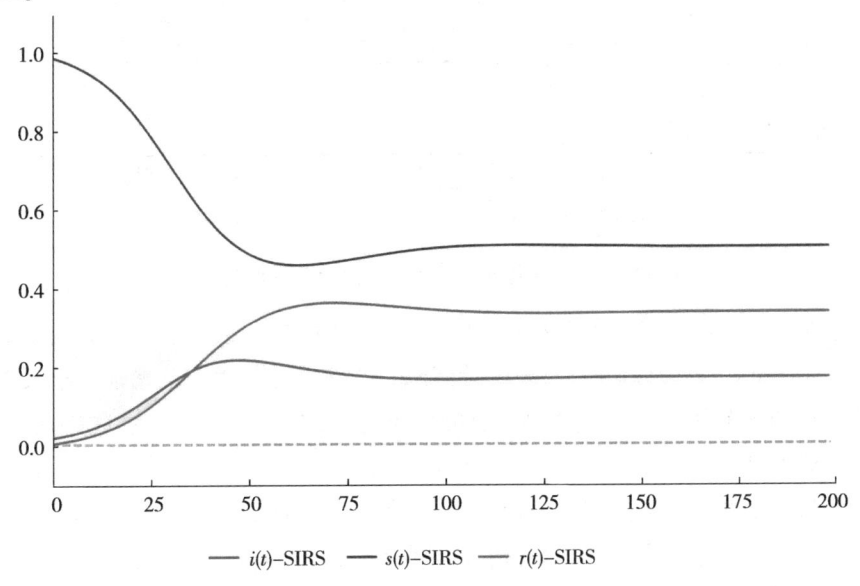

图 7-12 **SIRS 模型**

图7-12绘制了SIRS模型下感染市场比例$i(t)$、易感市场比例$s(t)$和免疫市场比例$r(t)$随时间t变化的曲线。在SIRS模型中随着时间t的增加，感染市场比例$i(t)$曲线先上升后稍许下降，在45日左右达到峰值，在90日左右趋于稳态。易感市场比例$s(t)$先加速下降，后稍许上升，在60日左右达到一个最小值，110日左右趋于稳态。免疫市场比例$r(t)$先加速上升，后稍许下降，在65日左右达到最大值，120日左右达到稳态。可以发现，这三条曲线的数值之和为1，即$s(t)+i(t)+r(t)=1$，符合式（7.13），且$s(t)$曲线与$r(t)$曲线均有明显的反向运动关系。

图7-13中绘制了不同初始感染市场比例i_0下，SIRS模型中感染市场比例$i(t)$、易感市场比例$s(t)$和免疫市场比例$r(t)$随时间t变化的曲线，其中实线代表$i(t)$曲线，虚线代表$s(t)$曲线，点线代表$r(t)$曲线。可以看出，$s(t)$曲线与$r(t)$曲线在不同i_0取值时均有明显的反向运动关系。

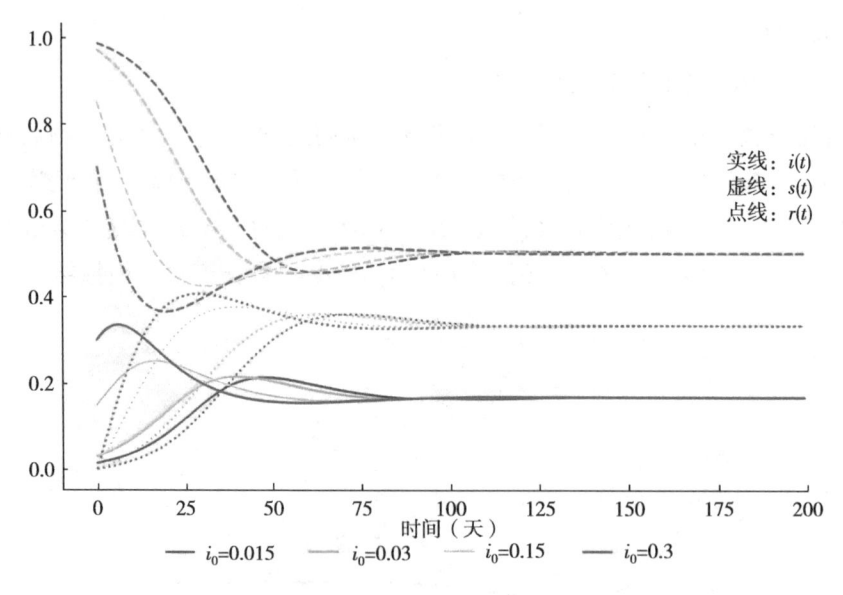

图7-13 初始感染市场比例i_0对SIRS模型的影响

图7-13在不同i_0取值下的关系均与图7-12保持一致，这三条曲线的数值之和为1，即$s(t)+i(t)+r(t)=1$，符合式（7.13）。随着i_0的增加，感染市场比例$i(t)$在y轴的截距位置更高，且峰值也更高，i_0越小，$i(t)$达到峰值的时间越晚，但最终$i(t)$几乎同时在80天后下降到同一个非0稳态值。随着时间t的增加，易感市场比例$s(t)$先快速下降后稍许上升，但无论i_0取值如何，最终几乎都在100天后稳定在一个非0值；i_0越小，s_0越大，$s(t)$的值也越大。免疫市场比例$r(t)$先上升后下降，并在115天后同时趋于一个稳态值；且我们设定

$r_0 = 0$，当 i_0 越小时，在上升阶段 $r(t)$ 的值越大，且更快达到最大值，但在下降阶段更小。这说明在既定条件下，初始感染市场比例对金融风险传播有重要影响，初始感染市场越多，风险爆发越快，但最终易感市场比例、感染市场比例以及免疫市场比例均不会受初始感染市场比例的影响。在这样的参数设定下，无论初始感染市场比例为多少，均无法实现所有市场都恢复正常，金融风险无法被消除。

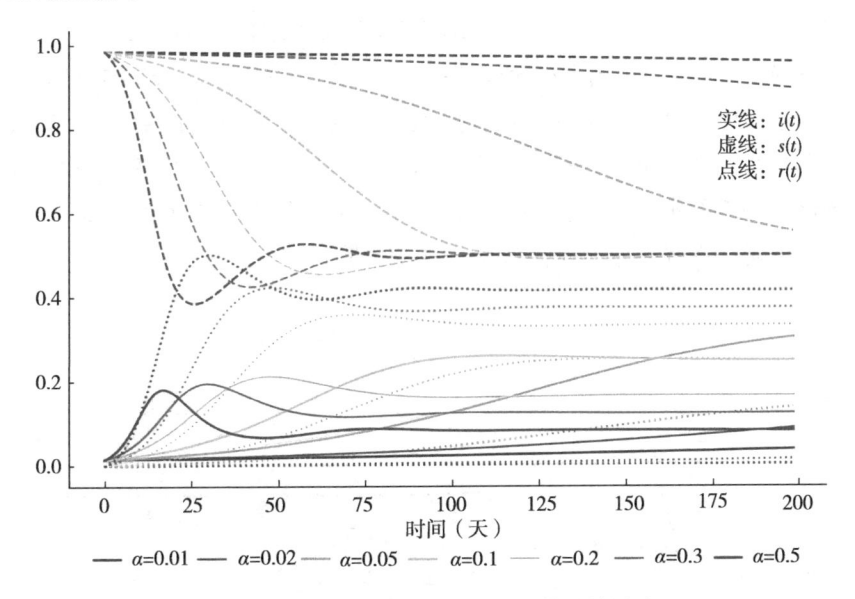

图 7-14 风险传染率 α 对 SIRS 模型的影响

图 7-14 中绘制了不同风险传染率 α 下，SIRS 模型中感染市场比例 $i(t)$、易感市场比例 $s(t)$ 和免疫市场比例 $r(t)$ 随时间 t 变化的曲线，其中实线代表 $i(t)$，虚线代表 $s(t)$，点线表示 $r(t)$。该图在不同 α 取值下的关系均与图 7-13 保持一致，这三条曲线的数值之和为 1，即 $s(t) + i(t) + r(t) = 1$，符合式 (7.13)。且 $s(t)$ 曲线与 $r(t)$ 曲线在不同 α 取值时均有明显的反向关系，与前面的结论保持一致。根据第二节的模型推导我们可知，SIRS 模型也存在一个阈值 $\lambda_c = \alpha/\beta = 1$。在图 7-14 中，我们设定治愈率 $\beta = 0.1$，因此，我们讨论 $\alpha < 0.1$、$\alpha = 0.1$ 和 $\alpha > 0.1$ 的情况。

当 $\alpha < 0.1$ 时，$\lambda_c < 1$，此时感染市场 $i(t)$ 几乎为 0，易感市场 $s(t)$ 几乎为 1，与第二节中模型推导的结论一致。此时，金融风险无法扩散出去，几乎没有感染市场。

当 $\alpha = 0.1$ 时，$\lambda_c = 1$，此时感染市场 $i(t)$ 一直上升并稳定在一个较小的比例，易感市场 $s(t)$ 从 1 一直下降并稳定到一个较大的比例，$r(t)$ 一直上升并最终稳定在一个较小的比例,此时 $r(t) \approx 1 - s(t) - i(t)$。

当 $\alpha > 0.1$ 时,$\lambda_c > 1$,此时随着风险传染率 α 的增加,有效传染率 λ 越大,感染市场比例 $i(t)$ 先上升后下降,α 越大 $i(t)$ 达到峰值的时间越早,持续时间也越短,但最终都会下降到 0。说明风险传染率越高,风险爆发得越快,感染市场比例急速上升,但风险下降得也更快。随着时间 t 的增加,易感市场比例 $s(t)$ 先下降后上升,再下降后最终趋于一个稳定值;α 越大 $s(t)$ 达到峰值的时间越早,持续时间也越短。随着时间 t 的增加,免疫市场比例 $r(t)$ 先上升后下降,最终趋于一个稳定值。当 α 越大时,免疫市场 $r(t)$ 的值越大,且更快达到最大值。这些结论说明在其他条件不变时,若风险传染率 α 越大,风险爆发得越快,感染市场比例也越大,但免疫得也越快,但最终易感市场和免疫市场比例趋于稳定。在这样的参数设定下,无论风险传染率为多少,均无法实现所有市场都恢复正常,金融风险无法被消除。

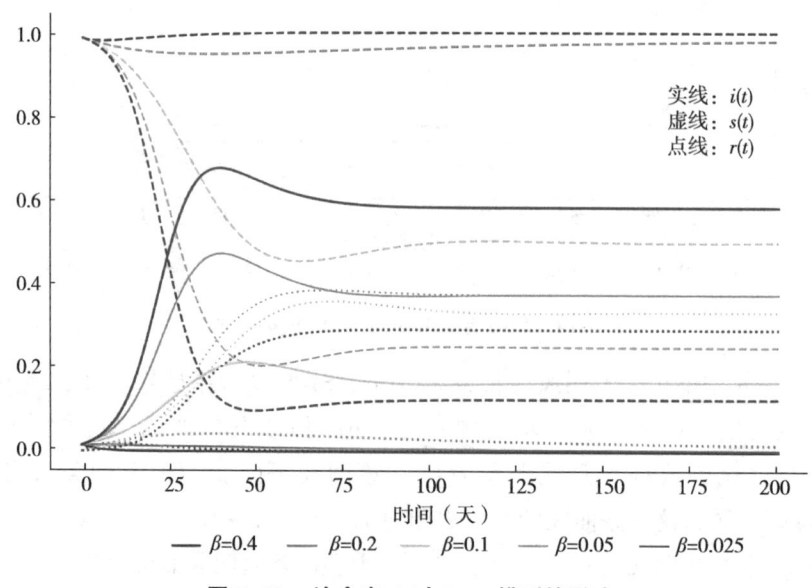

图 7-15 治愈率 β 对 SIRS 模型的影响

图 7-15 绘制了不同治愈率 β 下,SIRS 模型中感染市场比例 $i(t)$、易感市场比例 $s(t)$ 和免疫市场比例 $r(t)$ 随时间 t 变化的曲线,其中实线代表 $i(t)$,粗虚线代表 $s(t)$,点划线表示 $r(t)$。该图在不同 α 取值下的关系均与图 7-8 保持一致,这三条曲线的数值之和为 1,即 $s(t) + i(t) + r(t) = 1$,符合式 (7.13)。且 $s(t)$ 曲线与 $r(t)$ 曲线在不同 α 取值时均有明显的反向关系,与前面的结论保持一致。根据第二节的模型推导我们可知,SIR 模型也存在一个阈值 $\lambda_c = \alpha/\beta = 1$。在图 7-15 中,我们设定风险传染率 $\alpha = 0.2$,因此,我们讨论 $\beta < 0.2$,$\beta =$

0.2 和 $\beta > 0.2$ 的情况。

当 $\beta > 0.2$ 时，$\lambda_c < 1$。此时感染市场 $i(t)$ 几乎为 0，易感市场 $s(t)$ 几乎为 1，与第二节中模型推导的结论一致。此时，金融风险无法扩散出去，几乎没有感染市场。

当 $\beta = 0.2$ 时，$\lambda_c = 1$。此时感染市场 $i(t)$ 几乎为 0，但易感市场 $s(t)$ 从 1 一直下降并稳定到一个较大的比例，$r(t)$ 一直上升并最终稳定在一个较小的比例，此时 $r(t) \approx 1 - s(t) - i(t)$。

当 $\beta < 0.2$ 时，$\lambda_c > 1$。此时随着治愈率 β 的减小，有效传染率 λ 越大，感染市场比例 $i(t)$ 的值越大、峰值越大，但持续时间更短，不同 β 时 $i(t)$ 曲线达到峰值的时间差不多，最终都趋近于一个稳定值，且 β 越小，这个稳态值越大。随着时间 t 的增加，易感市场比例 $s(t)$ 一直下降，β 越小，$s(t)$ 的值也越小；易感市场比例 $s(t)$ 最终趋于一个稳定值，且 β 越小，这个稳态值越小。治愈率 β 越小时，免疫市场比例 $r(t)$ 均较大，并最终趋于一个稳定值，当 β 足够小时，$r(t)$ 趋近于 1。总的来看，当 $\beta < 0.2$ 时，$\lambda_c > 1$，且其他条件不变时，治愈率 β 越大，感染速度越慢，峰值越低，最终市场比例趋于稳定。在这样的参数设定下，无论治愈率为多少，均无法实现所有市场恢复正常，金融风险也无法被消除。

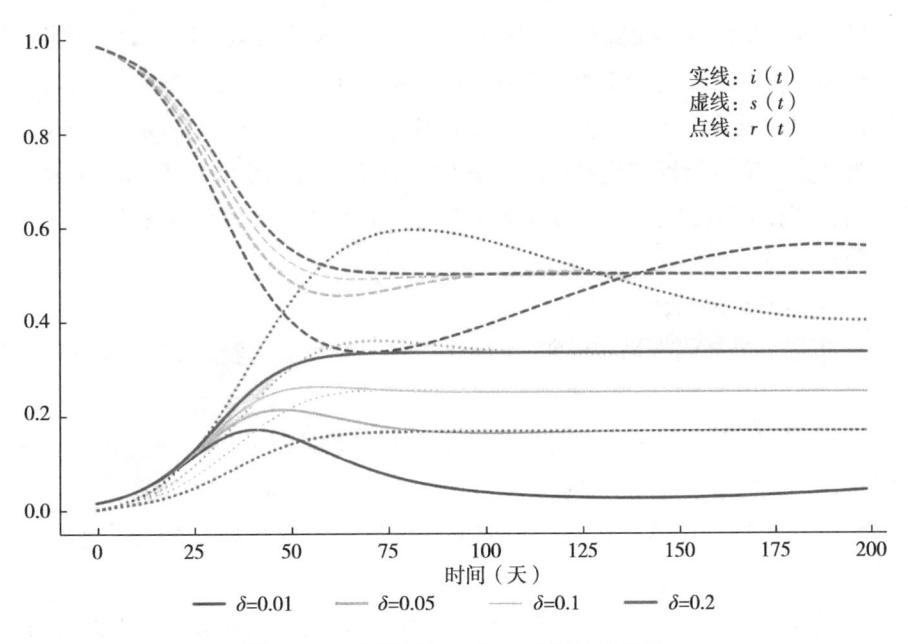

图 7-16　复感染率 δ 对 SIRS 模型的影响

图 7-16 展示了不同复感染率 δ 下，SIRS 模型中感染市场比例 $i(t)$、易感

市场比例 $s(t)$ 和免疫市场比例 $r(t)$ 随时间 t 变化的曲线。可以观察到，δ 的值越大，感染市场比例 $i(t)$ 的值越大，且峰值推迟，最终的稳定值也更大。δ 的值越大，易感市场比例 $s(t)$ 也越大，当 $\delta \geq 0.05$ 时，$s(t)$ 趋于同一个稳态值，而当 $\delta = 0.01$ 时，$s(t)$ 并没有收敛到前述稳态值，而是进一步超过稳态值。δ 的值越大，免疫市场比例 $r(t)$ 越小，这与等式 $s(t) + i(t) + r(t) = 1$ 的结论保持一致。总的来说，复感染率对风险传染有较大影响，复感染率越高，风险传播越快，最终感染市场的比例也越大，免疫市场的比例越小，然而最终易感市场比例不会受太大影响。

五、SEIR 模型仿真分析

（一）模型假设

基于前述模型，我们进一步假设感染市场需要经过潜伏期才能具有传染能力，这与金融市场中一些风险需要经过一段时间才能爆发并开始传染的特征相符。SEIR 模型可以用于分析金融风险的潜伏期传播规律，预测风险爆发的可能性，并评估防控策略的效果。例如，可以研究金融市场波动、恐慌情绪等因素对风险传播的影响，并制定相应的防控措施，以降低风险爆发的概率。因此，在该部分，本书假设金融风险传染符合 SEIR 模型。

SEIR 模型可以将金融市场分为四类：$S(t)$ 表示易感染市场，即在 t 时刻属于未被感染但之后可能转变为感染状态的市场数量；$E(t)$ 表示潜伏市场，即在 t 时刻已经感染风险但还未爆发风险的市场数量；$I(t)$ 表示感染市场，即在 t 时刻已经被感染风险且能够将风险传染给其他易感染市场的市场数量；$R(t)$ 表示免疫市场，即在 t 时刻从感染风险状态转变为具备免疫能力的市场数量。

模型假设：

1. 考察的总市场数 N 不变；

2. 市场分为易感市场（S 类）、潜伏市场（E 类）、感染市场（I 类）和免疫市场（R 类）四类；

3. 易感市场（S 类）与感染市场（I 类）有效接触后，以一定的概率 α 进入潜伏期，成为潜伏市场（E 类）；

4. 潜伏市场（E 类）经过一段时间后，以一定的概率 μ 转变为感染市场（I 类），并具有传染能力；

5. 感染市场（I 类）以一定的概率 β 治愈并转变为免疫市场（R 类），获得免疫力，不再具有传染能力；

6. 将第 t 天 S 类、I 类和 R 类市场的占比记为 $s(t)$、$e(t)$、$i(t)$ 和

$r(t)$，数量为 $S(t)$、$E(t)$、$I(t)$ 和 $R(t)$；初始日期 $t=0$ 时，S 类、E 类、I 类和 R 类市场占比的初值分别为 s_0、e_0、i_0 和 r_0。

(二) SEIR 模型仿真模拟结果

首先设置模型参数。本书考察的市场变量同上共 66 个，故总市场数 $N=66$。假定风险传染率 $\alpha=0.2$，发病率 $\mu=0.03$，治愈率 $\beta=0.1$。令有效传染率 $\lambda=\alpha/\beta(\lambda>0)$，此时 $\lambda=2$。假定感染市场比例的初值 $i_0=0.015(1/66)$，$e_0=0$，$r_0=0$，$s_0=1-e_0-i_0-r_0$。预测日期长度 tEnd = 500 天。仿真模拟结果见图 7-17。

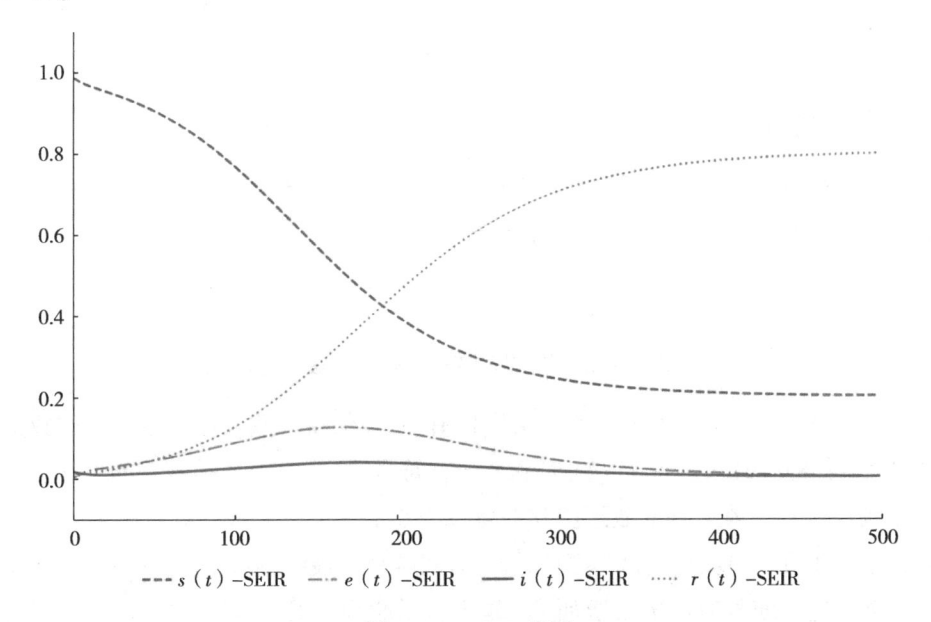

图 7-17 SEIR 模型

图 7-17 绘制了 SEIR 模型下易感市场比例 $s(t)$、潜伏市场比例 $e(t)$、感染市场比例 $i(t)$ 和免疫市场比例 $r(t)$ 随时间 t 变化的曲线。在 SEIR 模型中随着时间 t 的增加，感染市场比例 $i(t)$ 曲线几乎为 0。易感市场比例 $s(t)$ 先加速下降，后缓慢下降，在 500 天左右达到非 0 值稳态。免疫市场比例 $r(t)$ 先加速上升，后减速上升，在 500 天左右达到非 1 值稳态。潜伏市场比例 $e(t)$ 先上升后下降，最后趋于 0。可以发现，这四条曲线的数值之和为 1，即 $s(t)+e(t)+i(t)+r(t)=1$，且 $s(t)$ 曲线与 $r(t)$ 曲线均有明显的反向运动关系。

图 7-18 中绘制了不同初始感染市场比例 i_0 下，SEIR 模型中感染市场比例 $i(t)$、潜伏市场比例 $e(t)$、易感市场比例 $s(t)$ 和免疫市场比例 $r(t)$ 随时间 t 变化的曲线，其中实线代表 $i(t)$ 曲线，虚点线代表 $e(t)$ 曲线，虚线代表 $s(t)$ 曲

线，点线代表 $r(t)$ 曲线。可以看出，$s(t)$ 曲线与 $r(t)$ 曲线在不同 i_0 取值时均有明显的反向运动关系。

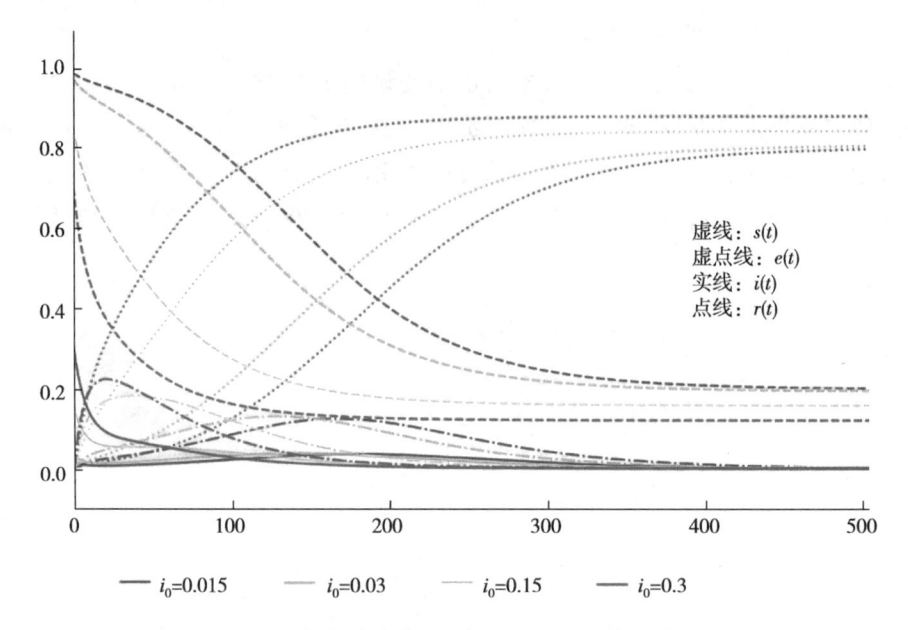

图 7-18　初始感染市场比例 i_0 对 SEIR 模型的影响

图 7-18 在不同 i_0 取值下的关系均与图 7-17 保持一致，这四条曲线的数值之和为 1，即 $s(t)+e(t)+i(t)+r(t)=1$，符合式（7.18）。随着 i_0 的增加，感染市场比例 $i(t)$ 在 y 轴的截距位置更高，$i_0=0.15$ 和 $i_0=0.3$ 时，$i(t)$ 直接下降并最终趋近于 0，i_0 越小，$i(t)$ 达到峰值的时间越晚，最终 $i(t)$ 都会下降到趋近于 0 的稳态值。随着时间 t 的增加，i_0 越大，易感市场比例 $s(t)$ 下降速度越快，$s(t)$ 的值越小，并且越早稳定在一个非 0 值。随着 i_0 的增加，免疫市场比例 $r(t)$ 越早达到峰值，$r(t)$ 的值越大，并且越早稳定在一个非 0 值。随着 i_0 的增加，潜伏市场比例 $e(t)$ 峰值越高且越早达到峰值，持续时间越短。这说明在既定条件下，初始感染市场比例对金融风险传播有重要影响，初始感染市场越多，风险爆发越快，但最终可能是所有市场全部被治愈，感染市场数目为零。

图 7-19 中绘制了不同风险传染率 α 下，SEIR 模型中感染市场比例 $i(t)$、潜伏市场比例 $e(t)$、易感市场比例 $s(t)$ 和免疫市场比例 $r(t)$ 随时间 t 变化的曲线，其中实线代表 $i(t)$ 曲线，虚点线代表 $e(t)$ 曲线，虚线代表 $s(t)$ 曲线，点线代表 $r(t)$ 曲线。该图在不同 α 取值下的关系均与图 7-17 保持一致，这四条曲线的数值之和为 1，即 $s(t)+e(t)+i(t)+r(t)=1$。且 $s(t)$ 曲线与 $r(t)$ 曲线在不同 α 取值时均有明显的反向关系，与前面的结论保持一致。根据第二节的

模型推导我们可知，SEIR 模型也存在一个阈值 $\lambda_c = \alpha/\beta = 1$。在图 7-19 中，我们设定治愈率 $\beta = 0.1$，因此，我们讨论 $\alpha < 0.1$，$\alpha = 0.1$ 和 $\alpha > 0.1$ 的情况。

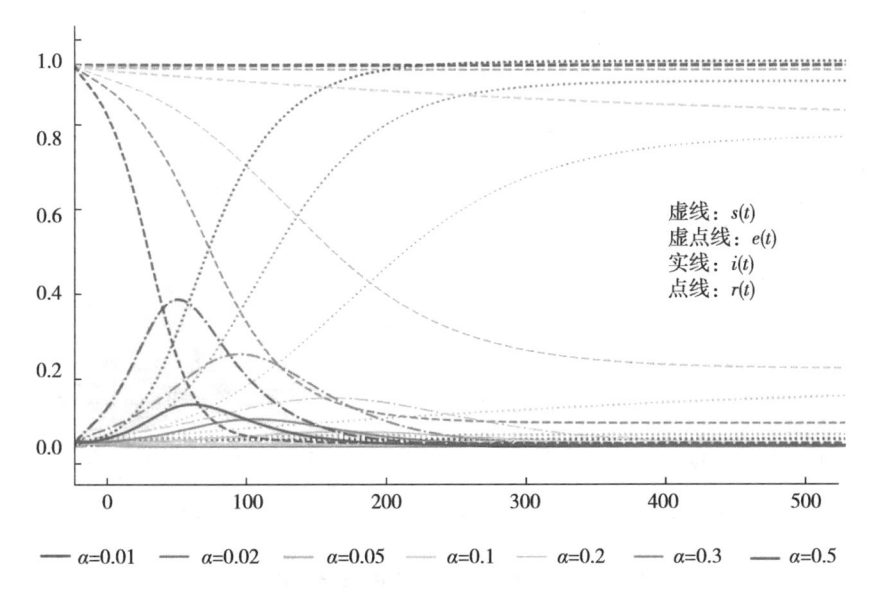

图 7-19　风险传染率 α 对 SEIR 模型的影响

当 $\alpha < 0.1$ 时，$\lambda_c < 1$，此时感染市场 $i(t)$ 几乎为 0，易感市场 $s(t)$ 几乎为 1，与第二节中模型推导的结论一致。此时，金融风险无法扩散出去，几乎没有感染市场。

当 $\alpha = 0.1$ 时，$\lambda_c = 1$，此时感染市场 $i(t)$ 一直上升并稳定在一个较小的比例，易感市场 $s(t)$ 从 1 一直下降并稳定到一个较大的比例，潜伏市场比例 $e(t)$ 一直上升并稳定在一个较小的比例，免疫市场比例 $r(t)$ 一直上升并最终稳定在一个较小的比例，此时 $r(t) \approx 1 - s(t) - i(t) - e(t)$。

当 $\alpha > 0.1$ 时，$\lambda_c > 1$，此时随着风险传染率 α 的增加，有效传染率 λ 越大，感染市场比例 $i(t)$ 先上升后下降，α 越大 $i(t)$ 达到峰值的时间越早，持续时间也越短，但最终都会下降到 0。说明风险传染率越高，风险爆发得越快，感染市场比例急速上升，但风险消失得也更快。随着时间 t 的增加，易感市场比例 $s(t)$ 持续下降最终趋于一个稳定值；当 α 越大时，易感市场比例 $s(t)$ 的值越小，且更快达到最小值。随着时间 t 的增加，免疫市场比例 $r(t)$ 持续上升最终趋于一个稳定值。当 α 越大时，免疫市场 $r(t)$ 的值越大，且更快达到最大值。当 α 越大时，潜伏市场比例 $e(t)$ 达到峰值的时间越早，持续时间也越短，但最终都会下降到 0。这些结论说明在其他条件不变时，若风险传染率 α 越大，风险爆发得越快，感染市场比例也越大，但免疫也越快，但最终都是可以实现全体免疫，金融风险最终被消除，所有市场恢复正常。

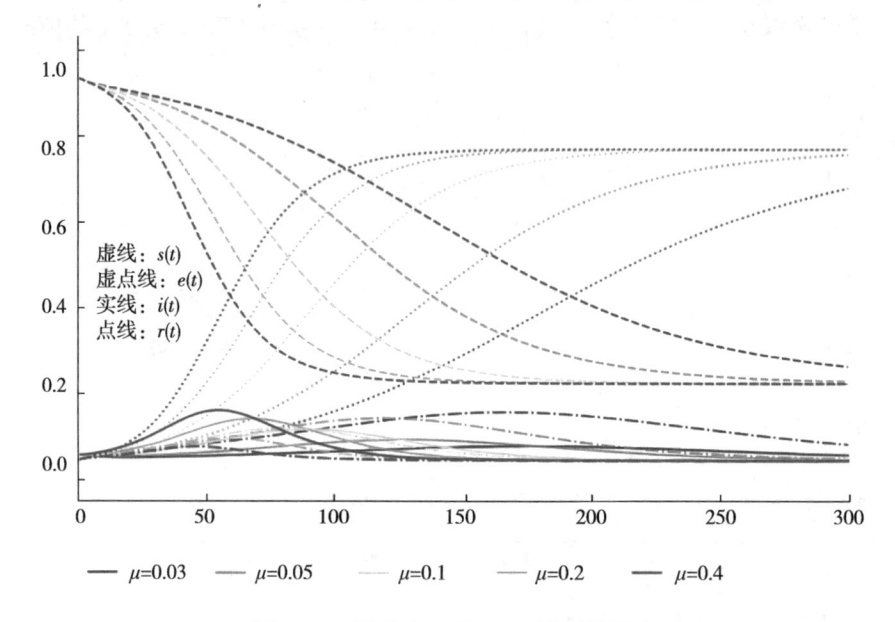

图 7-20　发病率 μ 对 SEIR 模型的影响

图 7-20 中绘制了不同发病率 μ 下，SEIR 模型中感染市场比例 $i(t)$、潜伏市场比例 $e(t)$、易感市场比例 $s(t)$ 和免疫市场比例 $r(t)$ 随时间 t 变化的曲线，其中实线代表 $i(t)$ 曲线，虚点线代表 $e(t)$ 曲线，虚线代表 $s(t)$ 曲线，点线代表 $r(t)$ 曲线。该图在不同 μ 取值下的关系均与图 7-17 保持一致，这四条曲线的数值之和为 1，即 $s(t)+e(t)+i(t)+r(t)=1$。且 $s(t)$ 曲线与 $r(t)$ 曲线在不同 α 取值时均有明显的反向关系，与前面的结论保持一致。

随着发病率 μ 的增加，感染市场比例 $i(t)$ 的值越大、峰值越大，更早达到峰值，但持续时间更短，最终都趋近于 0 的稳定态；易感市场比例 $s(t)$ 一直下降并趋于一个较小的稳定值，μ 越大，下降速度越快，越早趋近于稳定值；免疫市场比例 $r(t)$ 与 $s(t)$ 相反，持续上升并趋于一个较大的稳定值，μ 越大，上升速度越快，越早趋近于稳定值；潜伏市场比例 $e(t)$ 先上升后下降，μ 越大，潜伏市场比例 $e(t)$ 越早达到峰值，持续时间越短，峰值越低，最终都趋于稳定。这说明在既定条件下，发病率对金融风险传播有重要影响，发病率越高，风险爆发越快，但最终可能是所有市场全部被治愈，感染市场数目为零。

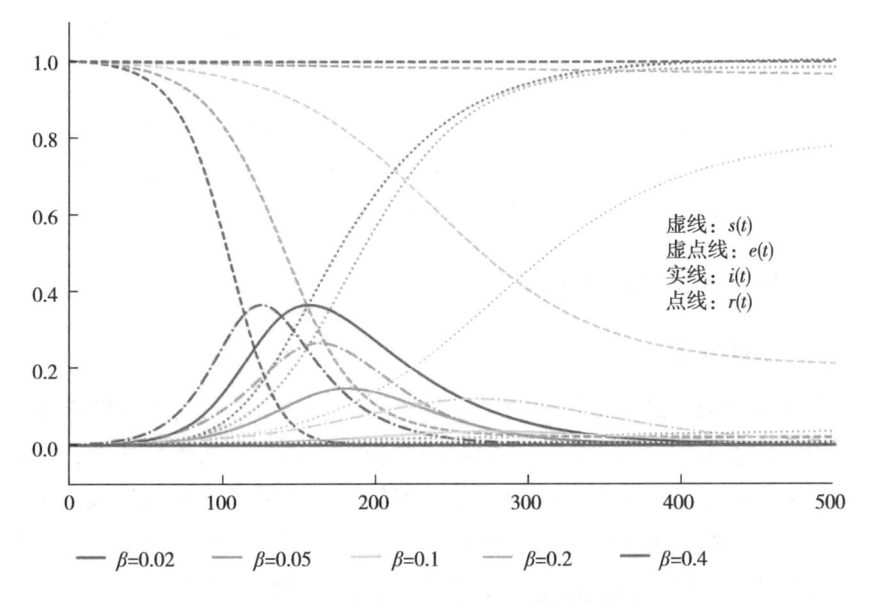

```
                                                           虚线: s(t)
                                                           虚点线: e(t)
                                                           实线: i(t)
                                                           点线: r(t)
```

— β=0.02   — β=0.05   — β=0.1   — β=0.2   — β=0.4

图 7-21　治愈率 β 对 SEIR 模型的影响

图 7-21 绘制了不同治愈率 β 下，SEIR 模型中感染市场比例 $i(t)$、潜伏市场比例 $e(t)$、易感市场比例 $s(t)$ 和免疫市场比例 $r(t)$ 随时间 t 变化的曲线，其中实线代表 $i(t)$ 曲线，虚点线代表 $e(t)$ 曲线，虚线代表 $s(t)$ 曲线，点线代表 $r(t)$ 曲线。该图在不同 β 取值下的关系均与图 7-17 保持一致，这四条曲线的数值之和为 1，即 $s(t)+e(t)+i(t)+r(t)=1$。且 $s(t)$ 曲线与 $r(t)$ 曲线在不同 α 取值时均有明显的反向关系，与前面的结论保持一致。根据第二节的模型推导我们可知，SEIR 模型也存在一个阈值 $\lambda_c = \alpha/\beta = 1$。在图 7-11 中，我们设定风险传染率 $\alpha = 0.2$，因此，我们讨论 $\beta < 0.2$，$\beta = 0.2$ 和 $\beta > 0.2$ 的情况。

当 $\beta > 0.2$ 时，$\lambda_c < 1$。此时感染市场 $i(t)$ 几乎为 0，易感市场 $s(t)$ 几乎为 1，与第二节中模型推导的结论一致。此时，金融风险无法扩散出去，几乎没有感染市场。

当 $\beta = 0.2$ 时，$\lambda_c = 1$。此时感染市场 $r(t)$ 一直上升并稳定在一个较小的比例，易感市场 $s(t)$ 从 1 一直下降并稳定到一个较大的比例，此时 $r(t) \approx 1 - s(t) - i(t) - e(t)$。

当 $\beta < 0.2$ 时，$\lambda_c > 1$。此时随着治愈率 β 的减小，有效传染率 λ 越大，感染市场比例 $i(t)$ 的值越大、峰值越大，但持续时间更短，$i(t)$ 曲线越早达到峰值，最终都趋近于 0。随着时间 t 的增加，易感市场比例 $s(t)$ 一直下降，β 越小，$s(t)$ 的值也越小；易感市场比例 $s(t)$ 最终趋于一个稳定值，且 β 越小，这个稳态值越小。治愈率 β 越小时，免疫市场比例 $r(t)$ 均较大，并最终趋于一个稳定值，当 β 足够小时，$r(t)$ 趋近于 1。随着治愈率 β 的减小，潜伏市场比例 $e(t)$ 的值越大、峰值越大，但持续时间更短，$e(t)$ 曲线越早达到峰值，最终都趋近于 0。总的来看，当 $\beta < 0.2$ 时，$\lambda_c > 1$，且其他条件不变时，治愈率 β 越小，感染峰值提前，感染人数和移除人数也随之增加，但最终都是可以实现全体免疫，金融风险最终被消除，所有市场恢复正常。

六、SEIRS 模型仿真分析

（一）模型假设

金融风险传染可以看作是金融网络中风险扩散的动态行为。风险在金融市场网络中的传播机理类似于传染病的传播机理。与传染病的传播相似，在金融市场体系中，存在易受风险影响的个体。当某一个金融子市场爆发风险时，在国际资本流动、投资者情绪、信息传播等因素的作用下，这些风险通过一定的途径触发其他子市场的潜在风险，使其他子市场也可能暴露在风险中，每个子市场在感染风险后通过完善防范措施、政策等有效地控制风险，达到免疫效果，因为风险具有不可预见性、动态性，即使这些获得免疫的子市场拥有应对当下风险的防御措施也有复发的可能。再者，由于各市场抵御风险的能力不同，一些与初始风险传染源接触不密切的市场或那些自身防御强的市场可能受风险源的影响不大，而且风险爆发的负面情绪也需要经过一段时间才在投资者间传播，不会立即蔓延，而是进入潜伏期，经过一段时间，当负面情绪在投资者中广泛蔓延时，改变了市场预期，投资者抽回资金，那么子市场在一定程度上产生风险从而进入感染状态。因此本书假设的金融市场风险的传染存在潜伏期。又因为风险的不可预见性，仍然有可能再次爆发相同或不同的风险，因此任何金融子市场都不可能对风险永久免疫。这两个特点决定了选择 SEIRS 模型而非其他传染病模型。

SEIRS 模型可以将金融市场分为四类：$S(t)$ 表示易感染市场，即在 t 时刻属于未被感染但之后可能转变为感染状态的市场数量；$E(t)$ 表示潜伏市场，即在 t 时刻已经感染风险但还未爆发风险的市场数量；$I(t)$ 表示感染市场，即在 t 时刻已经被感染风险且能够将风险传染给其他易感染市场的市场数量；$R(t)$ 表示免疫市场，即在 t 时刻从感染风险状态转变为具备免疫能力的市场数量。

模型假设：

1. 考察的总市场数 N 不变；
2. 市场分为易感市场（S 类）、潜伏市场（E 类）、感染市场（I 类）和免疫市场（R类）四类；

3. 易感市场（S类）与感染市场（I类）有效接触后，以一定的概率α进入潜伏期，成为潜伏市场（E类）；

4. 潜伏市场（E类）经过一段时间后，以一定的概率μ转变为感染市场（I类），并具有传染能力；

5. 感染市场（I类）以一定的概率β治愈并转变为免疫市场（R类）；

6. 免疫市场（R类）以一定的概率δ丧失免疫力并重新变为易感市场（S类）；

7. 将第 t 天 S 类、I 类和 R 类市场的占比记为 $s(t)$、$e(t)$、$i(t)$ 和 $r(t)$，数量为 $S(t)$、$E(t)$、$I(t)$ 和 $R(t)$；初始日期 $t=0$ 时，S 类、E 类、I 类和 R 类市场占比的初值分别为 s_0、e_0、i_0 和 r_0。

（二）SEIRS模型仿真模拟结果

首先设置模型参数。本书考察的市场变量同上共66个，故总市场数 $N=66$。假定风险传染率 $\alpha=0.2$，发病率 $\mu=0.03$，治愈率 $\beta=0.1$，复感染率 $\delta=0.05$（即免疫后又被感染的概率）。令有效传染率 $\lambda=\alpha/\beta$（$\lambda>0$），此时 $\lambda=2$。假定感染市场比例的初值 $i_0=0.015$（1/66），$e_0=0$，$r_0=0$，$s_0=1-e_0-i_0-r_0$。预测日期长度 tEnd=500 天。仿真模拟结果如图 7-22 所示。

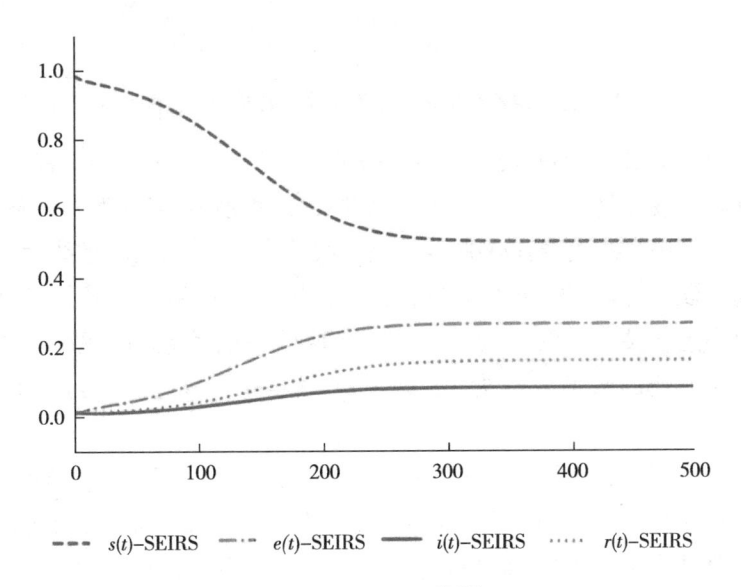

图 7-22 SEIRS 模型

图 7-22 绘制了 SEIRS 模型下易感市场比例 $s(t)$、潜伏市场比例 $e(t)$、感染市场比例 $i(t)$ 和免疫市场比例 $r(t)$ 随时间 t 变化的曲线。在 SEIRS 模型中随着时间 t 的增加，感染市场比例 $i(t)$ 曲线几乎为 0。易感市场比例 $s(t)$ 先加速

下降，后缓慢下降，在 200 天左右达到非 1 值稳态。免疫市场比例 $r(t)$ 先加速上升，后减速上升，在 200 天左右达到非 0 值稳态。潜伏市场比例 $e(t)$ 先加速上升，后减速上升，在 200 天左右达到非 0 值稳态。可以发现，这四条曲线的数值之和为 1，即 $s(t) + e(t) + i(t) + r(t) = 1$，且 $s(t)$ 曲线与 $r(t)$ 曲线均有明显的反向运动关系。

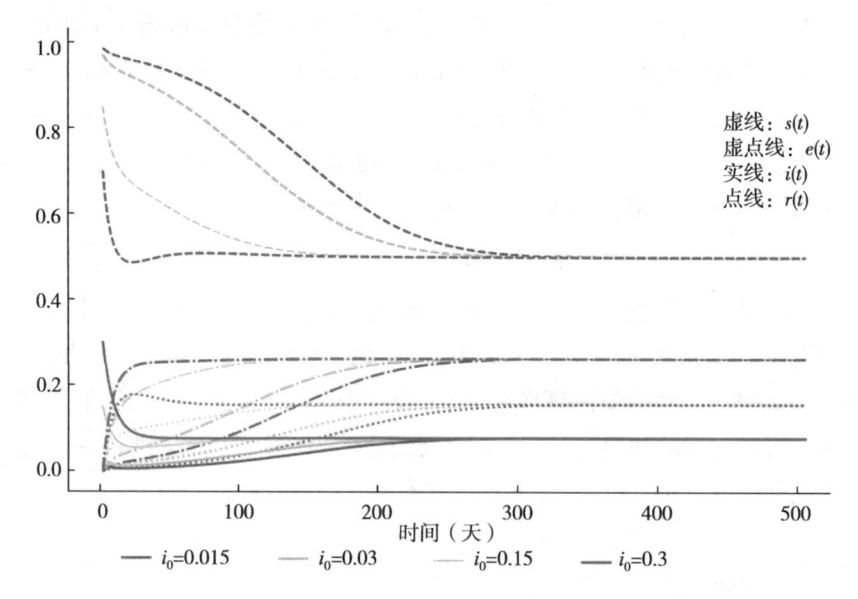

图 7-23　初始感染市场比例 i_0 对 SEIRS 模型的影响

图 7-23 中绘制了不同初始感染市场比例 i_0 下，SEIRS 模型中感染市场比例 $i(t)$、潜伏市场比例 $e(t)$、易感市场比例 $s(t)$ 和免疫市场比例 $r(t)$ 随时间 t 变化的曲线，其中实线代表 $i(t)$ 曲线，虚点线代表 $e(t)$ 曲线，虚线代表 $s(t)$ 曲线，点线代表 $r(t)$ 曲线。可以看出，$s(t)$ 曲线与 $r(t)$ 曲线在不同 i_0 取值时均有明显的反向运动关系。图 7-23 在不同 i_0 取值下的关系均与图 7-22 保持一致，这四条曲线的数值之和为 1，即 $s(t) + e(t) + i(t) + r(t) = 1$，符合式 (7-18)。

随着 i_0 的增加，感染市场比例 $i(t)$ 在 y 轴的截距位置更高，最终 $i(t)$ 几乎同时在 200 天后下降到同一个非 0 稳态值。随着时间 t 的增加，易感市场比例 $s(t)$ 都下降并在接近 200 天时稳定在一个非 0 值。免疫市场比例 $r(t)$ 都上升并在 200 天后同时趋于一个稳态值。潜伏市场比例 $e(t)$ 持续上升并在 200 天后同时趋于一个稳态值。这说明在既定条件下，初始感染市场比例对金融风险传播有重要影响，初始感染市场越多，风险爆发越快，但最终易感市场比例、感染市场比例以及免疫市场比例均不会受初始感染市场比例的影响。在这样的参数设定下，无论初始感染市场比例为多少，均无法实现所有市场都恢复正常，金融风险无法被消除。

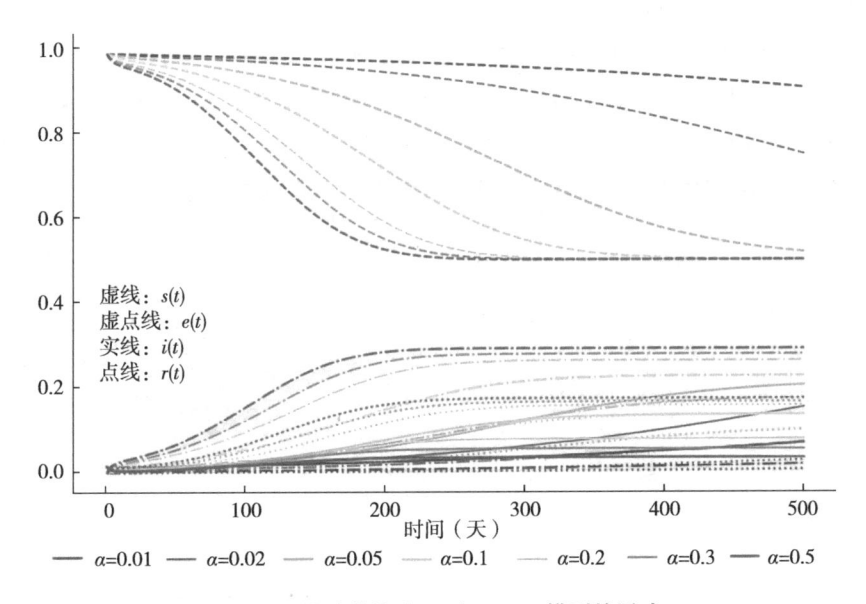

图 7-24　风险传染率 α 对 SEIRS 模型的影响

图 7-24 中绘制了不同风险传染率 α 下，SEIRS 模型中感染市场比例 $i(t)$、潜伏市场比例 $e(t)$、易感市场比例 $s(t)$ 和免疫市场比例 $r(t)$ 随时间 t 变化的曲线，其中实线代表 $i(t)$ 曲线，虚点线代表 $e(t)$ 曲线，虚线代表 $s(t)$ 曲线，点线代表 $r(t)$ 曲线。该图在不同 α 取值下的关系均与图 7-22 保持一致，这四条曲线的数值之和为 1，即 $s(t) + e(t) + i(t) + r(t) = 1$。且 $s(t)$ 曲线与 $r(t)$ 曲线在不同 α 取值时均有明显的反向关系，与前面的结论保持一致。根据第二节的模型推导我们可知，SEIR 模型也存在一个阈值 $\lambda_c = \alpha/\beta = 1$。在图 7-24 中，我们设定治愈率 $\beta = 0.1$，因此，我们讨论 $\alpha < 0.1$、$\alpha = 0.1$ 和 $\alpha > 0.1$ 的情况。

当 $\alpha < 0.1$ 时，$\lambda_c < 1$，此时感染市场 $i(t)$ 几乎为 0 并缓慢上升，易感市场 $s(t)$ 几乎为 1 并缓慢下降，与第二节中模型推导的结论一致。此时，金融风险扩散较小，感染市场速度较慢。

当 $\alpha = 0.1$ 时，$\lambda_c = 1$，此时感染市场 $i(t)$ 一直上升，易感市场 $s(t)$ 从 1 一直下降，潜伏市场比例 $e(t)$ 一直上升并稳定在一个较小的比例，免疫市场比例 $r(t)$ 一直上升并最终稳定在一个较小的比例，此时 $r(t) \approx 1 - s(t) - i(t) - e(t)$。

当 $\alpha > 0.1$ 时，$\lambda_c > 1$，此时随着风险传染率 α 的增加，有效传染率 λ 越大，感染市场比例 $i(t)$ 都缓慢上升并最终趋于一个非 0 稳定值，α 越大 $i(t)$ 越大。随着时间 t 的增加，易感市场比例 $s(t)$ 持续下降最终趋于同一个稳定值；当 α 越大时，易感市场比例 $s(t)$ 下降速度越快且更快达到最小值。随着时间 t 的增加，免疫市场比例 $r(t)$ 持续上升最终趋于一个稳定值。当 α 越大时，免疫市场 $r(t)$ 的值越大，且更快达到最大值。随着时间 t 的增加，潜伏市场比例 $e(t)$ 持续上升最终趋于一个稳定值。当 α 越大时，潜伏市场比例 $e(t)$ 的值越大，且更快达到最大值。这些结论说明在这样的参数设定下，无论风险传染率为多少，均无法实现所有市场都恢复正常，金融风险无法被消除。

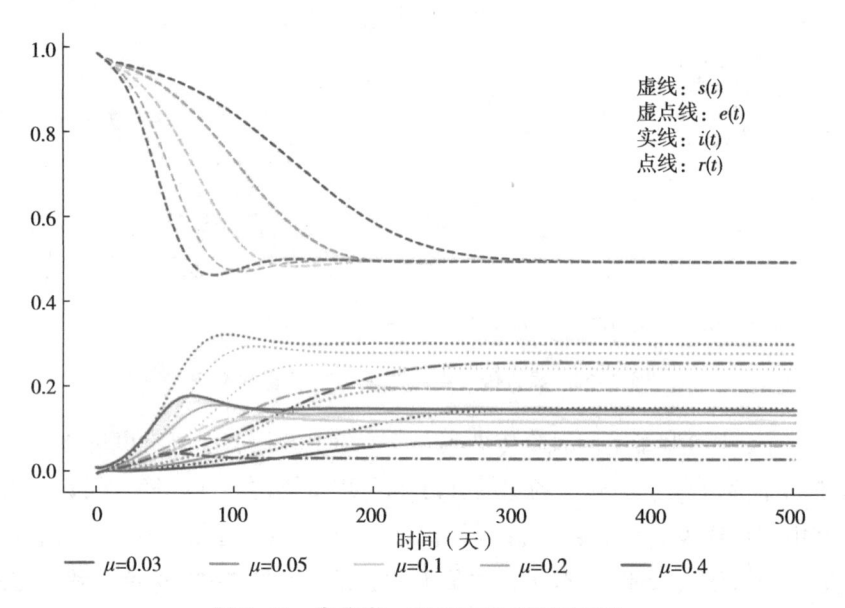

图 7-25　发病率 μ 对 SEIRS 模型的影响

图 7-25 中绘制了不同发病率 μ 下，SEIRS 模型中感染市场比例 $i(t)$、潜伏市场比例 $e(t)$、易感市场比例 $s(t)$ 和免疫市场比例 $r(t)$ 随时间 t 变化的曲线，其中实线代表 $i(t)$ 曲线，虚点线代表 $e(t)$ 曲线，虚线代表 $s(t)$ 曲线，点线代表 $r(t)$ 曲线。该图在不同 μ 取值下的关系均与图 7-22 保持一致，这四条曲线的数值之和为 1，即 $s(t)+e(t)+i(t)+r(t)=1$。且 $s(t)$ 曲线与 $r(t)$ 曲线在不同 α 取值时均有明显的反向关系，与前面的结论保持一致。

随着发病率 μ 的增加，感染市场比例 $i(t)$ 的值越大、峰值越大，更早达到峰值，但持续时间更短，最终都趋近于不同非 0 值的稳定态；易感市场比例 $s(t)$ 一直下降并趋于一个同一个非 0 的稳定值，μ 越大，下降速度越快，越早趋近于稳定值；免疫市场比例 $r(t)$ 与 $s(t)$ 相反，持续上升但趋于不同非 0 值的稳定值，μ 越大，上升速度越快，越早趋近于稳定值；潜伏市场比例 $e(t)$ 先上升后下降，μ 越大，潜伏市场比例 $e(t)$ 越早达到峰值，持续时间越短，峰值越低，最终都趋于稳定。这说明在既定条件下，发病率对金融风险传播有重要影响，发病率越高，风险爆发越快，但最终无论发病率为多少，均无法实现所有市场都恢复正常，金融风险无法被消除。

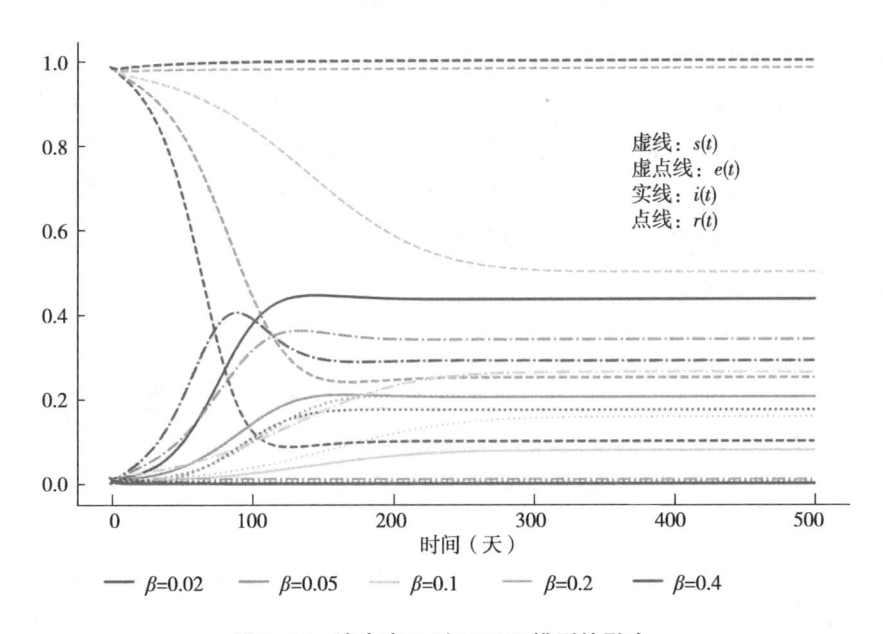

图 7-26 治愈率 β 对 SEIRS 模型的影响

图 7-26 绘制了不同治愈率 β 下，SEIRS 模型中感染市场比例 $i(t)$、潜伏市场比例 $e(t)$、易感市场比例 $s(t)$ 和免疫市场比例 $r(t)$ 随时间 t 变化的曲线，其中实线代表 $i(t)$ 曲线，虚点线代表 $e(t)$ 曲线，虚线代表 $s(t)$ 曲线，点线代表 $r(t)$ 曲线。该图在不同 β 取值下的关系均与图 7-22 保持一致，这四条曲线的数值之和为 1，即 $s(t) + e(t) + i(t) + r(t) = 1$。且 $s(t)$ 曲线与 $r(t)$ 曲线在不同 α 取值时均有明显的反向关系，与前面的结论保持一致。根据第二节的模型推导我们可知，SEIRS 模型也存在一个阈值 $\lambda_c = \alpha/\beta = 1$。在图 7-26 中，我们设定风险传染率 $\alpha = 0.2$，因此，我们讨论 $\beta < 0.2$、$\beta = 0.2$ 和 $\beta > 0.2$ 的情况。

当 $\beta > 0.2$ 时，$\lambda_c < 1$。此时感染市场 $i(t)$ 几乎为 0，易感市场 $s(t)$ 几乎为 1，与第二节中模型推导的结论一致。此时，金融风险无法扩散出去，几乎没有感染市场。

当 $\beta = 0.2$ 时，$\lambda_c = 1$。此时感染市场 $r(t)$ 一直上升并稳定在一个较小的比例，易感市场 $s(t)$ 从 1 一直下降并稳定到一个较大的比例，此时 $r(t) \approx 1 - s(t) - i(t) - e(t)$。

当 $\beta < 0.2$ 时，$\lambda_c > 1$。此时随着治愈率 β 的减小，有效传染率 λ 越大，感染市场比例 $i(t)$ 的值越大、峰值越大，但持续时间更短，$i(t)$ 曲线越早达到峰值，最终趋近于的非 0 值越大。随着时间 t 的增加，易感市场比例 $s(t)$ 一直下降，β 越小，$s(t)$ 的值也越小；易感市场比例 $s(t)$ 最终趋于一个稳定值，且 β 越小，这个稳态值越小。治愈率 β 越小时，免疫市场比例 $r(t)$ 一直上升，并最终趋于一个稳定值，且 β 越小，这个稳态值越大。随着治愈率 β 的减小，潜伏市场比例 $e(t)$ 的值越大、峰值越大，但持续时间更短，$e(t)$ 曲线越早达到峰值，最终趋近于不同非 0 值。总的来看，当 $\beta < 0.2$ 时，$\lambda_c > 1$，且其他条件不变时，治愈率 β 越大，感染速度越慢，峰值越低，最终市场比例趋于稳定，不会受太大影响。最终不论治愈率为多少，均无法实现所有市场都恢复正常，金融风险无法被消除。

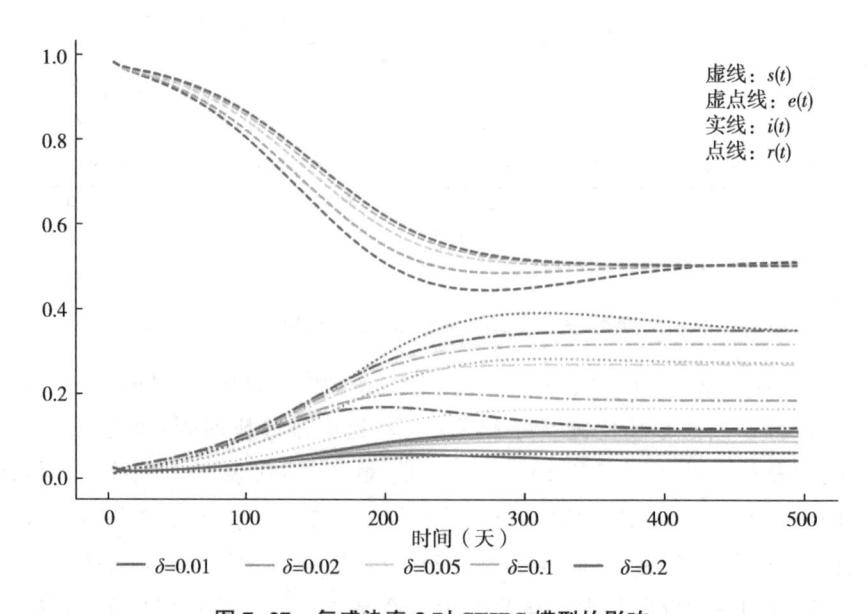

图 7-27 复感染率 δ 对 SEIRS 模型的影响

图 7-27 展示了不同复感染率 δ 下，SEIRS 模型中感染市场比例 $i(t)$、潜伏市场比例 $e(t)$、易感市场比例 $s(t)$ 和免疫市场比例 $r(t)$ 随时间 t 变化的曲线。可以观察到，δ 的值越大，感染市场比例 $i(t)$ 的值越大，且峰值推迟，最终的稳定值也更大。δ 的值越大，易感市场比例 $s(t)$ 都先下降后趋于一个相近的稳态值。δ 的值越大，免疫市场比例 $r(t)$ 越小，潜伏市场比例 $e(t)$ 越大，这与等式 $s(t) + i(t) + r(t) + e(t) = 1$ 的结论保持一致。总的来说，复感染率对风险传染有较大影响，复感染率越高，风险传播越快，最终感染市场的比例也越大，免

疫市场的比例越小,然而最终易感市场比例不会受太大影响,无论复感染率为多少,均无法实现所有市场都恢复正常,金融风险无法被消除。

第四节　本章小结

本章运用传染病模型对金融风险传染进行分析,是复杂网络理论在金融风险领域的重要应用。通过对不同传染病模型仿真结果的分析,可以得出在金融风险传染过程中,不同模型均得出以下结论:首先,风险传染率越高,金融风险传播的速度越快,感染市场比例的峰值也越高,但最终感染市场比例会趋于稳定或下降至零。其次,初始感染市场比例越高,金融风险爆发得越快,感染市场比例的峰值也越高,但最终感染市场比例不会受到初始感染市场比例的影响。再次,治愈率越高,金融风险传播的速度越慢,感染市场比例的峰值也越低,最终易感市场和免疫市场比例趋于稳定,感染市场比例下降至零或趋于稳定。最后,潜伏期越长,金融风险爆发的时间越晚,感染市场比例的峰值也越低,但最终感染市场比例会趋于稳定或下降至零。

不同风险传染模型的结论除了上述共同点以外,也有各自不同的特征。SI模型不考虑潜伏期和治愈,最终所有市场都会被感染。SIS模型考虑治愈,但治愈后不具有免疫力,最终感染市场比例会趋于一个稳定值。SIR模型考虑治愈,且治愈后具有免疫力,最终所有市场都会被治愈,感染市场比例下降至零。SIRS模型考虑治愈,且治愈后具有免疫力,但免疫力会逐渐衰减,最终感染市场比例会趋于一个稳定值。SEIR模型考虑潜伏期和治愈,且治愈后具有免疫力,最终所有市场都会被治愈,感染市场比例下降至零。SEIRS模型考虑潜伏期、治愈和复感染,最终感染市场比例会趋于一个稳定值,易感市场和免疫市场比例也趋于稳定。

传染病模型可以有效地分析金融风险的传染规律,不同模型适用于不同的风险特征。选择合适的模型可以帮助我们更好地理解金融风险的传播机制,并制定有效的防控策略。

第八章 结论与政策建议

第一节 主要结论

在全球经济一体化和金融市场高度融合的背景下，中国金融市场面临着来自国际和国内的多重外部冲击。这些冲击可能引发汇市、股市和债市之间的风险传染，进而可能引发系统性金融风险。例如，美国货币政策冲击、国际油价波动、新冠疫情等因素对中国金融市场造成了显著冲击，引发了投资者恐慌和不平衡的资本流动，进一步加剧了金融市场系统性风险的可能性。因此，研究外部冲击下中国主要金融市场的风险传染机制，对于理解金融市场联动效应、制定有效的风险管理政策、维护金融稳定具有重要意义。

为了得出相关结论，本书使用了以下方法。

首先，指标体系的构建。本书构建了一套包含国内外经济与政策指标、国际金融市场指标、国内外金融政策指标、地缘政治指标、环境与气候指标、科技与创新指标的外部冲击指标体系，并通过主成分分析计算了相应的指数。指标体系涵盖了美国、欧盟和中国等主要经济体的经济政策不确定性、贸易政策不确定性、通货膨胀率、利率水平、汇率水平、大宗商品价格、黄金价格、地缘政治风险、碳排放水平、科技创新水平等多个方面。本书数据主要来源于Wind数据库、中国人民银行网站、国家外汇管理局网站、国际货币基金组织网站、世界银行网站，时间选取了2011年1月至2023年12月的月度数据。

其次，本书选取第四章中计算得出的指标数据，运用了R藤Copula模型分析了不同类型外部冲击下，资本流动渠道、情绪传染渠道和信息传播渠道对外汇市场、债券市场和股票市场的跨市场风险传染效应。Copula模型可以有效地捕捉多个变量之间的相依结构，从而更准确地评估风险传染的可能性。

再次，本书构建了基于复杂网络的空间计量模型，分析了风险传染的路径与效应。复杂网络模型将汇市、股市和债市视为网络中的节点，通过节点之间的连接关系来分析风险传染的路径和强度。

最后，本书运用SI、SIS、SIR、SIRS、SEIR、SEIRS等传染病模型模拟了金融风险的传染过程，并分析了不同参数对风险传染的影响。传染病模型将金融市场视为一个复杂的网络，通过模拟病毒传播的过程来分析风险传染的动态特征。

通过上述分析，可以得出以下主要结论。

1. 金融市场在面临不同外部冲击时，跨市场金融风险传染存在，其中资本流动渠道和信息传播渠道是风险跨市场传播的主要途径，情绪传染渠道虽然对整体金融市场的风险传染影响有限，但由于股票市场高度依赖投资者情绪，情绪传染渠道对股票市场的波动具有一定作用。

2. 股票市场作为金融市场的核心组成部分，不仅连接外部冲击与金融市场，而且是风险传染的关键节点，股票市场的波动会通过资本流动渠道和信息传播渠道影响其他市场，并且股票市场与债券市场在不同冲击和渠道下均呈正相关关系，而股票市场与外汇市场呈现负相关关系。

3. 本书研究的金融网络的小世界特性揭示了金融市场内部的高度关联性和相互依赖性。这种网络结构中的信息高效传递和风险快速传播，导致"马太效应"的出现，即强者越强的现象。枢纽节点的存在使得金融市场在面临冲击时容易产生系统性风险，大量普通节点的鲁棒性也为市场提供了一定程度的稳定性。

4. 在风险传染过程中，风险传染率越高，传播速度越快，感染市场比例的峰值也越高。初始感染市场比例越高，爆发越快，但最终感染市场比例不会受到初始感染市场比例的影响。治愈率越高，传播速度越慢，感染市场比例的峰值也越低。潜伏期越长，爆发越晚，感染市场比例的峰值也越低。风险传染的过程可以类比为经济系统中的疾病传播模型。传染率、初始感染比例和治愈率是决定风险传播速度和范围的关键因素。经济学上，这反映了市场调整速度、市场参与者的预期以及政策干预的效果。潜伏期的长短和爆发的时点则与市场对冲击的反应时间和程度有关，这些因素共同决定了金融市场的稳定性和经济体的整体健康。

造成以上结论的原因可能有：

1. 金融市场的全球化和互联性增强，使得资本可以迅速在不同市场间流动，从而导致风险的跨市场传染。Allen 和 Gale（2000）等在探讨金融市场的传染现象时发现，金融市场的全球化导致金融机构之间的相互依赖性增加，这种依赖性使得一个市场的危机可以迅速传播到其他市场。资本的快速流动和信息的高速传播是风险跨市场传染的主要渠道。Caballero 等（2001）在讨论金融全球化对金融市场稳定性的影响时发现，随着金融市场的全球化和互联性增强，资本和信息流动的障碍减少，这加剧了金融风险的跨国传播，全球金融市场的互联性使局部金融问题有可能演变成全球性的金融危机。

2. 在外部冲击下，投资者在不同市场间的投资决策往往基于相同或相似的信息，导致信息传播成为风险传染的主要途径之一。例如，Tetlock（2007）采用文本挖掘技术分析华尔街日报的数据，发现消极信息含量高的报道会导致投资者抛售行为，并对股价产生下行压力。安雅慧（2012）通过实证研究和理论建模，发现信息传播渠道广泛的知情交易者更易于操控市场，连接的信息搜寻者越多，其每期的平均财富也越高。肖斌卿等（2014）在研究金融业与其他行业间传染性风险时发现，投资者的行为对风险传染的概率有显著影响，尤其是在信息不对称较为严重的情况下，外部负面冲击会提高传染性风险的发生概率。Bosman 等（2017）指出，媒体报道的不同表达方式会影响投资者的预期，报道中积极修辞手法的运用会使投资者对处于下跌或无趋势的股票抱有更高的市场预期。

3. 羊群效应可以放大情绪传染的影响，同时股票市场特别容易受到投资者情绪的影响，于是投资者情绪可以迅速传递到股价上。徐信忠等（2011）研究发现，开放式基金（机构投资者之一）的投资行为在行业层面存在羊群现象，随着资本市场的不断发展，机构投资者在股票市场上的地位日益突出，其与个人投资者各自的交易行为对整个股票市场的运行和股票价格的形成都将会产生不容忽视的影响。蔡庆丰等（2011）探究了证券分析师与机构投资者羊群行为累积效应对股票市场波动性、流动性的具体影响，以及其在市场信息传递效率和定价机制中所扮演的角色。其研究结果显示，这种累积效应会显著增强市场的波动性，可能进一步导致流动性出现枯竭现象，从而易于引发市场信息流通不畅、定价效率低下的问题，严重时还可能触发资产泡沫的形成。另外，部慧等（2018）则基于东方财富网股吧的用户帖文，利用朴素贝叶斯方法构建了投资者情绪指标，并通过运用 Granger 因果检验、瞬时 Granger 因果检验及跨期回归分析等手段，深入研究了投资者情绪对我国股票市场收益率、交易量及波动性的预测效力与实际影响。他们的研究发现，投资者情绪对于股票市场收益率、交易量及波动性的预测并无显著能力，却对当前时期的股票市场收益率与交易量产生了显著的影响。

第二节　相关政策建议

一、强化资本流动与信息传播的立体化监管体系

1. 货币政策执行需与资本市场应急工具协同发力

在实施降准降息时，可配套使用"证券、基金、保险公司互换便利"定向调节市场流动性，通过金融机构资本补充缓冲机制防止资本无序外流。建议建立流动性分层供给机制，对系统重要性金融机构实施差异化准备金率，既保障中小微企业融资需求，又防范杠杆率过度攀升。

2. 代销业务全流程监管升级

在资本流动渠道管控中嵌入商业银行代销业务监管新规，要求系统重要性银行建立代销产品动态评估模型，对私募基金产品实施穿透式底层资产监测。针对《商业银行代理销售业务管理办法》明确的私募机构准入标准（股权类5亿元/证券类3亿元管理规模），开发代销产品风险穿透指数，实时追踪跨市场风险敞口。通过建立代销产品风险评级联动机制，当某类产品触发预警阈值时，自动启动跨市场流动性调节预案。

3. 外汇政策需嵌入跨境资本流动穿透式监测

在汇率干预中应运用区块链技术构建跨境支付追踪系统，对高频异常交易实施熔断机制。参考央行"股票回购增持再贷款"工具设计经验，可创设汇率风险对冲专项再贷款，支持外贸企业使用外汇衍生品，降低汇率波动引发的跨境资本冲击。

4. 跨境资本流动数字围栏建设

结合证监会派出机构监管职责修订要求，在自贸试验区试点跨境资本流动沙盒监管。运用监管科技对高频跨境交易实施三色预警：绿色通道（合规交易即时结算）、黄色审查（大额交易延时清分）、红色熔断（异常交易自动冻结）。开发离岸人民币流动性压力测试模型，将代客远期售汇业务纳入外汇风险准备金计提范围，防范汇率波动引发的跨市场传染。

二、构建股市"稳定器"与跨市场联防机制

1. 完善股市波动分级响应制度

当市场异常波动超过阈值时，自动触发金融机构协同护盘机制，要求系统重要性券商、基金公司按资本金比例启动股票回购。同时借鉴"存量商品房盘

活"政策思路，建立上市公司优质资产证券化快速通道，提升股市价值中枢稳定性。

2. 落实机构投资者逆周期调节义务

依据金融监管总局中小金融机构改革化险部署，要求公募基金、保险资管等机构建立股市波动对冲准备金制度。当沪深300指数波动率超过20%时，自动触发机构投资者协同护盘机制：股票型基金最低仓位提升至90%，保险资管权益投资比例下限调高5个百分点。同步建立上市公司回购增持再贷款工具，对符合条件的企业提供专项低息资金支持。

3. 跨市场波动传导阻断机制

借鉴城市房地产融资协调机制经验，构建股债汇三市联动稳定基金。当出现极端行情时，基金通过三大路径干预：在银行间市场开展国债现券买卖调节利率曲线；在外汇市场启动逆周期因子平抑汇率波动；在股票市场通过ETF申赎调节流动性。开发市场情绪传染指数，对两融余额环比变动、期权隐含波动率、北向资金流速等12项指标实施联合监控。

4. 强化跨市场监控的金融科技赋能

建议整合央行数字货币研究所与证监会信息平台，构建基于人工智能的跨市场风险传染模拟系统。参考消费金融公司打击"黑灰产"经验，开发异常交易行为模式识别算法，对跨市场套利、恶意做空等行为实施穿透式监管。

三、优化金融网络韧性建设的制度设计

1. 针对小世界网络特性，应建立动态系统重要性机构评估体系

除传统规模指标外，增加网络节点连接度、风险传染速度等拓扑特征参数。参考新修订的《消费金融公司监管评级办法》，将机构网络传染系数纳入监管评级核心指标，实施差异化资本充足率要求。

2. 动态系统重要性节点评估2.0

根据地方金融组织监管实践经验，将网络节点评估指标扩展至三维度：连接紧密度（跨市场交易对手数量）、风险传染速度（清结算系统依赖度）、恢复脆弱性（应急资本补充渠道）。对城商行、头部券商等枢纽机构实施韧性资本附加要求，按季评估并动态调整附加资本（0.5%~2%）。建立数字孪生金融网络模拟平台，实时映射20万家金融机构的3000万条资金链路。

3. 极端情景压力测试升级

结合中央金融工作会议精神，除传统宏观经济冲击外，应增加数字金融冲击模块，模拟支付系统瘫痪等新型风险。在传统宏观经济冲击情景外新增四类

测试模块：法定数字货币挤兑（数字钱包日均赎回量激增 300%）、气候金融风险（ESG 评级批量下调引发的资产重定价）、人工智能算法共振（量化交易策略趋同度超 70%）、地缘政治冲击（SWIFT 断链应急演练）。测试结果与金融机构业务准入挂钩，未通过机构暂缓新产品备案资格 6 个月。借鉴地方防非打非工作专班机制，建立跨部门网络风险应急指挥部，实现风险处置的预案联动、数据共享和行动协同。

四、创新政策干预的数字化工具箱

1. 开发智能流动性调节系统

在传染率控制方面，可开发智能流动性调节系统。通过实时监测银行间市场利率、信用利差等微观指标，自动匹配 SLF、MLF 等工具投放规模。参考普惠金融数字化实践，构建小微企业融资需求热力图，实现流动性精准滴灌与风险防控的平衡。

2. 完善市场化风险处置机制

治愈率提升需完善市场化风险处置机制。建议借鉴房地产金融"项目白名单"制度，建立重点企业流动性救助名单，对符合产业政策导向的受困企业提供阶段性股权融资支持。同步完善金融消费者教育体系，通过"四进"宣传模式提升投资者风险识别能力，缩短市场恐慌周期。

3. 构建监管数据立方体

整合商业银行代销产品数据、证监会派出机构检查数据、地方金融组织备案信息，建立全口径金融资产登记系统。运用知识图谱技术识别隐形关联交易，对单家机构跨市场风险暴露超过净资本 50% 的，自动触发联合调查机制。开发监管指令智能分发系统，依据机构监管评级（A-D 类）差异化推送检查要点，提升现场检查的精准性。

4. 搭建央地监管协同作战平台

响应金融监管总局"四新"工程部署，建立三级风险处置响应机制：国家级（央行+金融委）、区域级（跨省监管联席会议）、属地级（地方金融稳定基金）。开发监管沙盒跨区互认系统，允许在京津冀、长三角等区域开展联合创新试点。建立监管人才交流机制，每年选派 20% 的地方局干部到系统重要性机构挂职，强化监管实践与市场感知的融合。

五、强化法治保障与跨境监管协作

1. 建立金融安全审查联席会议制度

整合央行宏观审慎评估、金融监管总局机构监管、外汇局跨境资金监测等数据系统，开发国家金融安全指数，实现风险防控从"事后处置"向"事前预警"转型。同时强化金融基础设施冗余备份，在支付清算、征信系统等关键领域建立"同城—异地—云端"三级灾备体系。

2. 金融监管条例立改废工程

针对地方金融组织监管法律缺位问题，加速推进《地方金融监督管理条例》立法进程，明确七类地方金融组织准入负面清单。建立监管法规智能更新系统，当某类金融业务规模增速连续3个月超过30%时，自动触发法规适应性评估程序。在自贸港试点监管沙盒司法豁免机制，对测试期内合规创新给予有限法律责任豁免。

3. 加强跨境监管科技联合研发

依托证监会国际监管合作机制，牵头组建东盟+中日韩监管科技联盟，重点攻关三项技术：分布式账本跨境认证、智能合约监管接口、跨境支付实时监控仪表盘。建立监管标准互认负面清单，对已通过欧盟GDPR、美国SEC科技审计的金融机构，给予现场检查频次减免等便利。

总的来说，通过构建"数据穿透—机制阻断—科技赋能—法治保障"四位一体防控体系，将金融稳定管理从被动应对升级为主动免疫。特别是在股市稳定机制设计中创新引入机构投资者逆周期调节义务，在跨境风险防控中首创监管科技联合研发模式，为防范系统性风险提供了更具前瞻性的解决方案。此外，政策制定者要密切关注市场动态，针对不同风险传染渠道和特性，采取多种政策相互协调、形成合力的基本思路，维护我国金融市场稳定。同时，也要注重提高我国金融网络的抗风险能力，防范系统性风险的发生，为保障我国金融安全奠定坚实的基础。

参考文献

[1] 安辉, 谷宇, 钟红云. 我国外部流动性冲击风险预警体系研究 [J]. 国际金融研究, 2013 (12): 62-72.

[2] 安雅慧. 基于计算实验方法的金融市场信息传播研究 [D]. 天津: 天津财经大学, 2013.

[3] 巴曙松, 严敏. 股票价格与汇率之间的动态关系——基于中国市场的经验分析 [J]. 南开经济研究, 2009 (3): 46-62.

[4] 边璐, 王晓贺, 赵晓旭. 上涨下跌不同情形下股票市场与债券市场的关联性研究 [J]. 北方金融, 2017 (11): 23-28.

[5] 部慧, 解峥, 李佳鸿, 等. 基于股评的投资者情绪对股票市场的影响 [J]. 管理科学学报, 2018, 21 (4): 86-101.

[6] 蔡庆丰, 杨侃, 林剑波. 羊群行为的叠加及其市场影响——基于证券分析师与机构投资者行为的实证研究 [J]. 中国工业经济, 2011 (12): 111-121.

[7] 曾裕峰, 温湖炜, 陈学彬. 股市互联、尾部风险传染与系统重要性市场——基于多元分位数回归模型的分析 [J]. 国际金融研究, 2017 (9): 86-96.

[8] 陈波, 钱惠惠. 新冠肺炎疫情对我国股债市场的影响研究 [J]. 工业技术经济, 2021, 40 (11): 53-60.

[9] 陈创练, 姚树洁, 郑挺国, 等. 利率市场化、汇率改制与国际资本流动的关系研究 [J]. 经济研究, 2017, 52 (4): 64-77.

[10] 陈创练, 张年华, 黄楚光. 外汇市场、债券市场与股票市场动态关系研究 [J]. 国际金融研究, 2017 (12): 83-93.

[11] 陈伶俐. 宏观审慎评估体系能降低商业银行风险承担吗？[J]. 南方金融, 2021 (8): 15-28.

[12] 陈其安, 张媛, 刘星. 宏观经济环境、政府调控政策与股票市场波动性——来自中国股票市场的经验证据 [J]. 经济学家, 2010 (2): 90-98.

[13] 陈倩, 史桂芬. 经济政策不确定性冲击下金融风险的跨市场传染

[J]．统计与决策，2022，38（11）：134-139．

[14] 陈锐，李金叶．外部经济金融冲击与中国金融周期波动——兼论宏观审慎政策防范外部冲击的有效性[J]．武汉金融，2022（4）：12-20，39．

[15] 陈守东，李云浩．贸易摩擦状态下股市与债市风险溢出的结构性变化研究[J]．湖北大学学报（哲学社会科学版），2021，48（2）：132-143，173．

[16] 陈炜，王玉，刘雪勇．股市风险传染的二次感染SIR模型[J]．系统工程学报，2023，38（6）：791-811．

[17] 陈学彬，曾裕峰．中美股票市场和债券市场联动效应的比较研究——基于尾部风险溢出的视角[J]．经济管理，2016，38（7）：1-13．

[18] 陈雁云，何维达．人民币汇率与股价的ARCH效应检验及模型分析[J]．集美大学学报（哲学社会科学版），2006（1）：72-75．

[19] 程超．我国股票市场的财富效应研究[J]．财经理论与实践，2022，43（6）：72-78．

[20] 程棵，陆凤彬，杨晓光．次贷危机传染渠道的空间计量[J]．系统工程理论与实践，2012，32（3）：483-494．

[21] 丛颖睿，宗刚．外部冲击对人民币汇率的影响效应分析——基于VAR模型[J]．中国证券期货，2012（4）：220-222．

[22] 代凯燕．我国利率、汇率及股价之间的动态相关性和波动溢出效应[D]．上海：上海社会科学院，2017．

[23] 戴心逸，李思博，柴天仪．利率平价理论指标与即期市场相关性回溯分析[J]．中国货币市场，2023（11）：65-69．

[24] 党印，苗子清，孙晨童．中国系统性金融风险的区域传染效应[J]．当代财经，2022（8）：51-63．

[25] 邓燊，杨朝军．汇率制度改革后中国股市与汇市关系——人民币名义汇率与上证综合指数的实证研究[J]．金融研究，2008（1）：29-41．

[26] 刁思聪，程棵，杨晓光．我国信贷资金流入股票市场、房地产市场的实证估计[J]．系统工程理论与实践，2011，31（4）：617-630．

[27] 丁亚楠，王建新．"浑水摸鱼"还是"自证清白"：经济政策不确定性与信息披露——基于年报可读性的探究[J]．外国经济与管理，2021，43（11）：70-85．

[28] 董大勇，吴可可．投资者注意力配置对资产定价的影响：眼球效应与曝光效应[J]．系统工程，2018，36（9）：51-58．

[29] 段继红．国际油价冲击对中国宏观经济的影响[J]．统计研究，

2010, 27 (7): 25-29.

[30] 樊彦君. 汇率变动对股票价格影响的实证分析 [J]. 山西财税, 2017 (6): 37-40.

[31] 范拓源. 财政货币政策对经济与金融不确定性的动态影响机制研究 [D]. 长春: 吉林大学, 2023.

[32] 范志勇, 向弟海. 汇率和国际市场价格冲击对国内价格波动的影响 [J]. 金融研究, 2006 (2): 36-43.

[33] 方龙, 何川, 李雪松. 中国股市、债市间溢出效应与杠杆效应研究 [J]. 湖南财政经济学院学报, 2016, 32 (2): 38-45.

[34] 方先明, 王坤英. 货币政策调整背景下中美利率相关性研究 [J]. 当代经济科学, 2019, 41 (6): 75-85.

[35] 傅冰. 当前我国利率与汇率的相关性分析及政策建议 [J]. 特区经济, 2007 (5): 71-73.

[36] 高越, 李荣林. 外来冲击对我国出口企业创新活动的影响研究——以2008年金融危机为例 [J]. 国际商务 (对外经济贸易大学学报), 2019 (4): 15-27.

[37] 耿强, 章雱. 中国宏观经济波动中的外部冲击效应研究——基于金融加速器理论的动态一般均衡数值模拟分析 [J]. 经济评论, 2010 (5): 112-120, 138.

[38] 宫晓琳. 宏观金融风险联动综合传染机制 [J]. 金融研究, 2012 (5): 56-69.

[39] 龚家, 张涛. 新冠肺炎疫情下中国股票市场与债券市场的联动性研究 [J]. 中国物价, 2022 (7): 79-82.

[40] 顾宁, 余孟阳. 全球金融周期对中国资产价格的动态冲击效应分析 [J]. 统计与决策, 2016 (6): 126-129.

[41] 郝项超, 李政. 外部冲击对我国股市暴跌的影响研究 [J]. 南开经济研究, 2017 (6): 131-149.

[42] 何诚颖, 刘林, 徐向阳, 等. 外汇市场干预、汇率变动与股票价格波动——基于投资者异质性的理论模型与实证研究 [J]. 经济研究, 2013, 48 (10): 29-42, 97.

[43] 何枫, 郝晶, 谭德凯, 等. 中国金融市场联动特征与系统性风险识别 [J]. 系统工程理论与实践, 2022, 42 (2): 289-305.

[44] 何凌霄. 我国股市与债市波动溢出效应研究 [J]. 合作经济与科

技，2023（12）：60-63.

［45］何敏园．国内外金融市场间的相依结构及风险溢出关系研究［D］．长沙：湖南师范大学，2019.

［46］何圣财．资产价格波动对开放经济内外均衡的影响研究［D］．长春：东北师范大学，2017.

［47］贺灿飞，余昌达，金璐璐．贸易保护、出口溢出效应与中国出口市场拓展［J］．地理学报，2020，75（4）：665-680.

［48］侯县平．中国股票市场与债券市场间的金融传染效应研究［D］．成都：西南交通大学，2017.

［49］胡月，姜燕霞，夏厚君，等．新冠疫情下股市、债市、汇市的联动性研究［J］．浙江科技学院学报，2022，34（4）：347-356.

［50］胡月，王甜甜，夏厚君，等．基于时变 Copula 模型的股指收益率相依关系研究［J］．浙江科技学院学报，2022，34（1）：94-104.

［51］纪敏．本轮国内价格波动的外部冲击因素考察［J］．金融研究，2009（6）：31-43.

［52］贾俊雪，郭庆旺．经济开放、外部冲击与宏观经济稳定——基于美国经济冲击的影响分析［J］．中国人民大学学报，2006（6）：65-73.

［53］贾俊雪，秦聪，张静．财政政策、货币政策与资产价格稳定［J］．世界经济，2014，37（12）：3-26.

［54］贾欣悦．人民币汇率对股票价格指数影响的时变特征［D］．北京：北京交通大学，2020.

［55］江春，杨力菲，姜婷婷．投资者风险态度、资产价格与汇率预期的动态关系研究——基于 DCC-GARCH 和 TVP-SV-VAR 模型［J］．统计研究，2022，39（2）：114-129.

［56］蒋治平．人民币利率与汇率的动态相关关系：基于 DCC 模型的研究［J］．软科学，2008（7）：11-14，29.

［57］金鑫．"8·11"汇改后汇市收益率与债市收益率的溢出效应研究——基于 VAR-GARCH-BEKK 模型［J］．山东纺织经济，2018（12）：13-15，39.

［58］金鑫．人民币汇率与利率联动关系研究［D］．乌鲁木齐：新疆财经大学，2022.

［59］靳雨佳．金融市场的联动效应与风险溢出研究［D］．长春：吉林大学，2023.

［60］鞠国华．"外部冲击"的国内研究综述［J］．经济学动态，2009（5）：75-78．

［61］鞠国华．外部冲击问题研究［D］．长春：吉林大学，2010．

［62］李波．信息不对称与股票价格的理论与实证研究［D］．上海：复旦大学，2005．

［63］李成，马文涛，王彬．我国金融市场间溢出效应研究——基于四元VAR-GARCH（1，1）-BEKK模型的分析［J］．数量经济技术经济研究，2010，27（6）：3-19．

［64］李俊青，李响，梁琪．私人信息、公开信息与中国的金融市场参与［J］．金融研究，2020（4）：147-165．

［65］李丽君，杨宜．信息不对称视角下投资者信心对资产证券化流动性的影响分析［J］．北京工商大学学报（社会科学版），2018，33（3）：105-114．

［66］李沐然，杨媛．外部经济冲击对我国进出口贸易的影响——基于新兴市场经济体的研究［J］．江苏商论，2022（1）：40-45．

［67］李晓蕾．中国股市与债市相关性的实证分析［D］．北京：对外经济贸易大学，2005．

［68］李鑫，朱冬青．我国股票市场和债券市场收益率的相关性和联动性研究——基于时变Copula和VAR模型［J］．经济体制改革，2022（4）：194-200．

［69］李义举，冯乾．宏观审慎政策框架能否有效抑制金融风险？——基于宏观审慎评估的视角［J］．金融论坛，2018，23（9）：9-20，60．

［70］李泽广，高明生．近期汇率体制改革后股价与汇率的联动效应及其检验［J］．现代财经（天津财经大学学报），2007（10）：7-12．

［71］李增来．中美两国货币政策协调研究［D］．南京：南京大学，2011．

［72］李湛，戴益文．人民币汇率形成机制改革对股票市场的影响——基于三阶段的时间序列实证研究［J］．广东金融学院学报，2012，27（4）：119-128．

［73］梁莹．我国债券市场开放对外汇市场的影响［J］．中国货币市场，2022（11）：17-21．

［74］廖冬．股市、汇市和货币市场的互动关系研究［D］．广州：暨南大学，2018．

［75］廖冬，时旭辉．股市、汇市和货币市场的互动关系研究——基于中国市场的经验证据［J］．浙江金融，2017（3）：25-32．

［76］林松．外部冲击、货币政策困境与通货膨胀目标制［J］．当代经济，2023，40（2）：95-100．

[77] 林宇, 李福兴, 陈粘, 等. 基于R-vine-copula-CoVaR模型的金融市场风险溢出效应研究［J］. 运筹与管理, 2017, 26（9）：148-156.

[78] 刘彩彩. 消费者信心的时频溢出效应及其形成机理研究［D］. 青岛：青岛大学, 2023.

[79] 刘大明. 中国股票与债券市场价格联动研究［D］. 北京：首都经济贸易大学, 2013.

[80] 刘金全, 申瑛琦, 张龙. 贸易政策不确定性的宏观经济效应量化分析［J］. 亚太经济, 2023（6）：51-61.

[81] 刘琨, 郭其友. 宏观经济政策冲击下外部净资产的动态调整——基于估值效应视角的实证研究［J］. 国际金融研究, 2018（1）：35-45.

[82] 刘玲君. 汇率变动和股票收益率的关系研究［D］. 成都：西南财经大学, 2014.

[83] 刘璐, 温兴春, 王晋斌, 等. 全球金融周期、经济韧性与宏观审慎政策——基于全球不确定性视角的分析［J］. 国际金融研究, 2023（12）：25-37.

[84] 刘美秀, 苏应蓉. 物价波动中外部冲击作用研究进展［J］. 经济学动态, 2012（10）：116-122.

[85] 刘维奇, 董晨昱. 人民币汇率与股票价格关系的实证研究［J］. 经济管理, 2008（16）：62-67.

[86] 刘炜. 经济动荡时期我国股票市场与汇率市场的关联性研究［J］. 经济研究导刊, 2018（11）：139-140.

[87] 刘亚, 张曙东. 境内外金融市场联动效应：理论基础与文献综述［J］. 科学决策, 2010（8）：65-77.

[88] 刘永余, 王博. 中国资本管制的有效性问题——基于跨境资本套利和套汇活动的研究［J］. 当代经济科学, 2016, 38（2）：10-19, 124.

[89] 刘蕴霆, 朱彦頔. 中国经济微观不确定性的测度及效应研究［J］. 经济学动态, 2023（1）：35-53.

[90] 刘哲希, 郭俊杰, 谭涵予, 等. 货币政策能够兼顾"稳增长"与"稳杠杆"双重目标吗？——基于不同杠杆环境的比较［J］. 金融研究, 2022（7）：20-37.

[91] 罗衍. 投资者情绪与资产定价［D］. 天津：天津大学, 2018.

[92] 罗融, 陆文力. 资本账户开放与国际金融冲击的传导——基于DSGE模型的分析［J］. 经济理论与经济管理, 2021, 41（8）：43-59.

[93] 罗艺婷．人民币基准利率与汇率的联动关系研究［D］．昆明：云南师范大学，2020．

[94] 骆燕玲．新冠疫情下股市与汇市的联动性研究［D］．成都：电子科技大学，2022．

[95] 马奕虹，蒋小莲．经济政策不确定性对股市、债市和基金市场动态相关性的影响——基于DCC-MIDAS实证［J］．中国管理信息化，2023，26（20）：145-148．

[96] 梅冬州，宋佳馨．金融业开放与宏观经济去杠杆［J］．中国工业经济，2021（10）：78-97．

[97] 孟星．基于行业异质性探究汇率对A股市场的影响和传导机制［D］．上海：上海财经大学，2023．

[98] 米传民，钱媛媛．基于SEIS模型的互联网金融风险传染研究［J］．南京理工大学学报，2019，43（6）：800-806．

[99] 牟晓云，李黎．国际金融危机预警方法综述［J］．经济研究导刊，2012（13）：85-86．

[100] 倪红福，张志达．以制度型开放促进金融业高水平对外开放［J］．金融市场研究，2023（4）：1-10．

[101] 欧阳艳艳，施养劲．内外部经济政策不确定性与企业对外直接投资：风险规避还是出口抑制？［J］．上海对外经贸大学学报，2021，28（6）：71-86．

[102] 欧阳资生，陈世丽，杨希特，等．经济政策不确定性、网络舆情与金融机构系统性风险［J］．管理科学学报，2023，26（4）：62-86．

[103] 潘德春，曾建新．金融市场化改革背景下汇率、利率对股价的动态冲击效应研究［J］．现代金融，2022（11）：13-21．

[104] 潘功胜．国务院关于金融工作情况的报告——2023年10月21日在第十四届全国人民代表大会常务委员会第六次会议上［R］．中华人民共和国全国人民代表大会常务委员会公报，2023（7）：814-820．

[105] 潘敏，郭厦．基于投资者行为的金融危机传染理论述评［J］．财经科学，2010（11）：34-39．

[106] 潘群星，宦先鹤．我国股债汇风险点的长记忆性及关联性研究［J］．金融与经济，2019（10）：12-18．

[107] 潘胜杰，宋吟秋，张鸿雁．货币政策调控效果与股市财富效应研究——基于中国混合型货币政策的DSGE模型［J］．管理评论，2022，34（5）：

25-36.

[108] 彭红枫, 肖祖沔, 祝小全. 汇率市场化与资本账户开放的路径选择 [J]. 世界经济, 2018, 41 (8): 26-50.

[109] 彭团民. 外汇市场与股票市场相关关系研究 [D]. 重庆: 重庆大学, 2018.

[110] 乔瑞, 唐彬. 我国股票市场和汇率市场的波动溢出效应及非对称性研究 [J]. 中国证券期货, 2024 (1): 66-72, 80.

[111] 饶品贵, 姜国华. 货币政策对银行信贷与商业信用互动关系影响研究 [J]. 经济研究, 2013, 48 (1): 68-82, 150.

[112] 阿卜杜凯尤木·赛麦提, 玉素甫·阿布来提. 人民币离岸市场汇率与在岸市场汇率联动关系研究——基于VAR模型 [J]. 经济视角, 2019 (2): 45-54.

[113] 石广平, 刘晓星, 魏岳嵩. 投资者情绪、市场流动性与股市泡沫——基于TVP-SV-SVAR模型的分析 [J]. 金融经济学研究, 2016, 31 (3): 107-117.

[114] 隋建利, 杨庆伟, 刘金全. 极端事件冲击下的价格联动、风险传染与风险溯源: 来自国际原油市场与中美金融市场的新发现 [J]. 世界经济研究, 2022 (4): 47-62, 136.

[115] 孙工声. 中国宏观经济波动: 内部调整还是外部冲击? [J]. 金融研究, 2009 (11): 60-73.

[116] 孙云辉. 中国股市流动性风险研究 [D]. 北京: 中国矿业大学, 2009.

[117] 谭小芬, 虞梦微, 王欣康. 跨境资本流动的新特征、新风险及其政策建议 [J]. 国际金融研究, 2023 (4): 17-28.

[118] 谭小芬, 张文婧. 经济政策不确定性影响企业投资的渠道分析 [J]. 世界经济, 2017, 40 (12): 3-26.

[119] 汤铎铎, 刘磊, 贺颖. 外部冲击频发期的宏观经济政策空间 [J]. 社会科学文摘, 2022 (9): 82-84.

[120] 唐文进, 马千里. 人民币汇率与利率的互动关系演变研究 [J]. 统计与决策, 2014 (6): 152-155.

[121] 汪冬华, 汪辰. 汇改后不同市态下汇市与股市溢出效应的异化 [J]. 管理科学学报, 2012, 15 (11): 91-103.

[122] 汪献华. 流动性冲击与资产价格波动实证研究 [J]. 证券市场导

报，2013（7）：56-60.

［123］王爱俭，石振宇．政策不确定性的宏观经济溢出效应：地区异质与时变特征［J］．中南财经政法大学学报，2020（2）：79-89.

［124］王爱俭，张全旺．论不同经济体制下利率与汇率的联动性［J］．现代财经（天津财经学院学报），2003（9）：12-15.

［125］王柏杰，何炼成，郭立宏．资产价格波动与货币政策的内在关联——理论与中国的实证经验［J］．山西财经大学学报，2010，32（12）：52-59.

［126］王斌会，郑辉，陈金飞．中国股市、汇市和债市间溢出效应的实证研究［J］．暨南学报（哲学社会科学版），2010，32（4）：37-45，162.

［127］王博，刘澜飚．金融渠道对中国外部失衡调整的影响研究［J］．经济学动态，2013（11）：82-87.

［128］王春丽，胡玲．基于马尔科夫区制转移模型的中国金融风险预警研究［J］．金融研究，2014（9）：99-114.

［129］王冠楠，项卫星．金融摩擦与宏观经济的外部脆弱性——基于美联储加息政策的分析视角［J］．国际金融研究，2017（7）：13-23.

［130］王菁华，茅宁．风险视角下的经济政策不确定性与企业成本粘性研究［J］．管理科学，2021，34（1）：82-96.

［131］王俊勇，李心丹，林良才．新时代防控金融风险跨市场交叉网络传染机制研究［J］．中国管理科学，2021，29（6）：23-35.

［132］王立勇，纪尧．财政政策波动性与财政规则：基于开放条件DSGE模型的分析［J］．经济研究，2019，54（6）：121-135.

［133］王璐，黄登仕．分割市场下中国股票市场和债券市场联动特征研究［J］．金融理论与实践，2015（7）：15-21.

［134］王璐，庞皓．中国股市和债市波动溢出效应的MV-GARCH分析［J］．数理统计与管理，2009，28（1）：152-158.

［135］王义中，金雪军．中国经济波动的外部因素：1992—2008［J］．统计研究，2009，26（8）：10-15.

［136］王有鑫，王祎帆，杨翰方．外部冲击类型与中国经济周期波动——兼论宏观审慎政策的有效性［J］．国际金融研究，2021（3）：14-26.

［137］王泽明．我国证券市场机构投资者的羊群效应研究［J］．经济研究导刊，2020（35）：125-126.

［138］魏哲海，汪敏．我国关联股市的风险传染是否会引发双边溢出羊群

效应[J]．现代财经（天津财经大学学报），2017，37（10）：14-27．

[139] 吴炳辉，何建敏．开放经济条件下金融风险国际传染的研究综述[J]．经济社会体制比较，2014（2）：87-96．

[140] 吴丽华，傅广敏．人民币汇率、短期资本与股价互动[J]．经济研究，2014，49（11）：72-86．

[141] 吴莉昀．金融危机传导渠道、政府补助与企业绩效研究——来自中国上市公司的经验证据[J]．经济问题探索，2019（3）：40-50．

[142] 吴敏．疫情下人民币汇率双向波动对我国利率的影响[J]．银行家，2021（1）：92-94．

[143] 吴伟．贫困脆弱性视角下规模性返贫的预警与防范研究[D]．成都：四川大学，2023．

[144] 肖斌卿，王粟旸，周小超，等．债务网络、投资者行为与传染性风险：来自中国银行业与房地产业的研究发现[J]．管理科学学报，2014，17（11）：139-150．

[145] 谢平．汇率、国内外债券收益率对我国上证综指的影响分析[D]．上海：上海外国语大学，2018．

[146] 徐清海，贺根庆．基于DCC-MVGARCH模型的中国金融市场联动性分析[J]．金融理论与实践，2014（7）：20-24．

[147] 徐信忠，张璐，张峥．行业配置的羊群现象——中国开放式基金的实证研究[J]．金融研究，2011（4）：174-186．

[148] 徐燕燕．汇市股市有相关但无因果 业内认为人民币不会持续贬值[N]．第一财经日报，2022-04-28（A06）．

[149] 许姣丽．外部经济冲击的传导渠道分析[J]．当代经济管理，2014，36（3）：71-76．

[150] 许祥云，廖佳，吴松洋．金融危机前后的中国股债关系分析——基于市场情绪变化的解释视角[J]．经济评论，2014（1）：130-140．

[151] 杨博睿．中国股票市场人民币汇率变动研究[J]．西部皮革，2020，42（3）：103，107．

[152] 杨开忠，徐晓辰．外部冲击、国际贸易与政策调节[J]．财贸经济，2022，43（10）：134-145．

[153] 杨立勋，林嘉懿，孟上诗．中国金融压力指数及监测效能评估[J]．上海经济研究，2024（1）：106-120．

[154] 杨楠．人民币汇率波动对股价指数的影响研究[D]．长沙：湖南大

学，2023.

[155] 杨清玲. 股价与汇率间联动关系的实证分析 [J]. 发展研究, 2007 (8): 36-39.

[156] 姚登宝. 基于银行间网络的流动性风险传染机制研究 [J]. 安徽大学学报 (哲学社会科学版), 2017, 41 (4): 130-137.

[157] 叶文娱. 我国汇率与股价关联性的变化及影响因素——基于 MS-VAR 模型的分析 [J]. 贵州财经学院学报, 2010 (5): 47-52.

[158] 易纲, 范敏. 人民币汇率的决定因素及走势分析 [J]. 经济研究, 1997 (10): 26-35.

[159] 易永坚. 基于 VAR 模型的股市对债市的实证研究 [J]. 时代金融, 2016 (35): 188-189, 195.

[160] 殷剑峰. 中国金融市场联动分析: 2000—2004 [J]. 世界经济, 2006 (1): 50-60, 96.

[161] 游士兵, 吴欢喜. 金融市场联动机制与政策不确定性——基于中日股市间联动研究 [J]. 统计与信息论坛, 2017, 32 (11): 42-50.

[162] 袁超, 张兵, 汪慧建. 债券市场与股票市场的动态相关性研究 [J]. 金融研究, 2008 (1): 63-75.

[163] 袁晨, 傅强, 彭选华. 我国股票与债券、黄金间的资产组合功能研究——基于 DCC-MVGARCH 模型的动态相关性分析 [J]. 数理统计与管理, 2014, 33 (4): 714-723.

[164] 袁吉伟. 外部冲击对中国经济波动的影响——基于 BSVAR 模型的实证研究 [J]. 经济与管理研究, 2013 (1): 27-34.

[165] 袁吉伟. 我国债市和汇市溢出效应的实证研究——基于 VAR-GARCH-BEKK 模型 [J]. 金融理论与实践, 2013 (2): 80-83.

[166] 岳正坤, 张勇. 货币市场、债券市场对沪深 300 指数溢出效应的实证研究 [J]. 宏观经济研究, 2014 (3): 100-108, 135.

[167] 张艾莲, 靳雨佳. 金融子市场的系统性风险溢出效应 [J]. 财经科学, 2018 (10): 1-11.

[168] 张碧琼, 李越. 汇率对中国股票市场的影响是否存在: 从自回归分布滞后模型 (ARDL-ecm) 得到的证明 [J]. 金融研究, 2002 (7): 26-35.

[169] 张兵, 封思贤, 李心丹, 等. 汇率与股价变动关系: 基于汇改后数据的实证研究 [J]. 经济研究, 2008, 43 (9): 70-81, 135.

[170] 张朝洋. 货币政策冲击、银行信贷渠道与宏观审慎管理 [J]. 金融

监管研究，2018（7）：55-70.

[171] 张华勇. 金融市场联动性和风险传染的内在机制研究 [J]. 云南社会科学，2014（4）：81-84.

[172] 张慧，何朴真. 大宗商品价格波动与风险对冲策略 [J]. 财务管理研究，2022（7）：115-120.

[173] 张立光，滕召建. 我国区域金融风险的空间关联与传染机制研究——基于社会网络分析法和区域数据的实证 [J]. 金融发展研究，2021（11）：48-55.

[174] 张茂军，郑晨，陆任智，等. 美国股票市场和债券市场的交叉相关性及其多重分形特征 [J]. 系统工程，2018，36（1）：47-52.

[175] 张鹏. 开放条件下股市汇市互动对金融市场稳定的影响研究 [J]. 金融监管研究，2019（10）：69-84.

[176] 张萍. 利率平价理论及其在中国的表现 [J]. 经济研究，1996（10）：34-43.

[177] 张瑞雯，温宇静. 美联储量化宽松货币政策的货币传导机制与影响研究 [J]. 对外经贸，2015（11）：21-22，24.

[178] 张蜀林，杨洋，王书平. 我国股市与汇市之间的风险传染关系研究——基于8·11汇改前后的比较分析 [J]. 价格理论与实践，2017（12）：110-113.

[179] 张帅. 我国与"一带一路"沿线国家金融风险传染效应研究——基于金融市场联动视角的实证分析 [J]. 新疆财经，2022（5）：70-80.

[180] 张天顶，施展. 国际大宗商品价格冲击对中国股票市场的影响 [J]. 南开经济研究，2022（11）：59-74，114.

[181] 张雪莹，王玉琳，栗沛沛. 股票市场和债券市场的价格联动与信息溢出研究综述 [J]. 金融市场研究，2023（8）：129-139.

[182] 张一帆，林建浩，杨扬，等. 央行沟通、信息冲击与国债市场波动 [J]. 系统工程理论与实践，2022，42（3）：575-590.

[183] 赵华. 人民币汇率与利率之间的价格和波动溢出效应研究 [J]. 金融研究，2007（3）：41-49.

[184] 赵桦，张力. 股市、汇市和公司债市场间风险溢出研究 [J]. 河北金融，2023（5）：27-33.

[185] 赵剑华，万克文. 基于信息传播模型-SIR传染病模型的社交网络舆情传播动力学模型研究 [J]. 情报科学，2017，35（12）：34-38.

[186] 赵进文，丁林涛．贸易开放度、外部冲击与通货膨胀：基于非线性STR模型的分析［J］．世界经济，2012，35（9）：61-83．

[187] 赵茜．资本账户开放、汇率市场化改革与外汇市场风险——基于外汇市场压力视角的理论与实证研究［J］．国际金融研究，2018（7）：86-96．

[188] 赵锡军，姚玥悦．我国金融市场价格变动对人民币汇率的时变冲击——基于TVP-VAR模型的实证研究［J］．吉林大学社会科学学报，2018，58（2）：84-92，205．

[189] 赵雪瑾．中国主要金融市场的风险测量、传染路径及预警研究［D］．广州：华南理工大学，2018．

[190] 郑辉．中国金融市场的有效性、波动性及联动性的实证研究［D］．广州：暨南大学，2011．

[191] 郑振龙，陈志英．中国股票市场和债券市场收益率动态相关性分析［J］．当代财经，2011（2）：45-53．

[192] 钟莉，唐勇，朱鹏飞．我国金融市场间联动效应研究——基于混频Copula模型［J］．系统科学与数学，2019，39（5）：755-772．

[193] 钟腾龙，余淼杰．外部需求、竞争策略与多产品企业出口行为［J］．中国工业经济，2020（10）：119-137．

[194] 周佰成，曹启，李天野．中国股市与汇市间风险传染机制、测度与影响因素研究［J］．经济问题，2022（4）：66-74．

[195] 周虎群，李育林．国际金融危机下人民币汇率与股价联动关系研究［J］．国际金融研究，2010（8）：69-76．

[196] 周婉玲．中美贸易摩擦下汇市、股市和债市间的风险溢出效应研究［J］．中国证券期货，2020（3）：14-16．

[197] 周文．基于应对视角的突发公共事件分类［J］．商场现代化，2011（3）：220-221．

[198] 周小川．金融政策对金融危机的响应——宏观审慎政策框架的形成背景、内在逻辑和主要内容［J］．金融研究，2011（1）：1-14．

[199] 周颖刚，林珊珊，洪永淼．中国股市和债市间避险对冲效应及其定价机制［J］．经济研究，2020，55（9）：42-57．

[200] 朱芳草，程昊．我国股债联动关系的内在机理分析与实证研究［J］．金融市场研究，2020（4）：102-116．

[201] 朱光伟，蒋军，王擎．信用账户杠杆、投资者行为与股市稳定［J］．经济研究，2020，55（2）：84-100．

[202] 朱力. 突发事件的概念、要素与类型 [J]. 南京社会科学, 2007 (11): 81-88.

[203] 庄子罐, 贾红静, 刘鼎铭. 货币政策的宏观经济效应研究: 预期与未预期冲击视角 [J]. 中国工业经济, 2018 (7): 80-97.

[204] 邹宗森, 杨素婷. 货币供应量、利率对汇率的影响——基于VAR模型的分析 [J]. 金融教育研究, 2020, 33 (3): 16-24.

[205] Abdalla I S A, Murinde V. Exchange Rate and Stock Price Interactions in Emerging Financial Markets: Evidence on India, Korea, Pakistan and the Philippines [J]. Applied Financial Economics, 1997, 7 (1): 25-35.

[206] Abduraimova K. Contagion and Tail Risk in Complex Financial Networks [J]. Journal of Banking & Finance, 2022, 143: 106560.

[207] Aggarwal R. Exchange Rates and Stock Prices: A Study of the US Capital Markets under Floating Exchange Rates [J]. Akron Business and Economic Review, 1981, 12 (3): 7-12.

[208] Ajayi R A, Mougouè M. On the Dynamic Relation Between Stock Prices and Exchange Rates [J]. Journal of Financial Research, 1996, 19 (2): 193-207.

[209] Alexander L, Constantinos A, G J N. Monetary and Macroprudential Policies in the Presence of External Shocks: Evidence from An Emerging Economy [J]. Journal of Economic Studies, 2022, 49 (6): 960-977.

[210] Allen F, Gale D. Financial Contagion [J]. Journal of Political Economy, 2000, 108 (1): 1-33.

[211] Amewu G, Owusu Junior P, Amenyitor E A. Co-movement between Equity Index and Exchange Rate: Fresh Evidence from COVID-19 Era [J]. Scientific African, 2022, 16: e01146.

[212] Asgharian H, Christiansen C, Hou A J. Effects of Macroeconomic Uncertainty on the Stock and Bond Markets [J]. Finance Research Letters, 2015, 13: 10-16.

[213] Athukorala P, Rajapatirana S. Capital Inflows and the Real Exchange Rate: A Comparative Study of Asia and Latin America [J]. The World Economy, 26 (4): 613-637.

[214] Aumann R J. Agreeing to Disagree [J]. Institute of Mathematical Statistics, 1976, 4 (6): 1236-1239.

[215] Bahmani-Oskooee M, Sohrabian A. Stock Prices and the Effective Ex-

change Rate of the Dollar [J]. Applied Economics, 1992 (4): 459-64.

[216] Baig T, Goldfajn I. Monetary Policy in the Aftermath of Currency Crises: The Case of Asia [J]. Review of International Economics, 2002, 98 (1): 92-112.

[217] Balassa B. Exports, Policy Choices, and Economic Growth in Developing Countries after the 1973 Oil Shock [J]. Journal of Development Economics, 1985, 18 (1): 23-35.

[218] Barabási A L, Albert R. Emergence of Scaling in Random Networks [J]. Science, 1999, 286 (5439): 509-512.

[219] Barsky R. Why Don't the Prices of Stocks and Bonds Move Together? [J]. American Economic Review, 1989, 79 (5): 1132-1145.

[220] Bikhchandani S, Hirshleifer D, Welch I. Learning from the Behavior of Others: Conformity, Fads, and Informational Cascades [J]. American Economic Association, 1998, 12 (3): 151-170.

[221] Bodart V, Reding P. Exchange Rate Regime, Volatility and International Correlations on Bond and Stock Markets [J]. Journal of International Money and Finance, 1999, 18 (1): 133-151.

[222] Bosman R, Kräussl R, Mirgorodskaya E. Modifier Words in the Financial Press and Investor Expectations [J]. Journal of Economic Behavior & Organization, 2017, 138: 85-98.

[223] Branson W H. A Model of Exchange-Rate Determination with Policy Reaction: Evidence from Monthly Data [J]. NBER Working Paper No. 1135, 1983.

[224] Broner F, Didier T, Erce A, Schmukler S L. Gross Capital Flows: Dynamics and Crises [J]. Journal of Monetary Economics, 2013, 60 (1): 113-133.

[225] Cai F, Joo H, Zhang Z. The Impact of Macroeconomic Announcements on Real Time Foreign Exchange Rates in Emerging Markets [J]. Board of Governors of the Federal Reserve System International Finance Discussion Papers No. 973, 2009.

[226] Calvo G A, Mendoza E G. Rational Contagion and the Globalization of Securities Markets [J]. Journal of International Economics, 2000, 51 (1): 79-113.

[227] Campbell J Y, Ammer J. What Moves the Stock and Bond Markets? A Variance Decomposition for Long - Term Asset Returns [J]. The Journal of

Finance, 1993, 48 (1): 3-37.

[228] Cao H, Zhu J. Research on Banking Crisis Contagion Dynamics Based on the Complex Network of System Engineering [J]. Systems Engineering Procedia, 2012, 5: 156-161.

[229] Caporale G M, Lodh S, Nandy M. How has the Global Financial Crisis Affected Syndicated Loan Terms in Emerging Markets? Evidence from China [J]. International Journal of Finance & Economics, 2018, 23 (4): 478-491.

[230] Caporale G M, Pittis N, Spagnolo N. Testing for Causality-in-variance: An Application to the East Asian Markets [J]. International Journal of Finance & Economics, 2002, 7 (3): 235-245.

[231] Černý A, Koblas M. Stock Market Integration and the Speed of Information Transmission [J]. Finance a úvČr-Czech Journal of Economics and Finance, 2008, 58 (1-2): 2-20.

[232] Chang R, Velasco A. Financial Crises in Emerging Markets [J]. NBER Working Papers No. 6606, 1998.

[233] Chen Y, Hu J, Zhang W. Too Connected to Fail? Evidence from A Chinese Financial Risk Spillover Network [J]. China & World Economy, 2002, 28 (6): 78-100.

[234] Chordia T, Sarkar A, Subrahmanyam A. An Empirical Analysis of Stock and Bond Market Liquidity [J]. Federal Reserve Bank of New York Staff Reports, No. 164, 2003.

[235] Connolly R, Stivers C, Sun L. Stock Market Uncertainty and the Stock - Bond Return Relation [J]. The Journal of Financial and Quantitative Analysis, 2005, 40 (1): 161-194.

[236] Cui X, Sensoy A, Nguyen D K, Yao S, Wu Y. Positive Information Shocks, Investor Behavior And Stock Price Crash Risk [J]. Journal of Economic Behavior & Organization, 2022, 197 (C): 493-518.

[237] Dean W G, Faff R W, Loudon G F. Asymmetry in Return and Volatility Spillover between Equity and Bond Markets in Australia [J]. Pacific-Basin Finance Journal, 2010, 18 (3): 272-289.

[238] Devereux M B, Smith G W. International Risk Sharing and Economic Growth, 1994, 35 (3): 535-550.

[239] Doojav G-O, Luvsannyam D, Enkh-Amgalan E. Effects of Global Liq-

uidity and Commodity Market Shocks in A Commodity-exporting Developing Economy [J]. Journal of Commodity Markets, 2023, 30: 100332.

[240] Dornbusch R, Fischer S. Exchange Rates and the Current Account [J]. American Economic Review, 1980, 70 (5): 960-971.

[241] Durré A, Giot P. An International Analysis of Earnings, Stock Prices and Bond Yields [J]. Journal of Business Finance & Accounting, 2007, 34 (3-4): 613-641.

[242] Easterly W. Reinventing Foreign Aid [M]. Cambridge: MIT Press, 2009, 4: 439-442.

[243] Ebenezer O, Andrew M, Kanayo O. Monetary Policy, External Shocks and Economic Growth Dynamics in East Africa: An S-VAR Model [J]. Sustainability, 2022, 14 (6): 3490-3490.

[244] Ehrmann M, Fratzscher M, Rigobon R. Stocks, Bonds, Money Markets and Exchange Rates: Measuring International Financial Transmission [J]. NBER Working Paper No. 11166, 2005.

[245] Erdős P, Rényi A. On the evolution of random graphs [J]. Publ. Math. Inst. Hung. Acad. Sci, 1960, 5 (1): 17-60.

[246] Evans J S B T. Dual-processing accounts of reasoning, judgment, and social cognition [J]. Annual Review of Psychology, 2008, 59: 255-278.

[247] Fabbrini V, Guidolin M, Pedio M. Transmission Channels of Financial Shocks to Stock, Bond, and Asset-Backed Markets: An Empirical Model [M]. Springer Nature, 2016.

[248] Fama E F. Efficient Capital Markets: A Review of Theory and Empirical Work [J]. The Journal of Finance, 1970, 25 (2): 383-417.

[249] Fang V, Lin E, Lee V. Volatility Linkages and Spillovers in Stock and Bond Markets: Some International Evidence [J]. 2007.

[250] Fleming J, Kirby C, Ostdiek B. Information and Volatility Linkages in the Stock, Bond, and Money Markets [J]. Journal of Financial Economics, 1998, 49 (1): 111-137.

[251] Forbes K, Rigobon R. No Contagion, Only Interdependence: Measuring Stock Market Comovements [J]. NBER Working Paper No. 7267, 1999.

[252] Francis B B, Hunter D M, Hasan I. Return-volatility Linkages in the International Equity and Currency Markets [J]. Bank of Finland Discussion

Paper, 2002 (9).

[253] Franck P, Young A. Stock Price Reaction of Multinational Firms to Exchange Realignments [J]. Financial Management, 1972, 1 (3): 66-73.

[254] Frankel J. Monetary and Portfolio-Balance Models of Exchange Rate Determination [M]//Economic Interdependence and Flexible Exchange Rates. MIT Press, 1983.

[255] Friberg R, Goldstein I, Hankins K W. Corporate Responses to Stock Price Fragility [J]. Journal of Financial Economics, 2024, 153: 103795.

[256] Ghironi F, Ozhan G. Interest Rate Uncertainty as A Policy Tool [J]. NBER Working Papers No. 27084, 2020.

[257] Gkillas K, Tsagkanos A, Vortelinos D I. Integration and Risk Contagion in Financial Crises: Evidence from International Stock Markets [J]. Journal of Business Research, 2019, 104: 350-365.

[258] Goldstein I, Pauzner A. Contagion of Self-Fulfilling Financial Crises Due to Diversification of Investment Portfolios [J]. Journal of Economic Theory, 2004, 119 (1): 151-183.

[259] Gordon, M. J. Dividends, Earnings and Stock Prices [J]. Review of Economics and Statistics, 1959, 41 (2), 99-105.

[260] Gotur P, Lane T, Masson P. International Economic Policy Review, Volume 1. Policy Papers 1999, 1999 (009), 1.

[261] Granger C W J, Huangb B-N, Yang C-W. A Bivariate Causality between Stock Prices and Exchange Rates: Evidence from Recent Asian flu [J]. The Quarterly Review of Economics and Finance, 2000, 40 (3): 337-354.

[262] Guidolin M, Orlov A G, Pedio M. The Impact of Monetary Policy on Corporate Bonds under Regime Shifts [J]. Journal of Banking & Finance, 2017, 80: 176-202.

[263] Gyntelberg J, Loretan M, Subhanij T, Chan E. Private Information, Stock Markets, and Exchange Rates [J]. BIS Working Papers No. 271, 2009.

[264] Hatemi-J A, Irandoust M. On the Causality Between Exchange Rates and Stock Prices: A Note [J]. Bulletin of Economic Research, 2002, 54 (2): 197-203.

[265] Hau H, Rey H. Exchange Rates, Equity Prices, and Capital Flows [J]. Review of Financial Studies, 2006, 19 (1): 273-317.

[266] Hu Z, Kutan A M, Sun P-W. Is U.S. Economic Policy Uncertainty Priced in China's A-shares Market? Evidence from Market, Industry, and Individual Stocks [J]. International Review of Financial Analysis, 2018, 57: 207-220.

[267] Hurditt P. An Assessment of Volatility Transmission in the Jamaican Financial System [J]. Bank of Jamaica, 2004.

[268] Ilmanen A. Stock - Bond Correlations [J]. The Journal of Fixed Income, 2003, 13 (2): 55-66.

[269] Jarociński M, Karadi P. Deconstructing Monetary Policy Surprises—The Role of Information Shocks [J]. American Economic Journal: Macroeconomics, 2020, 12 (2): 1-43.

[270] Jongwanich J, Kohpaiboon A. Capital Flows and Real Exchange Rates in Emerging Asian Countries [J]. Journal of Asian Economics, 2013, 24: 138-146.

[271] Jorion P. Risk 2 : Measuring the Risk in Value at Risk [J]. Financial AnalystsJournal, 1996, 52 (6): 47-56.

[272] Kaminsky G L, Reinhart C M, Végh C A. The Unholy Trinity of Financial Contagion [J]. Journal of Economic Perspectives, 2003, 17 (4): 51-74.

[273] Kanas A. Volatility Spillovers between Stock Returns and Exchange Rate Changes: International Evidence [J]. Journal of Business Finance & Accounting, 2000, 27 (3-4): 447-467.

[274] Kermack W O, McKendrick A G. A Contribution to the Mathematical Theory of Epidemics [J]. Proceedings of The Royal Society A, 1927.

[275] Keynes J M. The General Theory of Employment, Interest, and Money [M]. 1923.

[276] Kiyotaki N, Moore J. Balance-Sheet Contagion [J]. American Economic Review, 2002, 92 (2): 46-50.

[277] Kodres L, Pristsker M. A Rational Expectation Model of Financial Contagion [J]. The Journal of Finance, 2002, 57 (2): 769-799.

[278] Koulakiotis A, Kiohos A, Babalos V. Exploring the Interaction between Stock Price Index and Exchange Rates: An Asymmetric Threshold Approach [J]. Applied Economics, 2015, 47 (13): 1273-1285.

[279] Krugman P R. Increasing Returns, Monopolistic Competition, and International trade [J]. Journal of International Economics, 2015, 9 (4): 469-479.

[280] Kyle A S, Xiong W. Contagion as a Wealth Effect [J]. The Journal of

Finance, 2001, 56 (4): 1401-1440.

[281] Lee B, Rosenthal L, Veld C, Veld-Merkoulova Y. Stock Market Expectations and Risk Aversion of Individual Investors [J]. International Review of Financial Analysis, 2015, 40: 122-131.

[282] Li X, Zou L. How Do Policy and Information Shocks Impact Co-movements of China's T-bond and Stock Markets? [J]. SSRN Electronic Journal, 2008, 32 (3): 347-359.

[283] Lim E S, Gallo J G, Swanson P E. The Relationship between International Bond Markets and International Stock Markets [J]. International Review of Financial Analysis, 1998, 7 (2): 181-190.

[284] Lin C-H. The Comovement between Exchange Rates and Stock Prices in the Asian Emerging Markets [J]. International Review of Economics & Finance, 2012, 22 (1): 161-172.

[285] Longstaff F A. The Subprime Credit Crisis and Contagion in Financial Markets [J]. Journal of Financial Economics, 2010, 97 (3): 436-450.

[286] Macdonald R, Nagayasu J. The Long-Run Relationship Between Real Exchange Rates and Real Interest Rate Differentials: A Panel Study [J]. IMF Staff Papers, 47 (1): 116-128.

[287] Maravalle A. Oil Shocks and the US Terms of Trade: Gauging the Role of the Trade Channel [J]. Applied Economics Letters, 2013, 20 (2), 152-156.

[288] Masson P. Contagion: Macroeconomic Models with Multiple Equilibria [J]. Journal of International Money and Finance, 1999, 18 (4): 587-602.

[289] McMillan D G. Interrelation and Spillover Effects between Stocks and Bonds: Cross-market and Cross-asset Evidence [J]. Studies in Economics and Finance, 2020, 37 (3): 561-582.

[290] Meese R, Rogoff K. Was it Real? The Exchange Rate-Interest Differential Relation Over the Modern Floating-Rate Period [J]. The Journal of Finance, 1983, 43 (4): 933-948.

[291] Menkhoff L, Sarno L, Schmeling M, Schrimpf A. Carry Trades and Global Foreign Exchange Volatility [J]. Journal of Finance, 2012 (67): 681-718.

[292] Moagăr-Poladian S, Clichici D, Stanciu C-V. The Comovement of Exchange Rates and Stock Markets in Central and Eastern Europe [J]. Sustainability, 2019, 11 (14): 3985.

[293] Mondria J, Quintana-Domeque C. Financial Contagion and Attention Allocation [J]. The Economic Journal, 2012, 123 (568): 429-454.

[294] Nath G C, Samanta G P. Relationship between Exchange Rate and Stock Prices in India-An Empirical Analysis [J]. Social Science Electronic Publishing, 2003.

[295] Newman M E J, Watts D J. Renormalization Group Analysis of the Small-world Network Model [J]. Physics Letters A, 1999, 263 (4-6): 341-346.

[296] Newman M E J. Assortative mixing in networks [J]. Physical Review Letters, 2002, 89 (20): 208701.

[297] Newman M E J. The Structure and Function of Complex Networks [J]. SIAM review, 2003, 45 (2): 167-256.

[298] Ni J, Ruan J. Contagion Effects of External Monetary Shocks on Systemic Financial Risk in China: Evidence from the Euro Area and Japan [J]. The North American Journal of Economics and Finance, 2024, 70: 102055.

[299] Nieh C-C, Lee C-F. Dynamic Relationship between Stock Prices and Exchange Rates for G-7 Countries [J]. The Quarterly Review of Economics and Finance, 2001, 41 (4): 477-490.

[300] Obstfeld M. The Logic of Currency Crises [J]. NBER Working Paper No. 4640, 1994.

[301] Pan W-F. Evidence of Investor Sentiment Contagion across Asset Markets [J]. MPRA Paper No. 88561, 2018.

[302] Park J, Konana P, Gu B, Kumar A. Confirmation Bias, Overconfidence, and Investment Performance: Evidence from Stock Message Boards [J]. Information Systems & Economics Journal, 2010.

[303] Patoda R, Jain K. Assimilation between Bond Market and Stock Market [J]. Global Journal of Management and Business Research, 2012, 12 (20): 43-54.

[304] Pericoli M, Sbracia M. A Primer on Financial Contagion [J]. Journal of Economic Surveys, 2003, 17 (4): 571-608.

[305] Phylaktis K, Ravazzolo F. Stock Prices and Exchange Rate Dynamics [J]. Journal of International Money and Finance, 2005, 24 (7): 1031-1053.

[306] Popp A, Zhang F. The Macroeconomic Effects of Uncertainty Shocks: The role of the Financial Channel [J]. Journal of Economic Dynamics and Control, 2016, 69: 319-349.

[307] Radelet S, Sachs J. The Onset of the East Asian Financial Crisis [J]. NBER Working Papers No. 6680, 1998.

[308] Rahman M, Mustafa M. Dynamic Linkages and Granger Causality between Short-term US Corporate Bond and Stock Markets [J]. Applied Economics Letters, 1997, 4 (2): 89-91.

[309] Rees D M. Commodity Prices and the US Dollar [J]. BIS Working Papers No. 1083, 2023.

[310] Rotta P N, Pereira P L V. Analysis of Contagion from the Dynamic Conditional Correlation Model with Markov Regime Switching [J]. Applied Economics, 2016, 48 (25): 2367-2382.

[311] Sevüktekin M, Nargelecekenler M. Finansal Faktörlerin Reel Para Talebi Üzerindeki Rolü: Türkiye Örneği [J]. Balkesir Üniversitesi Sosyal Bilimler Dergisi, 2007 (18): 45-61.

[312] Shiller R, Beltratti A. Stock Prices and Bond Yields-Can their Comovements be Explained in Terms of Present Value Models [J]. Journal of Monetary Economics, 1992, 30 (1), 25-46.

[313] Smales L. The Importance of Fear: Investor Sentiment and Stock Market Returns [J]. Applied Economics, 2017, 49 (34): 3395-3421.

[314] Smith C E. Stock Markets and the Exchange Rate: A Multi-country Approach [J]. Journal of Macroeconomics, 1992, 14 (4): 607-629.

[315] Soenen L A, Hennigar E S. An Analysis of Exchange Rates and Stock Price-The US Experience between 1980 and 1986 [J]. Akron Business and Economic Review (Winter), 1988, 7-16.

[316] Solnik B. Using Financial Prices to Test Exchange Rate Models: A Note [J]. The Journal of Finance, 1987, 42 (1): 141-149.

[317] Steeley J M. Volatility Transmission between Stock and Bond Markets [J]. Journal of International Financial Markets Institutions & Money, 2006, 16 (1): 71-86.

[318] Tetlock P C. Giving Content to Investor Sentiment: The Role of Media in the Stock Market [J]. Journal of Finance, 2007, 62: 1139-1168.

[319] Tsagkanos A, Siriopoulos C. A Long-run Relationship between Stock Price Index and Exchange Rate: A Structural Nonparametric Cointegrating Regression Approach [J]. Journal of International Financial Markets Institutions & Money,

2013, 25 (1): 106-118.

[320] Tsai I C. The Relationship between Stock Price Index and Exchange Rate in Asian Markets: A Quantile Regression Approach [J]. Journal of International Financial Markets Institutions & Money, 2012, 22 (3): 609-621.

[321] Tursoy T, Mar'i M. Investigating the co-movement between Exchange Rates and Interest Rates in the Bi-variate form: Evidence from Turkey [J]. Journal of Public Affairs, 2020, 22 (3): e2529.

[322] Udeaja E A, Audu N P, Obiezue T O. The Transmission Mechanism of Monetary Policy Shocks in Nigeria : The Interest and Exchange Rates Channels [J]. Advances in Social Sciences Research Journal, 2020, 7 (9), 283-311.

[323] Watts D J, Strogatz S H. Collective dynamics of "small-world" networks [J]. Nature, 1998, 393: 440-442.

[324] Watts D J. The "new" science of networks [J]. Annual Review of Sociology, 2004, 30: 243-270.

[325] Wendeberg A. Can Investor Sentiment Help Explain Stock Market Crises? [D]. Lund University, 2015.

[326] Wongswan J. Transmission of Information Across International Equity Markets [J]. Review of Financial Studies, 2006, 19 (4): 1157-1189.

[327] Xu G, Gao W. Financial Risk Contagion in Stock Markets: Causality and Measurement Aspects [J]. Sustainability, 2019, 11 (5): 1402.

[328] Yan L, Wang H, Athari S A, Atif F. Driving Green Bond Market Through Energy Prices, Gold Prices and Green Energy Stocks: Evidence from A Non-linear Approach [J]. Economic Research-Ekonomska Istraživanja, 2022, 35 (1): 6479-6499.

[329] Yang J, Zhou Y, Wang Z. The Stock-bond Correlation and Macroeconomic Conditions: One and A Half Centuries of Evidence [J]. Journal of Banking and Finance, 2009, 33 (4), 670-680.

[330] Yuan K. Asymmetric Price Movements and Borrowing Constraints: A Rational Expectations Equilibrium Model of Crises, Contagion, and Confusion [J]. The Journal of Finance, 2005, 60 (1): 379-411.

[331] Zhang W, Zhuang X, Lu Y. Spatial Spillover Effects and Risk Contagion Around G20 Stock Markets Based on Volatility Network [J]. North American Journal of Economics and Finance, 2020, 51: 101064.